新教育

实验报告

○ 任毓萍 著

南方出版社
·海口·

图书在版编目（CIP）数据

新教育实验报告 / 任毓萍著 . -- 海口：南方出版社，2023.5
 ISBN 978-7-5501-8224-0

Ⅰ.①新… Ⅱ.①任… Ⅲ.①教育—案例 Ⅳ.①G40

中国国家版本馆 CIP 数据核字（2023）第 072869 号

新教育实验报告
XINJIAOYU SHIYAN BAOGAO

任毓萍 著

责任编辑：焦旭
出版发行：南方出版社
地　　址：海南省海口市和平大道 70 号
邮　　编：570208
电　　话：0898-66160822
传　　真：0898-66160830
经　　销：全国新华书店
印　　刷：湖南省众鑫印务有限公司
版　　次：2023 年 5 月第 1 版
印　　次：2023 年 6 月第 1 次印刷
开　　本：787×1092mm 1/16
印　　张：18.25
字　　数：250 千字
定　　价：58.00 元

见证一个新教育教师的成长

许卫国

任毓萍老师要出书了，这是一件好事！一个教师在日常的工作之余，坚持读书，坚持反思写作，带着一颗思考的大脑从事每日每时最平凡的工作，不断地向前走，不断地遇见一个更好的自己，日积月累，有了自己的第一本书，并准备正式出版，这是一件非常好的事情，值得庆贺！

初识任老师，还是在2012年6月初，我第一次走进任老师工作的学校——陕西省安康市汉滨区培新小学。那一次，是与培新小学程怀泉校长和他的团队讨论学校文化设计方案。也是在那一次，与培新小学的老师们就教师的日常反思写作进行了比较深入的交流。或许正因为我是第一个走进培新小学的新教育人，并在日后培新小学走进新教育，在这个领域焕发出新的生机的过程中，与程校长、与任老师有过比较多的联系和交流，任老师邀请我为她的书作序。

收到任老师的书稿，读后很是感慨！这本书稿见证了一个新教育教师的成长。

任老师是一个因新教育而重新出发的教师。她本来性格内向、不善言谈。对于一个小学教师，这或许并不是长处。她也曾无数次地追问自己，为什么要做教师？怎样做教师？2013年9月，她遇见了新教育，一口气读完了朱永新教授的五本新教育著作，有了一种想飞翔的感觉。她一头扎进了教育在线，沉迷于教育在线论坛那些精彩的帖子。她开始在教育在线论坛建立主题帖，书写自己和孩子们的成长故事。

新教育是以教师成长为起点的教育改革行动，新教育以改变教师的行走方式，带动改变学生的生存状态、学校的发展模式、教育的科研范式和区域的教育生态。教师的行走方式怎么改变？一个新教育的教师，在传统的备课、上课、批改作业、组织考试、辅导学生之外，坚持专业阅读、专业写作，坚持专业研究，研读学生，研究课堂，研发课程，才可以使行走方式发生改变。2013年以来，任老师坚持专业阅读，先后阅读了《全球通史》《西方现代教育论著选》《蔡元培教育论著选》《教学的勇气》《儿童教育心理学》《静悄悄的革命》等860部图书；她坚持专业写作，先后撰写教育随笔计50万字；她坚持专业实践的探索，她和她的月季朵朵红班的孩子们一起穿越了七彩阳光课程、晨诵课程、整本书共读课程、暮省课程、每月一事课程、家校共育课程和仪式庆典课程。

更可贵的是，任老师把自己的生命，把自己的追求和成长，融入了培新小学的发展过程中，融入了汉滨区新教育推进的进程中。2017年12月，她发起成立了汉滨区萤火虫亲子共读工作站，并担任站长，成为一名萤火虫义工。仅五年时间，汉滨区萤火虫亲子共读工作站共组织了120次线上活动、106次线下活动，为推进汉滨区亲子共读做出了贡献。2015年7月，培新小学成为安康市首个新教育实验学校；2016年7月，汉滨区成为新教育实验区。六年时光，她奔走在安康城市乡村各个学校，为全区50所学校3000名教师作了85场新教育培训，成为新教育的一个播种者、推广者。

只要行动，就有收获。岁月不亏有心人！一路走来，任老师付出了努力，也收获了成长！2018年，她被评为全国新教育实验十佳榜样教师。每一年，她都勇攀高峰，屡获佳绩，成为一个区域的新教育实验的领头雁。

任老师还年轻，未来的路还很长，愿她在今后的日子里继续与新教育幸福相伴，快乐成长！

相信她的书能给有缘遇见的人带来启发！

是为序。

写于2022年10月3日

许卫国：中国陶行知研究会新教育分会副秘书长、江苏省南通市海门区新教育培训中心研究科科长。

时光磨砺，光华悄然璀璨

温洁

初冬掩盖了树和草的芳华，却给了月季花生命的力量。月季花园中枝叶葱郁，俨然藏在闺中的温情女子，那一缕诗意和娇羞，悄然从窗格子里钻进来。

吮着花的馨香，我又捧着任毓萍老师教育随笔集《新教育实验报告》的文稿，近乎痴迷地阅读，越读越觉得它真像一本新教育的"百草纲目"。好书是需要重读的，每一次阅读《新教育实验报告》，都好像在浪漫的教育生活中徜徉，有诸多花朵在花园里华丽绽放的神韵，也有片片花瓣在时光洪流中一张一翕的灵动。新教育是开启幸福大门的钥匙，搭上这趟列车，不但可以欣赏温馨浪漫，而且可以享受幸福诗意。"新教育实验报告"，有自由的节拍、律动的波纹，是通往幸福的必经之路。"新教育实验报告"，蕴含着任老师对"月季朵朵红"班的付出和期许，饱含着老师对每个学生的呵护支持，沉潜着一位教师在花园里的耕耘与收获，这就是教育最该有的模样，也是新教育在培新小学的精彩绽放！

品读《新教育实验报告》，感慨颇多。书中每一章节都是新教育之旅铿锵有力的脚印，这是师生共同走过的幸福记忆。每一篇随笔都是一幅曼妙的画，画面上都是月季开放的痕迹，也有诗情画意在花枝上蔓延，藏在画背后的就是沉甸甸的爱。任毓萍老师就是这爱的天使，她用智慧和细腻静静地呵护这些含苞待放的花儿，而她也在如花的校园里蓬勃生长。

任毓萍老师在新教育的大道上完成了华丽蜕变，成为新教育旅途蓬勃成长的佼佼者，让我仰视，让我惊叹。我的眼前仿佛重现2018年7月14日她在新教育年会颁奖盛典的场景。在"全国新教育实验年会"的舞台上，来自全国各地2000多名新教育同仁齐聚文化武侯，共同见证她捧回"全国新教育实验榜样教师"十佳奖项,成为目前陕西省唯一获此殊荣的老师。

近年来,汉滨区培新小学在全市中小学率先开启的新教育实验之旅,如今已花开满枝,璀璨耀眼。这源于校长程怀泉先生的高瞻远瞩,他用长者和智者的风度,为师生搭建了一个新平台,耕耘了一方新沃土,让教育荡漾起千种风韵、万般呢喃。任毓萍为老师们树立起了榜样,她积淀新的教育理念,营造新的学习氛围,点亮了安康新教育实验的火种。

新教育可以滋养育人环境。虽然教育改革的春风早已吹遍大江南北,但是教师教和学生学的落后模式依然还在校园里蔓延,这无疑是对教育的"隐形伤害"。新教育实验发起人朱永新教授来到培新小学,让新教育在这里落地有声。这里的师生零距离聆听过曹文轩、汤素兰等著名作家的故事,享受着与书相伴快乐成长的甜蜜滋味。校园有着花园般的千姿百态,老师们在这里默默耕耘,求知若渴的学生在这里吸吮着丰富营养,把有限的小学学习生涯营造成书香萦绕的梦境。最好的教育就是激励每个孩子长成自己想要的样子,新教育正是秉承这样的理念,在全国各地蓬勃发展,也在培新校园崭露头角,成为兄弟学校仰慕的对象,备受家长与孩子青睐和认可。

好学校可以点燃老师的激情。一位乡村教师朋友曾多次在我面前抱怨,每天重复着给学生上课和放学这两件事情,真是单调乏味,感觉教书真没意思。校园难道就真的这么无聊吗?非也。不读书的教师真的很无聊,不用心教书的老师真的很无聊。教师承担着教书育人的职责,任重道远。怎么教,必将影响到一代代人的前途和命运。每个学生都是每个家庭的未来和希望,作为老师,你就甘愿敷衍他们美好的人生吗?至少,培新小学的老师们不会。他们用新教育点燃了追梦的火焰,温暖着每个学生,让他们的童年在这里充实,在这里绚丽,在这里耀眼。职业幸福感就是你的付出换来你想要的结果,职业成就感就是你在付出中享受到收获的快乐。这里的每位老师,甘愿当好护花使者,用爱、用心、用情培育他们茁壮成长,正如"我决定做一位在乎学生身心健康的教师,做一位阳光教师,让自己的教育生活有滋有味"(《12月22日》),这是任毓萍老师从教的心愿,也是很多老师们共同的教育梦想。

好老师可以唤醒学生心灵。"我在批改学生的日记时,发现了一篇关于踹墙的日记，他向我主动承认了自己的错误，并对我的处理方式表示感激，向替他擦去脚印的同学表示了真诚的感谢。看着这篇日记，我暗叹自己处理这件事情时能冷静下来"（《脚印》）。当我读到这样的文字，无法抑制内心的喜悦，为孩子的醒悟拍手叫好。这个孩子是幸运的，他遇见了非常好的老师。现实生活中很多老师，包括我在内，都曾有过粗鲁的处理方式，都曾不经意间伤害过"踹墙的孩子"。正是因为新教育理念在任老师的心中深深扎根，她可以机智地处理学生出现的任何异状。正是她的机智灵活，唤醒了一个个并不完美的孩子。没有哪个学生天生就坏，好的教育就是唤醒学生的心灵，帮助他们越来越好，智慧地把他们引向光明的地方。

好措施可以折射璀璨光芒。"经过这次特殊的表彰和发言，小威有了改变，接下来的一周，小威犯错少了。我又趁热打铁，让小威担任值周长，每天让他帮我查教室，小威干得很认真，每天交来很详细的学生名单。小威上课认真了，作业也按时交了，迟到也很少了。"（《有个孩子叫小威》）读着这些触动心灵的文字，着实让我看到了新教育的璀璨光芒。有效的措施分秒之间改变学生，激发热情，改变惰性，甚至可以帮助树立梦想，好像有着不可预测的魔力。书中还有很多值得老师们借鉴的良策，也是帮助学生重拾自信，点燃梦想的捷径。教育最大的困境就是难以改变学生消极的学习态度，《新教育实验报告》可以给老师们启迪和方法。点燃学生激情，梦想就会燃烧。昂首阔步，向着光亮，每个孩子都可以在路上。

再读《新教育实验报告》的那天清晨，我站在阳台上遥望刚刚苏醒的安康城，道路两侧悬挂的中国结正散发着火红的光芒，给来往行人照亮了前行的路。我仿佛看见任毓萍老师脚步匆忙，正在用生命丈量着精彩纷呈的世界，用青春激情谱写着新教育实验的成果，用生命经纬线编织着超越生命的光华。我踮起脚跟，眺望远方，眺望着那花香可以抵达的远方。

"新教育浇灌了那一颗潜藏在我体内的种子，让我的教育生活如夏花一般灿烂，让每一天灿若朝阳。"这就是新教育的魅力，也是它在时光的磨砺中绽放出的幸福光华。漫步在校园里，我们每个从教者都可以拥有这样的心愿，弯腰躬耕，播下一粒种子，用行动奏响生命之音，用满满的爱打造属于自己的幸福生活，并努力绽放生命的光彩。

初冬并不寒冷，太阳伸开大手掌，抚摸着我们，月季花、迎春花、海棠花、杜鹃花都在阳光里积蓄着力量。

我期待着远方，那个百花争艳的春天。

是为序。

2022年12月1日于安康

温洁：中国作家协会会员，鲁迅文学院陕西省青年作家高研班学员，《中国校园文学》首届签约作家，丝路散文奖获得者，已出版散文集《清水文字》《汉水瑶》《花势》。

目录
CONTENTS

序 言
见证一个新教育教师的成长   I
时光磨砺，光华悄然璀璨   II

遇见美好   01
一封珍贵的"请柬"   02
内心深处的梦   06
酿造未来   09
一轮浅灰色涟漪   12
"教育在线"的浪漫之旅   14
享受生命成长的幸福   19
思想的碎片   23

教室撷趣   26
新班级   27
你的名字   29
You Raise Me Up   33
这个句子   36
国学经典解读   39
完美教室之恋   42

共读留痕　　　　　　　　　　45

晨诵，开启希冀的曙光　　　　46
午读，收集智慧的阳光　　　　48
"惊悚"的读书滋味　　　　　　50
找到属于自己的宝藏　　　　　52
诱读，那甜蜜的味道　　　　　55
心灵的人文关怀　　　　　　　58
遇见你，遇见幸福　　　　　　61

作家会晤　　　　　　　　　　68

寻回一份无羁的生命狂喜　　　69
美丽的遇见　　　　　　　　　73
种下一粒文学籽，收获一棵幸福树　77
印象曹文轩　　　　　　　　　81
约克先生　　　　　　　　　　87
喜逢童喜喜　　　　　　　　　91

共写印记　　　　　　　　　　95

暮省，珍藏时光　　　　　　　97
心怡　　　　　　　　　　　　100
相邀赞美，共写如此　　　　　104
精彩"悦写本"　　　　　　　　109
吃板栗　　　　　　　　　　　113
绘画小记　　　　　　　　　　116
学《手指》　　　　　　　　　119
啄木鸟诊所　　　　　　　　　122

| 每月一事   124

　安全小卫士   125
　一本"喝饱水"的语文书   127
　透明的"团结"   130
　习作发布会轶事   133
　VIP 小组之隔空对话   136
　不播新闻十分钟了   139
　魔法演说   142

| 理想课堂   147

　晚霞中的红蜻蜓   148
　雅鲁藏布大峡谷   151
　晨诵"好声音"   154
　班级书简   157
　脚印   160
　小老师   163
　情景剧场   167
　七封回信   169

| 窗外声音   172

　看"站在路边看风景"的别样风景   173
　海门派的"专业情怀"   176
　表扬，是一种修炼   179
　装满昆虫的衣袋   184
　新的刻度   187
　信念   189
　学校里没有讲的教育   193

那是一种被确认的眼神　　198

| 家校共育　　202

新父母开放日　　203
新班主任　　206
有个孩子叫小威　　210
家校联系本　　212
班务日志　　214
12月22日　　216
让我靠近你　　218
双减之后　　224
我要和你回家　　223
爷爷不会写字　　226
《庆余年》影射的家庭教育观　　229

| 萤火闪亮　　232

幸福之光　　233
核心义工何媛媛——我们在场　　236
核心义工曹安明——从共读开始　　244
核心义工欧梦晗——爱在共写情正浓　　249
核心义工杨晓亮——种子的力量　　254
核心义工刘得群——释放父亲潜能　　258
萤火虫工作站手账　　265

| 后　　记　　272

遇见美好

新教育实验最大的成就，
是点燃了许多普普通通老师的理想与激情，
让他们知道教育原来可以如此美丽，
教师原来可以如此生活。
新教育人是一群为了理想而活着的纯粹的人，
是为了推动人类不断走向崇高、
从而也让自己不断走向崇高的人。
他们知道这个世界需要一群"擦星星"的人，
他们愿意把自己的青春和智慧奉献给这个世界。

新教育实验报告

一封珍贵的"请柬"

　　2013年9月的安康,一季鲜花烂漫,一季秋雨绵绵。9月的培新小学,多了"过一种幸福完整的教育生活"这十二个钛金大字,多了一道金色的阳光。这十二个钛金大字幻化为十二朵丰满的花盘,向着太阳的方向绽放着美丽的笑脸,一片欣欣向荣的景象。这金色的阳光直射入培新小学的校园里,从此,这个校园折射出一种新的魅力。

　　这十二个大字,就像一朵朵娇艳的花朵散发着芬芳,读着读着,让人心生感动。这一句话,是一句富有吸引力的激励,是朱永新教授对教师至真不渝的关怀。读着读着,让人精神振奋、信心高扬,轻轻地,暖暖地,沁入心底。我的心灵丰润饱满,充盈心底的,是对这种生活的深深感念。

　　最初看见这句话是在《新教育之梦》文集的总论部分。那一天,我快乐地奔走于无声的黑白书页之间,突然,一句"过一种幸福完整的教育生活"映入我的眼帘,就像散落在书页阡陌的花朵,那缕缕的香气让我的灵魂茁壮起来。如果说一棵树成长的秘密藏在种子里,那么一句话启迪的智慧就藏在词语里,而独特的心灵秘密让每一棵树与众不同,心灵的询问让每一位师者的教育生活走向幸福完整。

　　沐着雨,迎着风,我常常迷入文字深处,在阵阵书香中,很庆幸我是一名小学语文教师,我将书房连接着课堂,我会被灵动的语言深深吸引,会被那生动的思想唤醒,一张张饱满的纸张,在手指的抚摸下,浸染我的灵魂，发出柔软而清脆的声音。我无限相信书籍的力量，追随大师的身影，希望还原名师课堂，梦想自己成为一个像格鲁吉亚儿童心理学家、教育家阿莫纳·什维利那样的天使，把和孩子们在一起的每一个学日，变成美丽的庆典，把每一节课当成献给孩子们最美的礼物。于是，无数个宁静的夜晚，读书成为我一生中最重要的约会。

我和孩子们一起走进《窗边的小豆豆》《嘟嘟嘟》《诺贝尔奖获得者与儿童对话》《四弟的绿庄园》《草房子》《地心游记》《哈利·波特和魔法石》，一个个文字精灵濡染着我们，那清脆的声音回响在我们的教室，回荡在每一个孩子的心间，那些童书为孩子们的童年涂上一道缤纷的色彩。我们一起读书、买书、藏书、赠书，我们发现手中捧读的，不再是一本书，而是一首首动人的歌曲、一幕幕感人的原声电影。书页中无声的词，早已化作无数会唱歌的花朵，散落在我和孩子们经常漫步的那段过去和未来之间、已知和未知之间的路上。

书香，蔓延在我们的心扉，我仿佛也回到了童年，天真无邪的童心里满载着纯粹的喜怒哀乐，我们同文中的主人公一起兴奋、一起忧伤、一起幻想……

课堂上，我们一起感受那生动的课堂故事，将作家创作时的情感复原。不需太多的言语，从孩子们的眼神中能感受到"一段美妙的文字就是一个美丽的故事，一个跳动的音符就是一道亮丽的风景，一首悠扬的歌曲就是一段精彩的人生"。看着孩子们那欣喜的眼神，我的心中溢满了幸福。

时间的脚步在我和孩子们共读共写的快乐中缓缓走过，于是，每一天撰写教育随笔成为我一生中美丽的约定。我加入"教育在线"，将自己的教育随笔发表在博客上，我要开启自己那渴望完整、幸福、健康教育人生的心灵之窗。当我受到网友的关注时，那种激动的心情是语言无法表达的。渐渐地，我爱上了"教育在线"，享受那种特殊的爱。我开始思考自己教学上的每一个过程、细节，反思自己的课堂，开始记录自己每一天教育中的所思所想，记录自己富有情趣的工作生活，记录一节课的出彩之处，备课中昙花一现的灵感，与同事探讨的一个话题，与学生一次不同寻常的谈话引发的思考。

教育随笔就像我的爱人，每一天我与他深情相约，倾诉自己心中的美丽故事。博客，就像我的孩子，我每天都愿意将她精心照管，将她打扮得整洁美丽。于是，每天撰写教育随笔、发表博文，成为我的牵挂。我不为谁写"博"，只是感觉到她就是我生命中的一部分，随着博客一天天地"长大"，我的思想也一天天地强大起来。

孩子们对写作的热爱，让我在写作的道路上无法止步。我们习惯了彼此之间的鼓励和关爱，也习惯了记录生活的点点滴滴，我们一起采撷生活中的浪花，汇集成溪流，浇灌思想的领地，体验生命中那勃勃的生机。于是，我和孩子们在共读共写的道路上奋勇前行。爱上写作，成为我今生无悔的选择。

相守"教育在线"——读书、反思、写作让我感觉到前所未有的充实、幸福和美好，在追求"过一种幸福完整的教育生活"中，我懂得了新教育是"珍惜生命、享受生命、优化生命、激扬生命"的生命教育；理想的课堂是把"人"还原成"人"，达到人自我发展的师生共进、共享、共长的课堂。为此，我从"教育在线"中汲取营养，潜心读书，活跃课堂的思路，饱蘸师生的情感，绽放思维的火花。

我迷恋"教育在线"中多姿多彩的生活。"朱永新教育随笔""许新海微博""干国祥博客""心灵的舞台""李镇西之家""常作印博客""教育碎片"等，太多的风景给予小草阳光。徜徉在教育随笔的世界之中，无论有多少干扰都会坚定不移，无论多么忙碌都会一往情深，500篇博文成为我们"爱的结晶"，一篇篇论文的发表也成为一封封珍贵的"请柬"，触摸深情，自我成长。

我与孩子们"共读共写共同生活"，我们找到心灵的密码；我和家长一起探讨"怎样和孩子生活在同一个世界里",我们一起洞悉生命的追问,与生命的时刻同在;我和同事们一起撰写教育随笔,让新教育的思想纵向生长。我们幸福地行走在新教育之路上,快乐地走进新教育,享受新教育的幸福生活。

爱上一种幸福完整的教育生活,我痴心不悔。生命总是勃勃摇曳,生活也斑斓多彩,用几许文字,在生命的章节驻足。我小心翼翼将这些点滴经历叠起,浅浅相遇静静收藏,隐入岁月的书笺,引领着孩子们在星辉灿烂的天际中尽情放歌。

有了目标,有了激情,有了责任,有了耕耘,有了收获,有了成长,有了充实,有了快乐,便有了"幸福",便有了"完整"!

亲爱的朋友,就让我们执着地耕耘,充实着去幸福,幸福着来完整!

内心深处的梦

在明亮宽敞的教室里，绚丽多彩的朝霞透过明净的玻璃窗，映衬着学生和老师沉浸书海的姿态，这里静悄悄的，偶尔有轻轻的笑声，有变换读书姿势的声响，还有翻动书页沙沙的声音……

这里，每一个心灵都浸润在浓浓的书香之中，以书为友，以书为伴，在书海中畅游，采撷书海暗香，和智者畅游四海，聆听大师的教诲，沐浴着人文的熏陶，聆听着思想拔节的声音。

在静静的课堂上，传来笔尖与稿纸摩擦发出的沙沙声，师生沉醉在共同写作的愉快氛围中，学生或凝神静思，任思维徜徉；或飞速下笔，行云流水，用笔杆编织一个个五彩斑斓的文学梦。老师用笔点燃教育的激情，释放教育的情怀，追寻教育的梦想。

这就是我，一个语文教师深藏在心底的美丽梦想。多年来，就这样执着追求，坚定的教育意念占据心灵，常常期待一种令人向往的理想教育境界。

两年前，当我读完朱永新教授的著作《新教育之梦》，被书中新教育的思想深深吸引，决定按照他指引的教育之路实施自己的教育行动计划。书中提到的新教育实验六大行动：营造书香校园、师生共写随笔、聆听窗外声音、创建数码社区、构筑理想课堂，使我们这些一线教师眼前一亮。这些看起来很简单，做起来却不简单的行动计划，让我内心升腾起一种难以抑制的冲动，我终于可以圆内心深处的那个梦想了，多姿多彩的教育生涯从那一刻开始了新的征程。

于是，我和我的学生一起探寻新教育之梦，我和他们定下师生协定，也就是读书和写作计划。各自创建了博客，把自己的文章随时记录在这个永不消失的笔记本里，互相鼓励，互相监督，互相评价。我和我的学生在新教育的实验田中幸福地成长着。

如今，我所带过的班级的学生因喜爱读书和写作而与众不同，他们已经和我一样把读书、写作当成吃饭、喝水一样的平常事，一天不读书，就感到"面目可憎"，就感到不自在。我们创办了班报《萌荷》，学生自编个人成长记录手册，成为小学时代永恒的回忆。更有众多学生作品在作文大赛中频频获奖，或发表在报纸、期刊上。

为了激励他们愿写作、爱写作、乐写作，我采取了一系列措施。如积分制，每次习作评分后积分，然后进军小作家库，再进入作家排行榜。再如"星座级"方法，鼓励一些进步慢的学生，让他们也体验到进步的喜悦，让每一位学生在写作上都有进步的可能。

为了得到小作家的名片或者星号，同学之间形成良好的竞争氛围。大家最期待的还是每次的作文讲评，因为那一刻是见证他们实力的关键时刻。学生们变得更爱思考，更加自信，更加文采飞扬了。

作为他们的语文老师，我也不甘落后，抓紧课余时间读书、写作。我和时间赛跑，和学生一起赛跑，持之以恒，始终不敢懈怠，不敢偷懒。通过读书，我的教育生活充满了绚丽的色彩，通过写作，我的教育生活盛满了闪光的智慧。

有人说，保持高尚的阅读就是保持和最深刻最前沿思想的接轨。每到夜阑人静时，我总是满心欢喜地翻开自己心仪的图书，目光变得明亮，视野变得开阔，思想变得广大。

我要感谢朱永新教授的《新教育之梦》，它不仅让我更有勇气和力量去追寻梦想，还让我发现了教育生活竟然如此美好，教师这个职业原来充满着激情和诗意。我痴迷于新教育实验，汲取大师们的教育思想，丰富自己的教育内涵，拨正教育的航向，我变得更加会思考，远离喧嚣和浮躁，快乐地记录一点一滴的教育现象，尽情释放自己的教育情怀，幸福地行走在教育的大道上，享受着新教育思想带来的欢畅。追逐新教育之梦，我一直在储备教育的阳光……

酿造未来

再读朱永新教授的《写在新教育边上》一书，再一次感受到他在新教育实验中的激情、痴情。朱永新教授在书中轻盈衍生出"新教育"的魅力，我真真切切感受到他对教育有一种特别的情怀。

全书分为岁月滴石、偶有所悟、杏坛小语、名家影响、亦师亦友、相伴飞翔六章，展开描写。从他的小学生活片段到如今当人大代表、政协委员的经历，每一个阶段就是生活中一朵闪亮的浪花，读书、生活、工作中的故事用心书写，构成一幅幅美丽的画卷。他在文章中多采用记叙的手法，抓住生活中的每一个细节，用心感受生活，从而创建自己全新的生活。他用一种独特的视觉理解教育，编织着新的教育之梦。他的眼中充满缤纷的色彩，所以就会有一个缤纷的世界；他的心中盛满了阳光，所以就会在教育中不断创造奇迹。我相信，他每天都面带微笑拥抱着一轮新的太阳，用心酿造着美好的未来。

从书中字里行间的描写中，能明显感觉到朱永新教授在享受教育的幸福。他有这样的信念：如果你具有一双会发现的眼睛，就会发现每一个孩子的潜能，每一个孩子的个性就会轻舞飞扬，而自己，也就插上了会飞翔的翅膀，时时刻刻都会听见花开的声音，把校园当成追求卓越的教育梦工厂。

读完了他的书，我认识到一个与众不同的朱永新先生。他是一位对教育怀有无限虔诚的老师，是一个拥有大爱和悲悯情怀的人。他博览群书，深入教育第一线，如行者一般探寻中国教育方向，他的种种举动，都汇成了教育言论、观点以及作品。他栉风沐雨，背负着教育的行囊，走在最前沿。

从他的语言中，我感到他激情如诗人、深邃如哲人、纯净如婴孩、憨拙如老农、淘气如顽童。他将成功的教育实验作为己任，心系西部，希望通过实验，改变教育现状。时时转换思维角度，宏观和微观的自然结合，造就了他独特的研究方法和风格。他说"教育是一首诗"，他常常用诗一样的语言来讴歌教育，表达自己的教育思想；他提倡教师要读书，要写读书笔记；他希望教师参加新教育实验，每天读书、写作，必有心得，必有领悟。他开通了博客、微博、教育在线论坛，与教师对话，启发教师。

他的文章，有一个很显著的特点，就是理论联系实际，他的语言如同他本人一样平易近人，读书的过程就像是与他进行面对面对话。他站在广大一线教师的角度阐述自己的教育理论，案例中蕴含着深刻的教育哲学，没有华丽的辞藻，没有深奥的语言，唯有句句真真切切的话语，让人看到了一个勤奋、热情、坚毅的智者形象。正如他的一首诗中所说："我是一粒种子，一粒教育的种子，来自理想与激情催开的花儿，我无法选择我落到怎样的土壤——富饶还是贫瘠，北国还是南方，无论把我埋得多深，我终将穿越泥土，向着明亮的方向……"

作为一名一线教师，我为能实践这样的教育实验而感到幸运，更为这种实验让更多教师参与其中而欣慰。不知什么时候，我发现，我已经不知不觉地踏上新教育的征程，我发现我的教育生活开始发生变化。新教育实验带给我知识、智慧，让我感到教育的世界是多么广博壮丽；新教育实验带给我勇气、力量，让我感到美丽的培新小学就是我心驰神往的地方；新教育实验带给我理念、意念，让我感到语文课堂已成为我兴致勃勃安身立命的地方。

在新教育实验中，新教育独有的精神领域改变了我的生存状态，改变了我的行走方式，使我变得坚强、乐观、自信、勇敢。今天，我已离不开我的课堂，来到孩子们的世界，我们之间思维碰撞的火光，向我打开了一扇天窗：我看到一片蔚蓝的天空、一朵洁白的云朵，嗅到一丝新鲜的空气，尝到一滴清甜的甘露。新教育，让我的生命渐渐宽敞起来；新教育，让我们从这里出发，去穿越那些伟大的灵魂，去拥抱生命中每一次精彩的绽放。

穿行在文字的丛林中，我醉心于新教育实验，按照朱永新教授指引的方向奋勇向前——缔造完美教室，走进教育的梦工厂，我看见青春是道明媚的霞光！

一轮浅灰色涟漪

可以说，没有人会拒绝梦想，只是有人会因为梦想的遥不可及而不敢奢望。只要不让年轻时美丽的梦想随岁月飘逝，成功总有一天会出现在你的面前。朱永新教授在"教育在线"上创办了一个"成功保险公司"，成功的对象不限，任何人都可以投保，尤其欢迎校长和教师来投保，因为校长和教师的成功，是中华民族伟大复兴的希望。

我于2013年8月份去天津市参加"全国百佳语文教师评选活动"，我们组有一位评委是中央民族大学国际教育学院翁燕珩教授。他对我们说，评委工作责任重大，肩负着祖国的语文教育事业，语文教学做好了，中华民族复兴之梦的实现指日可待。他的语言，让我们产生了一种庄严神圣的感觉。在讲课和答辩的各项活动中，我发现，他对教师自身的内涵、个人的基本功要求很高。让人不由得觉得，教师不光有传道授业解惑之任务，还需要符合当今时代学生的需求，具备一定的才艺。也就是说，教师是"演员"，既是实力派的，又是偶像派的，只有这样，才会激活学生思维，点燃学生的激情，才会是一位名副其实的好教师，才会受到学生的欢迎。

有一位纳西族的参赛教师，紫色的圆脸，穿着民族服饰，虽然普通话不太标准，但我至今记忆犹新。她将自己近几个月写的教学日记——三个备课本带到了赛场。她告诉我们，从西藏来到天津坐了七天的火车，虽然行程遥远，车途劳累，但是心中有梦，感觉苦并甜蜜着，她的日记一天也没有停下，包括在火车上、汽车上乃至在天津参赛的每一天。很多老师都争相翻阅她的教学日记，为她所做的事情惊叹。翁燕珩教授一改严肃的表情，激动地问她："请问你加入朱永新教授的'教育在线'没有？其实你早就进入新教育实验田了，知道吗，像你这样坚持下去，一定会有个好收成的！"

蓦地，我仿佛看见这位老师怀揣着"美丽的教育之梦"走上了讲台，一心想打造一个"美丽的班级"，带着诗意追逐教育之梦，手执文学利剑去打磨自己的教育理念。也许，她经历了教育理念的磨炼；也许，她琢磨过语文教学的研究课题；也许，她坚守爱心教育的初心。她每天都在思考，都在写作，一写就是十年、二十年，她的课堂教学更令学生情感激荡、思想喷涌，甚至潸然泪下。在她身上，我似乎理解了朱永新教授所描绘的："一个教师不在于他教了多少年书，而在于他用心教了多少年书。"

她把理想播撒在学生心中，让学生的梦想轻舞飞扬；她把理想珍藏在自己的梦中，让新教育随着自己的梦轻舞飞扬。在这个过程中，她发现了许多东西，从生活的喧嚣和浮躁中解脱出来，获得心灵的宁静和充实。帕斯卡尔在他的《思想录》中说："人只不过是一根芦苇，是自然界最脆弱的东西，但是要做一根有思想的芦苇，这样的思想就形成了人的伟大。"一名有使命感的教师，应该不断地追求理想，设计理想，撞击理想。教学是一门遗憾的艺术，我们的一个重要任务就是去发现教学中的"遗憾"，寻找教育发展的新思想、新思路、新举措。

新教育，让教育的激情喷薄而出；新教育，让教育的思想魅力四射；新教育，让教育的梦想轻舞飞扬。圆梦，就是勤勤恳恳，就是敬业爱岗，就是无数个夜晚的不眠灯火。让我们幸福地行走在新教育之路上，快乐地走进新教育，享受新教育。

打开它，深蓝色的背景中荡漾着一轮浅灰色涟漪，海洋上激荡着螺旋式浪花文字——《新教育之梦》。不知这个看似简单、做起来并不简单的新教育，是否也一样给你带来心灵的荡涤和震撼？

"教育在线"的浪漫之旅

花开花落，年复一年。岁月如水，流去的是忘却，留下的是记忆。今天，是我在"教育在线"上注册整整一年的日子，我从一个"新教育会员"晋升到"新教育贵宾"再到"新教育菁英"，最后成为"新教育元老"，积分达到3065分。我真正地有了在此发表文章和言论的"权力"，我得以在"教育在线"上自由飞翔，这个过程，好似经历了一场新教育浪漫之旅。曾经，新教育之梦是我心中一个美丽的梦想，如今，加入"新教育"实验，就是给自己一种崭新的生活，和学生、学生家长共享幸福完整的教育生活。正如朱永新教授说："谁在保持梦想，谁就能梦想成真，谁能不懈地追求理想，谁就能不断地实现理想。"我知道，新教育实验不仅仅有梦想，更是一种师生共同期待的诗意生活，是一场情意深深的浪漫之旅。

一路飞翔，一路希望。教育如河，奔腾的是知识，沉淀的是智慧。记得刚开始注册的那段日子，我基本上没有权限发帖，甚至跟帖，每次进入"教育在线"论坛，总会出现我还没有权限在上面发表日志或者发帖等提示。每一天我都执着地在每一个版块上浏览，有时是以一个游客的身份，有时是以一个"新教育会员"的身份，无论是何身份，我总希望能很快有权限发帖或发表文章。那时候，刚上"教育在线"的我，还只是一只刚刚出巢的小鸟，懵懵懂懂不知怎样用稚嫩的翅膀去搏击长空，但我深知自己极需要知识给予力量，于是，我成为"教育在线"的常客，如饥似渴地品读着同行们精彩的帖子。无论是灿烂的瞬间，还是失败的教训，都使我深有感触，引发共鸣。我也试着回帖参与讨论。还记得我在教育论坛"投石问路"版块的第一个帖子就是"海门，我们到底有多远"，没想到我的帖子很受同行的关注和喜爱。网友们鼓励的话语，给予我继续写下去的勇气。于是，我认真地写感悟，用心回帖，走访每一个版主，交流教育教学的经验，沟通教育信息，我的贡献、积分、财富值逐渐增长的过程是一个积累财富的过程，想得越多，记得越多，就越充实，越自信，越富有。

教育在线，边行边思。教育如诗，轻轻地奏响，浅浅地吟唱，不同的版块有各自的内涵与情调。"教育在线"上一共有七个版块（2014年）：新教育实验发布及榜样实践汇聚地，新教育闲话吧，毛虫与蝴蝶——新教育儿童阶梯阅读，构筑理想课堂，新教育实验网络师范学院，新教育试验区、校、个体，师生共写随笔，每一个版块都提供给会员发表文章的园地。

新教育实验发布及榜样实践汇聚地版块是新教育研究院公告发布处，这里有新教育榜样教师、榜样学校、榜样区域呈现处、新教育学校根据地，每一个主题帖都展示一所实验学校、班级的风采。进入这些实验学校的主题帖中，我发现了一个个充满活力的学校和班级，让我忍不住在上面留言跟帖。

新教育闲话吧是一个相对轻松自由的版块。它的主旨就是闲说新教育、戏说新教育、杂说新教育，成为新教育人的聊吧。版块的负责人范静老师，虽与我未曾谋面，却很热心。有一次，我试着按照上面公布的电话号码给她打电话询问相关发帖的事情。她态度很友善，声音轻柔甜美，让我想象到电话的另一端有一个美丽、善良、纯情、温柔的女子。她亦满怀热情投身到新教育之中，她每一天在"教育在线"上关注着新的动态，关切着每一位在"教育在线"上来访教师留下的足迹，她还不时地给我发短信告诉我学习和实践"教育在线"上的一些知识和要领，我很快就能在网页上熟练操作。虽然我俩互不相识，但是彼此之间的心灵相通，似乎早已熟稔了解。

那些日子，我的生活，因为阳光灿烂的"教育在线"而格外澄明。

毛虫与蝴蝶——新教育儿童阶梯阅读版块，推广"晨诵、午读、暮省"模式，通过发布新教育动态传递媒体声音，播送媒介报道，记录实验历程。新教育儿童课程论坛中，阶梯阅读是其核心课程，上面有最新的阅读资源，也有全国各个实验学校在阶梯阅读中开展的活动及相关情况。我在上面为我的班级注册了一个"新教育儿童阶梯阅读——月季朵朵红班成长主题帖"，记录班级中孩子们成长的点点滴滴，每一天都有儿童阶梯阅读中发生的有趣故事，我的学生随着主题帖的壮大而逐渐成长。

构筑理想课堂，这是新教育实验十大行动之一。构筑有效教学框架，发掘知识内在的魅力，让教育知识、师生生命、生活世界产生深刻共鸣。这里，有着更多课堂怒放的声音；这里，释放出新教育的无穷魅力。

新教育实验网络师范学院这一版块，是"新教育教师"汇聚之地、修炼之所，强调文化认同、职业认同，强调专业素养，强调课程创制的意识与能力。

新教育实验区、校、个体版块是新教育实验学校发帖的地方，版主是许新海博士。我们学校的主题帖就在这里，这里记载着我们实验学校的动态，记录着我们的成长足迹。我在这里注册了一个"共享幸福完整的教育生活——陕西安康培新小学新教育实验主题帖"。我们与全国各地的实验学校一起追随新教育，在新教育中构筑新的思想领地。版主许新海博士时刻关注着每一个实验学校的发展变化，他的鼓励如强劲的风，激荡着前进的风帆，于是，自觉地反思教育行为，总结教育得失，回味教育生活的点滴感悟，成为我每一天永不停歇的航程。

师生共写随笔，这是一个发表教育随笔的版块，每一天，每一分，每一秒，我们都能感受到老师们辛勤的耕耘。我在这里注册了一个"初蕾丽影——共读共写共成长主题帖"，记录我们班级父母和孩子们在写作上的进步，用图文并茂的形式表现出一个个新的写作生命。我的班级有个孩子因为对常年在外工作的爸爸极度思念，一口气为爸爸写了七封信，还用爸爸的口气为自己写了一封回信。我把这个感人的故事发在论坛和博客上后，得到很多网友的热情关注和回帖。千里之外的朋友、熟悉的网友用真挚的语言鼓励着我，激荡着我的灵感。这种无疆无界的交流，使我们因拥有共同的愿望而拥有了共同的幸福，在那些美丽的日子里，不论年龄，不论身份，不论距离，我们成了心意相通的朋友。

相忆在心，感谢有你。教育如歌，飞扬的是理想，舒展的是真纯。我真正懂得了苏霍姆林斯基说的"一个真正的人应当在灵魂深处有一份精神宝藏，这就是他通宵达旦地读过一两百书"。除了坚持写作，我还坚持每天读书，无边无涯地阅读，无形中为我的随笔增添了底气和灵气。

朱永新教授的"成功保险公司"常常让我对工作和生活充满了美好的向往，一个个鲜活的案例，讲述着教育的丰富和幸福；一行行真诚的文字，抒写着明天的憧憬和传奇；一串串动听的音符奏响着美妙的琴弦，引领着我和孩子们在斑斓星辉里放歌。专业的成长，永远不存在年龄的限制，只要怀揣崇高的理想，就可以走向生命的荣光和尊严。我不停地学习和发表文章，在"教育在线"上的积分和贡献也不断上涨，从"新教育会员"转型升级成为"新教育元老"。我在"教育在线"上自由飞翔，感受到一种前所未有的幸福生活。"教育在线"，新教育的浪漫之旅，成就一份与众不同的绮丽。我发现"教育在线"这一片别样的天空，原来是新教育人共同喜爱的地方。

《教育在线，新教育的浪漫之旅》是我的真情告白：感谢你——教育在线，那是新教育的一场浪漫之旅。

是你，让小草的心灵有了生机盎然的栖息地；是你，让小溪的浪花有了广阔无边的新故里；是你，让深海中的砂粒在浪涛的淘沥中成为珍珠。

你是广袤的大地，我愿意是你怀中的一棵小草，用根须与你深情相拥，触摸你的真挚；

你是潺潺的小溪，我愿意是你心中的一朵浪花，用真情与你相依相偎，感受你的博大；

你是深海的贝壳，我愿意是你面前的一颗砂粒，用心灵与你相约永恒，我成长着自己……

感谢你——教育在线，这是我关于新教育的一场浪漫之旅。

遇见美好

享受生命成长的幸福

2016年8月25日，我有幸聆听了江苏省海门市新教育培训中心研究科科长许卫国作的报告——《让每一位教师享受生命成长的幸福》，感受颇深，我真真切切地享受着生命成长的幸福。

从报告中可以看出，许科长有深厚的学养，他在中国古典文学中寻求"自然"的大"道"；在哲学的世界中探寻教育的真知，在时代的前沿诗意地栖居；用丰富的艺术营养滋润心灵，感受生命的流动和跳跃，让美的捕捉力、美的旋律、美的色彩、美的精神充实自己的教育人生。

许科长用真挚的言语告诉我们，新教育实验最显著的特征是以教师成长为起点。站在教室讲台上的那个人，决定着教育的基本品质。他还特别提到朱永新教授《致教师》一书中的一段话："我是教师，教师就是教师，与学生是互相依赖的生命，老师是一个人，不是园丁，不是蜡烛，不是春蚕，不是人类灵魂的工程师，不是一个单纯的为学生服务的工具性存在。"让人对教师这个职业有了全新的认识，教师是一个能够把人的创造力、想象力等全部能量和智慧发挥到极限的、永远没有止境的职业，教师每天都在平凡与神圣中穿越，他们的生命价值在于以现在求证未来，让生命幸福完整。

我发现，教师成长有两项内容：职业认同是内在动力，心灵成长——形而上的信仰之道；专业发展是技术支撑系统，专业提升——形而下的技艺之事。海德格尔曾说："以什么为职业，在根本的意义上，就是以什么为生命意义之所寄托。"新教育的职业认同是生命个体对于职业价值的发展和体认。唤醒教师是新教育的最大贡献，新教育实验之所以受教师欢迎，是因为它懂得教师，呵护教师，帮助教师找到了存在的价值，帮助教师找到了走向理性的途径，打通了理论走向实践的桥梁。

正如新教育研究院名誉院长卢志文教授所说："对这个世界或许我们真的改变不了什么，每一个人能够改变的只有自己，然而唤醒一个教师，就是唤醒几十个孩子，唤醒一个校长，就是唤醒几百个孩子，唤醒一个局长，就是唤醒成千上万个孩子，这就是新教育人的生命价值所在。"

新教育实验是一个让人幸福的实验，完全依靠梦想的愿景，相信榜样的力量。新教育主张用"三专"模式实现教师专业发展，即专业阅读、专业写作、专业交往。专业阅读就是站在大师的肩膀上前行，专业写作就是站在自己的肩膀上攀升，专业交往就是站在集体的肩膀上飞翔。如果没有教师的专业阅读，就没有教师的真正意义上的成长与发展。对于任何一个具体的专业领域而言，都存在着一个最合理的知识结构。阅读是一种自爱，是对自己饥渴的精神世界的一种抚慰和满足；写作是一种自救，是对自己庸常的日常生活的一种拯救与超越。

对于写作，新教育人的生命叙事是生命的言说，是努力将对活着的珍爱，一点一滴转化为有意义的生命痕迹。要写作，要叙事，就需要思考。一个教师带着一颗思考的大脑，尽管每天从事或许十分平凡的工作，但他已经走上了研究之路，他的职业行走方式发生了改变，每日三省吾身，一天所见、所闻、所读、所思，无不可入文。写作一开始仅仅是为了给自己的工作留点反思的可能，往往开始的时候茫然而毫无目的，久疏的笔头，生硬的文字让我反反复复地写了放弃，写了修改，后来终于开始无尽地热爱。

生命化教育的倡导者张文质说："写作就是积累，就是自我过滤、自我反思、自我练习、自我发现，它是最好的学习。不要小看我们写下的一切，我们的耐心和执着，首先在改变着我们自己，这会成为一股力量，会对历史产生我们的影响。"对于我来说，写作的专注度尤为重要，生命一天不达到那个浓度和烈度，没有到达那个敏感度、兴奋点，瘾就没过去，那一天就活得颓废。读书、写作是人的内在精神生命的自主建构，写作使人精神生命的建构有了物化的呈现；写作是一种享受，在这种享受的过程中建构着自己内在的精神生命。写文章可以是工作时受一个细节的激发，或是一时文思泉涌，读书或参观时受到书中一个理念、一个故事的影响，长期思考某一问题也可以落笔成文。

2012年6月6日，这是我非常难忘的日子。那时，许科长在海门市三厂镇中心小学担任校长，在那个烈日炎炎的夏日，他不远千里来到我们培新小学为全体教师作"养成职业习惯，书写职业人生"报告，从那天开始，海门这个名字就深深地印在我的心上。不知道什么缘故，听完他的讲座，我的内心一直波澜涌动，无法平静，如一粒火种，将心中的原野点燃。看似简单的话语却充满着神奇的力量，看似琐碎的小事却在他的文中显得格外亲切。不同的地域、不同的人生经历，获得的感悟却如此相同。

"生活永远是没有错的，错了的，是我们不再起舞的心。生活也没有亏待过谁，真正亏待自己的，是我们自己对生命的辜负。"当时，许科长说的这句话，与我的内心产生了共鸣。许科长的博客名是"站在路边看风景"，其间不乏他恬淡的性情，超凡脱俗的品格和定力。也就是从那一天开始，我逐渐养成并坚持撰写教育随笔的习惯，他的话语时时在我的心中激荡，让我不由得坚持自己的行动，我的教育博客也一天天长大。时光飞逝，我发现自己有了不小的进步。

就在8月25日这天，新网师给我发来录取通知，经过严格的资格审查，在全国各地2000名种子教师中选拔出为数不多的300名，是一次难得的学习机会，这无疑是对我的一种肯定和鼓励。在这里，可以与朱永新、李镇西、陶新华、蓝玫、飓风、大杨树、雪依然、花王对话，与全国各地新教育实验学校的种子教师进行互动交流，我可以随时随地获取有关新教育一些新信息、新风尚、新变化。突然间，我觉得自己的精神世界敞亮了许多，我的世界平添了许多异样的色彩，连空气中都飘荡着新教育生活带来的芬芳。

　　三年过去了，在这个骄阳似火的八月，许科长再一次来到我们中间，来到我们汉滨实验区，用理想的召唤，唤醒我们生命的自觉，让我们懂得，内省言行、反思超越，教师需在反思和批判中成长，以澄澈之心求洒脱之态，在浮躁之外求自然宁静，海纳百川，定格教育情节，丰富教育思想，聆听思想的拔节，呼吸生命的气息，让思维激荡，感受灵感勃发的"气场"。他那温暖的话语，智慧的提醒，让我发现生命是如此丰厚而富有！

　　仔细地聆听许科长新教育十大行动中关于师生共写随笔的报告，我们浸润于那激动人心的话语，新教育实验于神州大地间得到的热切呼应。新教育所构建的"晨诵、午读、暮省"的教育生活节奏，正无声地在千百万师生的内心扎根发芽。

　　相信"爱新教育，就是爱自己"，唯有行动，才能"带着使命，带着爱"奔向新的征程。一个教师撒下的优良种子，终将会在岁月深处萌芽。专业发展共同体就是内心频率相同的人的相聚，人须自用且为人用。或许，这就是今天对于明天、现实对于未来的坚忍而美好的"求证"。

思想的碎片

　　这几天，手捧朱永新教授的《新教育之梦》不能释卷。我用心读完后，掩卷遐思，一行行充满憧憬、理想的文字，把我带进了一个理想的国度，那里的教师一定是积极向上的，那里的孩子一定是爱说爱笑、收获颇丰的。我强烈地感觉到，新教育之梦并不遥远！

　　书中提到的新教育实验六大行动：营造书香校园、师生共写随笔、聆听窗外声音、熟练运用双语、创建数码校园、构筑理想课堂等，使我们这些一线教师眼睛一亮。读完此书，我一下子被书中一句话——"中小学搞教育科研，就是应该从记录自己的教育现象，记录自己的感受，记录自己的思考开始的，把这一串的'珍珠'串起来，那就是一条非常美丽的项链"——深深地感染与震撼了。我们平时不是一直在讲科研先导、科研兴课吗？如果我能从教育随笔、教育日记开始，那不就是最真实的科研吗？从那时起，我找到了自己努力的方向——一定要坚持从关注学生心灵开始，记下自己教育中的点点滴滴，不断反思自己的教育教学，和学生一起成长！

　　每次阅读教育教学书籍，看见许多教育随笔以及众多教师博客中的文字，时常被老师们精彩、真实的言论打动，他们对教育深刻的反思和独到的见解让我佩服，他们对教育的执着与真情令我感动。

　　《新教育之梦》给我的另一个启发是要善于学习，不断充实自我，这是成为一名优秀教师的基础。书中，作者对理想的德育、智育、体育、美育、劳动技术教育都作了深度的阐述；同时对理想的学校、教师、校长、学生及父母也作了形象的勾勒。

"教育的理想是为了一切的人，教育的理想是为了人的一切。"作者朱永新教授以澎湃的激情把他的教育理想书写在《新教育之梦》之中，在他的眼中，教育是一首命名为热爱和未来的诗，教育是一个让人充满期待的梦想。他超凡脱俗的热情和诚恳的文字深深地感染了我，他是一位受人尊敬的教育家。在书中，他向我们畅谈着远大的教育理想，为我们展开了一幅宏伟的教育蓝图。

朱永新先生是一位清醒的现实主义者，他深知"我们不能希望所有的教师都能够成为理想的教师，那是永远不可能的，因为人是有差异的，人的价值观也是有差异的"。朱永新先生又是一位满怀激情的理想主义者，他说："教育需要理想，只有燃起理想的火焰，才能使我们整个民族变得强盛，变得有凝聚力，我们才能在与世界各国的竞争中站住脚。"教育没有理想，既是教育的悲哀，也是社会的悲哀。

从《我的教育理想》到《新教育之梦》，一股"理想旋风"正在中国教育界兴起。我们坚信，当整个教育界被理想的光泽和批判的锋芒照耀时，那将是多么美丽和纯洁！每一位教师都将从教育理想中寻找到差距和动力，寻找到职业的魅力和尊严。而站在建设与批判的交点上实践并书写自己的教育理想，正是新时代教师的职业选择。

《新教育之梦》告诉我，智育不能独领风骚，也不只是一串阿拉伯数字，或是一纸文凭、一张入学通知书，它"应该超越知识，走向智慧，激发创造，健全人格，为学生将来拥有终生幸福的精神生活打下坚实的知识能力基础"；德育不再是空中楼阁，它还应让学生"自警、自诫、鼓勉"，在"陶冶情操、磨砺意志的过程中形成'不教之教'的自律习惯"，让学生在"自然的活动中养成德性，在游戏和丰富多彩的自主活动中体验和感悟道德的境界"；体育不只是追求四肢发达，它应"体现奥林匹克精神，培养学生在人生路途上追求'更快、更高、更强',并能完善自我,体现人性之崇高";美育不只是提供休闲消遣,它"应该引导和教育学生热爱生命,珍惜生命,享受生命,优化生命,激扬生命"。

对于我们年轻教师来说,"只要不让年轻时美丽的梦想随岁月飘逝,成功总有一天会出现在你的面前"。这是作者对我们的真诚规劝,对我们的殷切期望。我们应该全身心地投入教育事业,以本书中的优秀教师为标准来要求自己。并且像作者所说的那样不要羡慕别人,不要感叹时运,要做起来,要不停地做下去,哪怕不顺,哪怕艰难。我希望自己也能如本书中说的那样"当我们的学生离开校园的时候,带走的不应该只有知识,更重要的是对理想的追求"。

我们应该怎样做?读了朱永新先生的《新教育之梦》,又一个问题在轻叩我的心扉。

如果说今后我还将有梦,那么我将永远记住这本书——《新教育之梦》,是它让我懂得"我们的教育不能没有梦",是它告诉我们教师应该做怎样的梦,也将是它激励我为梦的实现而奋然前行。写教学反思、写教学日记、写课堂案例……书写的过程就是教师完善思考的过程,书写的过程就是解决问题的过程,书写的过程就是追求卓越的过程。做个有心人,才能将思想的各种碎片串成美丽的"项链"。

感谢《新教育之梦》,它让我心随激情飞扬,梦随理想共舞。此时我又想起了叶澜教授的话:每个学生的心灵都是一片绿叶,每一片绿叶下面都是一个绿色的心灵世界。我愿意做一把开启学生心灵的钥匙,和学生一起成长。

新教育实验报告

教室撷趣

教室与生命联系在一起，是为生命而存在。

教室一头挑着课程，一头挑着生命。

没有生命绽放的教室，就不是完美的教室。

生命，是新教育最重要的一个词语。

教室，是安全的庇护所和自由的训练场。

如果家庭意味着更多安全、

社会意味着更多自由的话，

那么教室正好是两者的结合，

是孩子生命从安全到自由的最重要的驿站。

新班级

2014年8月28日，开学季，大雨如注，许多人都停住了外出的脚步。想着明天孩子们就要报名了，新的教室，新的班级，新的孩子，心中有一种说不出的激动。我毅然决然地冲进了雨中——得赶快到教室去看看。

走进四年级三班，一张张课桌映入眼帘，我仿佛看见一张张可爱的笑脸，一个个天真可爱的孩子明天将会走进教室，从此和我一起踏入新的教育征程。我和这些孩子们不曾相识，怎样才能让孩子们感受到新班级的温暖，我得费点心思。总感觉这一张张稚嫩的面庞就是一朵朵娇艳欲滴的花骨朵，我突发奇想，在孩子们的课桌放上一朵可爱的红花，那种景象将是多么美好啊！

当我将精心挑选的红花摆在桌子上的时候，教室里霎时多了一抹美丽的色彩。这时候，我原来在培新小学教过的第一届毕业生到校给我帮忙了，这孩子下学期该上高二了，心灵手巧的她将一个个花束底座做成爱心状，固定在课桌上。

我们快乐地在教室中忙碌着，越干越起劲，因为我们都在想象孩子们看见这些花朵时的欣喜之情，边贴着胶带边乐呵呵地说，孩子们明天早上一定会眼前一亮。

我为每一位孩子写上最想对他们说的话，比如"你一定是个小精灵""你一定是个聪明可爱的孩子""你一定会非同凡响""你一定是一个上进的孩子""你是老师心目中的骄傲"……当我写完这些话的时候,爱意融入了每一朵小花,眼前仿佛晃动着孩子们娇嫩灿烂的笑脸。

经过两个小时的忙碌,教室里充满了生机。四(三)班的孩子们,你们可曾知道,虽然我们不曾相识,但是老师已经将你们的名字印在心中,你们的名字将会变成一首首清新的小诗,在我们的生活中荡起美的涟漪。你们也是老师生命中遇见的有缘人,我们一起度过生命中重叠的美妙时光,你们就是那一本本正待阅读的新书,老师愿意与你们一起迎接崭新的明天!

在接下来的学习时光里,我作为你们的朋友和师长,会当好一位"介绍人",介绍你们与学习相依相恋;我会做一根"火柴",把你们智慧的火把点燃;我会当好一只"领头羊",引着你们走进知识的茫茫草原;我会撒上"调味料",将你们的学习变成色香味俱全的美味大餐。

朱永新教授说:"历史不会记住苦劳,历史只会记住功劳。而功劳就是你的创新、你的风格——第一是特色,第二是特色,第三还是特色。特色是一种自然的形成与积淀,特色也是一种预设与养成。短期行为不会形成学校的特色,只能成为一个插曲。归根结底,特色是一种成熟后形成的风格。"

亲爱的同学们,从现在起,放飞希望,开始行动吧!未来还需要我们一起开创,一起享受缤纷的生活!许多美丽的梦想等待我们去追寻,我们的明天一定会花香四溢,让我们用童真燃炫希望,我们的新班级一定会更加闪亮!

此时,雨过天晴,我站在这里,享受着微醺的暖阳。微风拂过,空气中似乎弥散着花的芬芳。好清新的花香,我的新班级……

你的名字

2017年8月28日，又一批月季朵朵红班的孩子们来到我的身边，我期待你们已经很久了。在你们到来之前，我曾经无数次地猜测你们的模样，想象着我们的相遇，憧憬着我们在一起的画面。我多想早一点走近你们，聆听你们，尽我所能帮助你们，引领你们。今天，我们终于成为师生。遇上你们是最美的缘，我会珍惜我们之间的这种缘分，陪伴你们走过生命中这段美好的时光。

那天，拿着新班级的花名册，黄玥僮、陈依萱、赵李嘉熙、吴子玥、张诗蕊、魏瑾萱、钱永卓、钱永越、徐皓轩……一个个诗意盎然的名字，犹如一粒粒月季花的种子，我的眼前宛如出现了一座美丽的月季花园。和风徐徐暖，月季灼灼开。想象我们在一起，那美好、温软的时光和关于花韵的心事。在金秋，我们，就这样静静地在一起，任和风解开泥土的秘密，任浮云撩动月色的风华。哦，这些月季花的种子，一个个美丽的孩子。

美国学者梭罗在《种子的信仰》一书中写实而诗意地写下了对土地无限丰富性的赞美，他将土地比作谷仓和学校，相信种子有强烈的信仰，相信每一粒种子都会有奇迹发生。正如我的班级的每一粒月季花种子，也会在这片土地生发奇异的力量。

孩子们，我将"月季朵朵红"视为确保你们受教育主体地位的隐喻。你们都有一个诗意的名字，每一个名字，都有一种希望；每一个名字，都有一个故事；每一个名字，都有一种幸福的力量。相信种子的力量，相信每一粒种子都是奇迹，倡导教育以种子为中心，教育只是为种子的生长提供支持，而非以爱的名义进行干预。于是，我愿意为你们的名字作诗，为你们的名字营造美好的生命场，相信你们的名字会散发出独特的芳香，呈现着蓬勃的生命力。

家委会主任黄玥僮妈妈、副主任江熠琳妈妈和马子敬妈妈带领张新媛妈妈、陈俊豪妈妈、钱永卓爸爸、华亚清妈妈等家长一起忙碌了整整一天，为你们安装名片。在雨中，粉色的名片绽放别样的光彩，犹如一朵朵带着露珠的花骨朵，凝聚着众多人的心，营造出一个美好的生命场。

亲爱的孩子们，新教育实验需要老师把根扎在教室里，针对每一个独一无二的孩子，丰富你们独一无二的精神世界，为每一位学生创造自主的发展空间，唤醒并发展你们的潜能，帮助你们成为最好的自己。

新教育实验班，将为你们架起一个体验生活乐趣与激发生命潜能的平台，让你们的个体生命人格也一步步朝向完整美好发展，开阔你们的视野，丰富你们的体验。相信不久以后，我们月季朵朵红班的孩子会成为特别、理想的学生。

你的名字，美好的生命场！最美的时光，我们一起快乐绽放！——这句话被写入了我的教育词典。我提出一个名字，一个美好的生命场，意味着教育是一片丰厚肥美的土地，学生要置身其中，自己就会寻找可供生命延续的绿草。营造美好的生命场，是对教育本质和教育规律的遵循与把握。月季朵朵红"生命场"的灵魂是将儿童作为生命体，充分信任儿童，解放儿童，依靠儿童，发展儿童。

在我看来，孩子走进学校并不意味着教育的发生，只有当孩子喜欢上学校这个新的环境，与这个新的环境以及环境中的人产生了链接，真正的教育才可能发生。

这些教育故事发生在这个幸福花园里，花园就是为其提供充分的阳光、水分、适宜的土壤的地方。我一直从孩子成长的本质出发重新构建小学教育，重新构思我的教育图谱。

月季朵朵红班的教室里，这一粒粒人类的种子与世间万物的种子一样，都蕴含着自己的发展计划。这个发展计划属于自然，有主动生长的能力，有多态生长的空间，有自我免疫、自我修复的功能，只要有适宜的外部环境和条件，种子都会以任何人无法强行改变的发展模式，自然萌发，成长为自己。你的名字，美好的生命场，教室里的一花一叶，就是生命的鲜血，生命的脉动，生命的显性。让每一时刻都有生命，让每个孩子的生命因为完美教室而找到生命存在的美好，这何尝不是一种幸福？

这些描述试图将孩子们的成长还原到本来状态，这也代表了我对新教育实验的愿景——师生每天生活幸福完整，与教室里的人和事息息相关。

月季朵朵红班的家长既是"教育理想的合伙人"，也是"新教育实验"的共同体。在月季朵朵红班，一次新生家长培训会，一次新生家长委员会，初相识，仅仅通过一次热切的交谈，新生家长们已经形成一个重要共识：教室因一个个名字营造美好的生命场，老师是陪伴孩子成长的知心朋友，家长是家校共育重要的合作伙伴。

我的月季朵朵红，你们也许还不懂得，生命，简简单单两个字，却没有人参透它的真谛。同样的道理，美好的生命场，月季朵朵红的生命叙事，应该是师生的共同叙事，因为完美教室的主体是教师和学生，教师应真正地发现儿童，走近儿童，关注每一个儿童，关注每个儿童的特质，离开了学生的生命场，任何教师终将无法完美。

"月季朵朵红"是个充满魔力的词语，完美教室，是决定每一个生命故事平庸还是精彩的舞台，是师生共同穿越的所有课程的总和，它包含了论及教育时所能想到的一切。因为新教育，我有一个朴素的理想：让每一朵生命之花都在教室里怒放；让每一个孩子能在清晨醒来时，对即将开始的一天充满期待和向往；让每一个孩子结束一天的学习回家时，能对教室充满留恋和不舍。

因为你的名字，就在这个美好的生命场。

You Raise Me Up

那天，在云顶花园咖啡厅，我去会见几位文友。柔和的灯光，雅致的环境，耳边不时地传来优美的音乐，一杯咖啡，一份香浓，一段回忆，品一段细水长流的文学情谊。

这时，一段温情优雅而飘逸脱俗的音乐在耳畔轻轻地响起，把我吸引，"When I am down and, oh my soul, so weary, When troubles come and my heart burdened be..."那种舒缓而沉稳的声音，给人带来一种积极向上的力量。第一次听到这首歌时，虽然觉得很好听，但只是听听，没有想着去学习，因为是一首英文歌曲。

后来，女儿要和芯晗同学在班级中表演一个节目，她说她俩要唱一首英文歌曲 You Raise Me Up，让我在网上找一首伴奏曲。我一愣，孩子们什么时候学唱这首歌的我都不知道。她唱歌的时候，很投入，一个个英语单词从她的口中唱出来，特别动听。她告诉我她最喜欢这首歌，因为这首歌会给人带来力量，带来勇气。她还写了一篇文章《我最喜欢的歌——You Raise Me Up》，原来，这首歌早已在她的心中占据了重要位置。其实，这首歌在《中国好声音》和《我是歌手》节目中早已被几位歌手演绎了。我很好奇，这是一首什么样的歌曲，竟然有这么大的魅力，让孩子如此喜欢，歌手们也会不断演绎。即使是这样，我还是没有想到要学习这首歌，因为英文歌曲听着好听，唱起来实在太难了。

其实，我很羡慕会唱英文歌曲的人。不管能不能听懂，我总喜欢听一听。2013年春节联欢晚会，宋祖英和席琳·迪翁演唱《茉莉花》，中西合璧，那唯美的画面还刻在我的脑海中，那时我发现英文版《茉莉花》别有一番风味；还有暑假时收看湖南卫视的《快乐新声代》，香港六岁小女孩谭芷昀在比赛中连唱了三首英文歌曲，震撼全场。电影《泰坦尼克号》主题曲 *My Heart Will Go On*，用舒缓的曲调表达出主人公之间那种缠绵悱恻的情感，这首歌曲经久不衰。听英文歌，成了我的一项业余爱好。

这次学校举行麦霸争夺赛，要求参赛的每组有一个人独唱，组内几经商议，决定让我参加。接受任务后，一直惴惴不安，因为好久没有学习什么新歌曲了，到底唱什么歌，心中没有底。离比赛还有两周，得赶快将演唱曲目敲定。突然，*You Raise Me Up* 在我的脑海中一闪而过，试试这首歌吧。找到歌词，发现密密麻麻的英语单词，认识的不多，心想还是放弃吧，这歌听别人唱着好听，自己不一定能学好。但我想到那位六岁的小女孩谭芷昀都学会了这首歌，我怎么就不能学会？

怎么办？咬咬牙，学！先从学英语单词开始，请教英语老师学会了里面的单词，三天过去了还是不熟练，发音不标准。继续努力，可是每一天还有教学任务以及其他的工作，没有多少时间学习，只有利用一些碎片时间。一周过去了，我拿着歌曲找到安康歌舞剧团的王老师请求辅导，她一看这首歌就说："你怎么选了这么难的一首歌，我们团里专业的演员都不唱这歌。"话虽如此，但是她很耐心地给予指导。经过老师点拨，我继续练唱，发现了这首歌曲的规律，四分二十秒的歌曲，有三段重复，高潮时有两处变调，还有和声。

三天过后，我唱给王老师听，她高兴地说："这次感觉好多了，你的声音纯净柔美，当老师的能把嗓子保护成这个样子，很不错了。这首歌节奏把握得可以，就是感情还不够饱满，我们这些做音乐的人要求完美。不过，能这样已经不错了。"从她的话语中，我感到自己还有提升的空间。

绝不放弃！我想到了位梦华教授，五十岁的时候才开始到南、北极考察，和他比起来，学唱一首英文歌算什么困难。

两天过去了，我利用一切除教学以外的时间学习歌曲，小声唱，戴着耳机跟在原唱后面学，只张口型唱，终于能圆熟地演唱这首歌了。再找到王老师的时候，她处理完这首歌的伴奏音乐，听我唱完这首歌，激动地说："你真厉害，没有专业基础，有些地方你竟会用丹田和气流发声，传达了歌曲中深沉的情感，真不错！"

其间，我还和孩子们一起编排舞蹈。阳光自信的子墨和聪明伶俐的宜睿，还有稳重聪慧的旺鲜，三人分工合作，先学唱歌曲，根据自己对歌曲的感悟编排舞蹈，一小节一小节地编排，再根据舞蹈节奏编排规范的造型。这对孩子们学习英语也是一种促进。安康歌舞剧团马老师抽出时间前来指导，她最近一直在为"安康市社会主义核心价值观文艺展演"忙碌，她看了我们自己编排的舞蹈，高兴地说："孩子们自己编排的舞蹈，太了不起了，你们的舞蹈表现出这首歌的意境，只要稍稍改动几个动作就可以了。"在她的鼓励下，孩子们兴致更高了，她们在音乐的旋律中展示出优美的舞姿，在美妙的音乐中，我们仿佛看见阳光慢慢爬上树梢，草儿轻轻地摇，花儿露出了甜美的微笑，眼前的一切是那样清晰明了，在爱的鼓舞下，周遭的一切是那样的美好。

当我再次细品这首歌曲的中文意思时，发现这种练唱的经历和心中纠结何尝不像歌曲中所描写的那样："当我失落的时候，噢，我的灵魂，感到多么的疲倦；当有困难时，我的心背负着重担。你鼓舞了我，所以我能站在群山顶端；你鼓舞了我，让我能走过狂风暴雨的海；当你鼓舞了我，我就很坚强；你鼓舞了我……让我能超越自己。"

又是一个暖阳的冬天，我找到了属于我的自由，当我找到我的自由时，我找到了我的歌——You Raise Me Up，它鼓舞了我，让我超越自己，让我有勇气做我自己。

这个句子

  花儿似人，人似花。在一个特定的季节里，花的绽放要比人迅猛而强烈，而人的一生中又有几次那绽放的时刻啊，短短的花期里伴随着盛放与凋零。

  作为一个有理想有追求的人，何尝不想去做个如期开花的人，在自己最灿烂的时刻，用更多的色彩来装点这个世界，给有限的人生带来馨香与美好？

  这是一节作文课，名字是《以景容情，情景交融》，指导学生进行景物描写。"花苞外面又包裹了一层绿叶，过了几天，里面羞答答的花儿才慢慢张开笑脸。虽然它开出的花瓣是白色的，而且又小，却很精致可爱。外面一层花瓣小心翼翼地守护着里面那神圣的花蕊，不容外来敌人的袭击。这时，如果你凑过鼻子去闻闻，就会有一种淡淡的诱人的香味，让你的心难以平静。"一个学生站起来朗读了这一段话。

  啊！这样美的句子，原来我的学生也能写出这样灵性诗意的句子！我不禁精神抖擞，极力赞赏了他，又叫了一位。

  我惊艳了。

  "月季，我喜欢她的普通！她不争春，不夺夏，不和秋菊比艳！她总是默默地开放！偶尔我也喜欢在校园的花坛吻吻她，为她轻唱女孩儿如花似梦的歌！时不时地去嗅嗅她，让它些许酸酸的香味沁入心脾！你看，轻盈的蝴蝶趴在她的耳边说着悄悄话呢……"

下课了，我还在激动中，课还没有上完，学生佳作还没有展示完，真是舍不得下课，第二节课我选择让自己继续"惊艳"。

是的，第二节课我在持续的欣喜中度过。第三个活动本是最难的，情景交融，竟也变得简单了。

下课时，我说："谢谢你们，亲爱的孩子们。"这感谢是发自肺腑的，我给你们上一节课，让你们看到高山残雪化为潺潺春水，直至开出灿烂之花；你们也给我上了一课，弟子不必不如师，师不必贤于弟子。其实，我一开始就应该信任你们，更应找到最适合你们的学习内容和方法，在这间完美教室里书写精彩的生活。

我什么时候开始这样急躁，我什么时候开始只管要求只顾空想？也许，学生在我们不自知的时候沦为了我们的实验品，不用思考无需情感，只需要顺应教师的方法，合教师的意即可。

谁说再厉害再勤奋的老师遇不到好学生也成不了好老师？谁说只有好学生才能成就好老师？好老师好方法一定会成就好学生，在学习过程中，师生互相成就，彼此辉映。我更愿意做一个能成就学生的老师，相信以后他们会越来越好，而我，会一直是好老师。

果真如此，夫复何求？

那节课的反思，我这样写道：

你不可以选择学生，但可以调整方法，适应学生；

你不可以决定开始，但可以注重过程，改变结果；

你不可以改变世界，但可以春风化雨，温暖一角。

朱永新教授说："兴趣决定了人生的方向与成就。兴趣有多大，世界就有多大。"教师不是万能的，无法像对苗圃施高效化肥那样使他们一夕成长，能够潜移默化也是不错的，哪怕是一缕阳光或者一颗露珠，哪怕学生有了一丝的成长，哪怕有一天一个学生对你说了声最轻的"谢谢"或者"多亏"，就是有了意义了。

雪终会化完,因为春风。教师应该做那一股轻柔和煦而又强力的春风,吹化残雪,吹开万紫千红,吹遍所有角落,送去春的讯息和春的祝福。

教室撷趣

国学经典解读

每个星期三上午早读20分钟,是我们培新小学国学经典解读的专属时间。今天解读《弟子规》,其中"凡是人,皆需爱,天同覆,地同载"这句话让人深思。因为师爱是一种充满科学精神的普遍、持久而高尚的爱,是师德的灵魂。师爱是良好师生关系形成和发展的基础,师爱是教师的一种道德素质,师爱是一种能力——创造爱的环境的能力,让每个学生都处在一个充满爱的环境中,以便感受和模仿。要把握爱的分寸:既不能因恨铁不成钢而伤着学生,又不能"越俎代庖""放任自流",懒惰了学生的手脑;既要为学生留出充分的发展空间,又要对学生提出适当的要求,宽严相济;指导家长走出爱的误区,严防急功近利;引导学生锻炼敏于感受、正确理解、善于表达爱的能力。

老师是学生生活乃至生命中的重要他人,学生希望老师能够像父母那样关心、爱护、体贴和帮助自己。如果爱的需要得到满足,学生对老师会产生依恋感,上学读书会被看作是一件令人振奋的乐事,在集体生活中也会有一种满足感和幸福感,身心得到健康发展。

师爱是良好师生关系形成和发展的基础。融洽的师生关系,可以激发学生的学习兴趣,唤起学生对学习的热情,也就是古人所说的"亲其师,信其道"。

课下和学生共同活动,做学生的良师益友。首先,是从学生的内心深处理解学生，体贴学生和关心学生，这不仅是学生单方面的需要，更是发现问题、制定帮扶策略的关键。教师只有真诚地爱学生，学生才会信赖你、尊敬你，与你无话不谈，真正把你当作他们的知心朋友，爱才走进学生的心里。最近有几个学生课下叫我"知心姐姐"，通过观察，我发现这些学生课上非常守纪律，也很礼貌地叫老师，而且勤学好问、会问。在进一步的交流后，我发现这群孩子都是独生子女，渴望爱，渴望温暖，渴望心贴心的关怀。学生尊敬老师，依赖老师，是师生关系民主、平等的表现，老师要用微笑温暖学生的心。其次，是关注学生交往，同学之间要做到团结友爱，互帮互助，学习上要学会合作探究共同进步，体现团队精神，展示集体风貌。

我充分利用大课间和写字的时间，与那些成绩不理想、上课不够遵守纪律或情绪低落的学生进行交流，和他们谈心，了解他们的生活、学习和与他人交往的情况；帮助他们解决心中的疑惑，鼓励他们树立信心，坚信自己"行"，别人能做到的，自己通过努力也能做到，甚至会比别人做得更好。和学习成绩好的学生、课堂守纪律的学生交流时，勉励他们再接再厉，精益求精，不要辜负家长、老师的期望和自己的人生目标。

我不失时机地与学生交流谈心，希望优生更优，帮助学困生树立信心，发奋学习。我用真情打动学生，用尊重贴近学生，用真诚走近学生；用自己的热忱去感召和唤醒学生学习的动力；虽然只教他们几年，却要有为他们今后几十年人生负责的高度觉悟。充分展示师爱的魅力，师爱是促进学生积极向上的主要动力，是提高教育教学质量的一个重要手段，也是优化课堂教学的一个重要方面。

朱永新教授说："教师爱学生的重要表现之一，就是相信每个孩子。每个孩子都具有巨大的潜能，而且每个孩子的潜能是不一样的。只有独具慧眼，发现每个孩子身上的潜能，鼓励孩子去不断地自主探索，才能使他们的才华得到淋漓尽致的发挥。"教师对学生的爱，会深化学生对教师的深厚感情。这种情感会不断对学生进行陶冶和感染，使他们渐渐懂得人与人之间应当是一种相互关心、相互爱护、相互帮助的关系。教师的使命是让每个学生都处在一个充满爱的环境中，发奋图强，努力学习科学文化知识，为自己的人生蓝图描绘出阳光灿烂的一页。

完美教室之恋

教室的闲适，是教育回归自然的本真；教室的闲适，是摆脱紧张的一种恬静；教室的闲适，是一种拒绝平庸的深刻；教室的闲适，是一种诗意的情怀。于是，缔造完美教室，成为我一份永恒的情感。

最近，我们四（三）班的教室焕然一新。教室就像一个温暖的家，我们的心灵回归到一个美丽的书香世界，我不由得感叹：我们的孩子、我们的家长、我们的周老师，我们的教室因为你们的付出而完美，这个班级因为有了你们而绮丽。

我一直希望创设一种适合学生的学习环境，在积极、健康、"营养"、有趣的教室中，让学生快乐成长。于是我想用班级昵称和书香班级融合在一起开展班级文化建设。我们班级文化建设的主题是"让我的世界充满书香"，这句话是一个热切的号召，是一种亲切的提醒，也是一种美好的心愿。

走进我们的教室，一行醒目红色大字映入眼帘——"让我的世界充满书香"。我希望孩子们一走进教室就像走进了一个书香世界，生活在自己的书香世界里，和自己的名片相互呼应，坐在自己的座位上，在自己的教室里，无时无刻不被书香浸润。就算是一个不爱读书的人，被长期熏染，也会渐渐爱上读书。

教室门口是"班级公务栏"——向着太阳行走。将班级中最新的资讯在这里展示出来，帮助每一个孩子确立目标，收获成长的快乐。"公务栏"上面有一个美丽的太阳，一看见它，心中立刻有了一种温暖的感觉。我们的教育就像太阳，能给予所有孩子温暖和光明。

我们教室的正前方是"星星火炬"，每一个少先队员看见这面鲜艳的队旗就会有一种积极向上的精神状态。这里每天将会公布班级中表现最突出的少先队员，由同学们自己发现，自己投票选举，他们的名字会在一个向日葵的笑脸中展示出来，许多孩子正在为这个目标努力着。

教室黑板的旁边是图书角，有一个图书造型的图片在前方指引着同学们奋勇向前，上面是"读书的妙处"——"读一本书，使我们得以明净如水，开阔视野，丰富阅历，益于人生。书籍就是望远镜，书籍就是一盏明灯，让我们看得更远，更清晰"。每一个从这里经过的人都会得到启迪，只是看着就有一种赏心悦目的感觉，真是"润物细无声"。

教室的左右两侧是两幅书法作品，分别是"鸟欲高飞先振翅，人求上进先读书"和"读书破万卷，下笔如有神"，这两幅字在我们的教室中散发着悠悠的墨香。孩子们在古人的经典诗句中得到启示，心灵得到润泽。我们展示在墙壁上的每一个句子，都是我们教育者内心的共识，在属于我们的句子中找到属于我们的心声。

教室的后方角落是一张养成良好习惯的告示，如："喜看一些书，说话一言定，珍惜一分钟，吃完一粒饭，关上一次灯，谦让一回路，捡起一张纸，节约一滴水，多栽一棵树，常道一声谢。"上面的语句简单明了，而且大家都能做到，只要能做好上面的每一条，就会养成良好的生活习惯，会成为一个有修养的人。

按照班级前十强进行编排，于是就成了孩子们的"新书"——《花语·我的童话》《花语·雨中树林》《花语·给李博士的一封信》《花语·美丽之旅》。每当一本新书问世，孩子们就很兴奋，眼睛中闪烁着喜悦的光芒。相信我们班级中花语系列"书籍"会接连不断地诞生。

"成长园"是班级每一个社团作品的展示，每一个社团都争先恐后地将自己的作品在这个园地中展示出来。作为孩子们的老师，孩子们的表现看在眼里，记在心里，更记录在成长园地里。这些点滴改变的不仅仅是孩子们的心态，更能让孩子们感受到他们都是重要的，他们是独一无二的，他们可以不断超越自己。这应成为我们教师的工作信条和行动指南。

我们的教室有家的感觉，有书房的感觉，不需要张贴守则、规范，或者标准、要求。展示学生的作品，更有一种温情，学生喜欢什么样的教室，喜欢什么样的学习环境，不言而喻。好的环境，是无声的教育，是无言的导师。没有规则、没有命令的环境，其实是最好的教育。

我们的班级——月季朵朵红，让梦想在培新小学起航，每一天都有一个新的变化。

我们的口号——让我的世界充满书香，每一个生活在这里的人会感到幸福和快乐。

我们的愿景——让每一个人都有成功的可能，在这间闲适的教室里拥有不同凡响的童年。

共读留痕

无论是学校还是社会，
我们亟须重建共同的语言，
我们亟须拥有共同的价值取向，
我们同样亟须用真诚的共同行动，
来创造共同的未来。
为此，我们首先需要拥有共同的历史、
共同的英雄、共同的文化符号、共同的心灵密码
——换言之，我们需要通过共读，
通过对话和文字交流，
来实现真正的共同生活。

新教育实验报告

晨诵，开启希冀的曙光

晨诵——用诗歌开启新的一天，寻找希冀的曙光，领略优美的母语，感受诗歌的优美及音乐感，教师与学生一起朗诵、一起感受、一起陶醉、一起激励，从而让教师、学生、诗歌三者交织在一起。

清晨，轻轻触摸晨光的温柔，那萦绕在晨风中的清新，是自然赋予万物的生命，绽放在露滴上的留影召唤着人们开始一天新的生活，校园开始热闹起来。

琅琅的读书声是校园最动听的声音，琅琅的读书声是校园最美妙的旋律。我年少时，诗歌就像一绺金色的线穿过我的心，带领我前往梦想之地。我们的生命可以用来织这条线，它会变成一匹够亮的布，充满乐趣，也强韧到生命的极致。新教育，让我们开始了丰盈的晨诵之旅；晨诵，我用经典开启生命希冀的曙光，润泽绚丽的人生。

我是从四年级开始接手这个班级的，为了培养孩子们的读书兴趣，我采用阶梯阅读的方式：童话小说、唐诗宋词、经典诗文、名家名篇等一点一点渗透。我采用课外阅读考级制：林海音、海伦·凯勒、曹文轩、杨红樱、金波、冯骥才、铁凝等，他们用丰富智趣的语言，将孩子们引入文字的深处，让孩子们踏上了快乐的阅读之旅。

最近我班的孩子们迷上了《朱自清散文选》和《季羡林散文选》。朱自清的散文，清秀隽永、质朴腴厚，有着鲜明的时代印记，让他们难以割舍。孩子们在《歌声》《荷塘月色》《匆匆》《桨声灯影里的秦淮河》中，感受大家独特的艺术风格和审美旨趣。

"注意——请全体女生用明朗的声音，充满向往地读：'沿着荷塘，是一条曲折的小煤屑路。这是一条幽僻的路。'请全体男生用坚定的语气，充满向往地读：'路上只我一个人，背着手踱着。'请王振雄和曾德蕴用欣喜的语气，快乐、自信地读：'曲曲折折的荷塘上面，弥望的是田田的叶子。叶子出水很高，像亭亭的舞女的裙。'"在美妙的音乐声中，学生们如痴如醉。

阅读季羡林的散文，在深厚的文化底蕴中感受他淳朴恬澹，本色天然。《夹竹桃》《二月兰》《听雨》《荷塘清韵》《怀念西府海棠》篇篇美文，让人身临其境、如沐春风。

晨诵，在生命的黎明，我用经典开启黎明，开启希冀的曙光。

晨间机械性的背诵课文已成为历史。新教育实验，丰富儿童当下的生命，通过晨诵，既养成一种与黎明共舞的生活方式，又能习诵、领略优美的母语，感受诗歌所传达的优美及音乐感。新教育实验开发的晨诵，是一个结合了古典诗词、儿歌与儿童诗的复合课程。

晨诵，是在经典中嚼碎的时光，心中感到沉甸甸的充实；晨诵，是在经典中嚼碎的时光，心同天高地宽。恋读书本，就像蝴蝶恋花朵一样如痴如醉。书本嚼碎的时光就是一种乐趣、一种享受、一种撷取。

晨诵就是一次淘金。走进《童年》，便得到一次激励，一种不怕困难的勇气；走进《鲁迅全集》，便得到了一种深刻，是一种发人深省的独到之见；聆听雪莱《致云雀》，才发现美好的生活为每个人所幻想。

晨诵是一次创造，是一次净化，是一次倾诉，是一次聆听，是一种凝聚，是一种理想……

午读，收集智慧的阳光

午读——用美丽的童书滋润童年，收集生命智慧的阳光。它代表的是整个儿童阶段与学校相渗透但目标不直接指向学科教学的阅读，其中的核心内容就是阅读属于他们自己的童年书籍。同学们可以通过借、购、交换等方式选择自己喜欢的、属于自己童年的书籍进行阅读。

午后，熹微的阳光，淡淡的柠檬黄，玩转手上的阳光，掬一把放在心上，掠过蓝天的眉梢，越过晴朗的方向，手捧心仪的书籍，走进书中美妙的世界。

每周二下午的自习课，是我和学生共同盼望的时刻，因为这是我们约定的读书时间。为了不使阅读成为学生的负担，一开始，我让学生自由自在地选择，喜欢看什么就带到学校来看。大致说来，女生偏爱童话，男生则爱看科幻小说，但是大家有一个共同的爱好，就是漫画，而我喜欢在漫画中读出人生的世态种种。我和学生一起看《儿童漫画》《漫画大王》《张乐平连环漫画全集》，学生从最初的一笑而过到感受人生淡淡的忧伤，到看几米的漫画《月亮忘记了》，再到在《讽刺和幽默》中，学生通过漫画关注社会问题，能从多元视角看问题。

我将自己收藏的《宋词说》《唐诗说》等书带到班级和学生一起鉴赏，学生立即喜欢上用轻松、诙谐的语言来解读唐诗宋词的方式。课间能看见他们兴致勃勃地大声吟诵："少年不识愁滋味，爱上层楼，爱上层楼……"学生渐渐迷上了午读，在师生共享的二十分钟午读时间中，教室十分安静，彼此的心灵抵达平和宁静，即使平时好动的学生也沉浸在书的世界里了。

时机已到，我向学生开出了一个书单，体裁包括小说、童话、寓言、诗歌等，并让学生了解父母最爱看的书籍，根据情况借或者买。出乎意料的是，学生很快将几十本书凑齐了，还没等我和他们商量怎样将书籍流动起来，一些机灵的学生已经打印好了图书借阅表，借书人、书名、日期等一目了然。我和学生共读《海底两万里》《拇指牛》《儒林外史》《康熙大帝》等书，我发现，渐渐地，我对学生也多了一层了解，更容易站在学生的角度看问题了。

午读，学生不再是浮光掠影地"看热闹"，而是在阅读中思考，在书中读出自己，超越自己。于是"读书辩论会"应时而生。学生读出了感受，读出了不同的见解，他们用智慧和敏感的心灵感知书中的灵魂，有时午读的时光成为文学鉴赏课的雏形。而学生读过的书籍，我得马上借来一读，这样一来，等车的时间、坐车的时候、排长队的时候，我都会取出包中的书阅读，因为几十位学生在"监督"我，只要稍一松懈，我就可能落后了。

午读，把每个学生都领进书的世界，培养对书籍的热爱，使书籍成为学生生活中的启明星，这都取决于教师，取决于书籍在教师本人精神生活中的地位。学生能感到教师的思想不断丰富，深信教师今天不再重复昨天的故事，日久天长，阅读也成为他们的精神需要和日常生活。

我们读的书，如潺潺的小溪，每日不辍，注入思想大河。我的课堂焕发出生机，学生变得比任何时候都主动，更多的学生由胆怯、内向变得自信、从容，孩子们上课旁征博引，下课了还在谈论谁又有了一本好书，而这一切都归功于午读，我和学生共同拥有的二十分钟。

午读，我们收集智慧的阳光；午读，改变我们的品位和气象，我们的精神世界会更加丰富，我们在有限的生命中欣赏到无限的风景，体验精彩的人生。午读，成为通往写作天堂的一条阳关大道。

"惊悚"的读书滋味

刚开学，学校为每一位老师购买了一本江苏省海门市东洲中学俞玉萍老师的著作——《完美教室》，为了能更好地督促老师们阅读，考察读书的效果，从周一例会时间开始，就进行随机点名，抽查读书的情况。

上周，很多老师都准备好了自己的读书心得，满满的几大张。正式开始之前，校长提出，先随机抽取一位老师作为主持人，由这位主持人提问，再由他抽取四位老师回答他所提出的问题。当大屏幕上全校老师的姓名快速滚动时，每一位老师的心都提到嗓子眼了，紧张、激动、刺激、惊悚，全场一片寂静，睁大眼睛看着"鹿死谁手"。甭管是谁，都还是非常紧张的，包括经常上台主持的老师也不免忐忑。

因为谁都不知道会不会抽到自己，还是好好读吧，谁都担心自己因不好好读书而在大会上出洋相。

今天一大早，老师见面说的都是"《完美教室》，你读了吧？""能不读呀，万一抽到自己咋办。""昨天，我读了四个小时，终于读完了。""我还摘录了其中的好句子。"

中午，有的老师没有回家，抱着这本《完美教室》，仔仔细细地划着重点。还有的一个章节一个章节地猜测会提出的问题。今天一整天，每一位老师都很紧张，生怕提问到自己，还是别抱有侥幸心理，做好准备吧。

下午例会，大部分老师的手中都带着《完美教室》，怀着忐忑不安的心情来到会议室。随机点名读书交流继续进行，看着大屏幕上面的点名助手，都觉得下一秒会变成自己的名字。第一位点到的是主持人吴园老师，她是我校的音乐老师。因为她讲着一口标准的普通话，又有青春靓丽的外表，所以每一次学校的大型活动中都有她的身影。此时，当大屏幕上出现她的名字的时候，她的脸一下子红了。"百合班有怎样的象征？""你最欣赏俞老师哪一种方法？""《伞桥》饱含着俞老师怎样的情感？""《为你打开一扇门》对你有怎样的启示？"随后又有四位老师被接连抽到，他们略显紧张地谈了自己的感受，真是惊险。有老师说，还是太具体了，应该从大的方面提问，不管怎样，反正是四个问题都有人回答到了。当主持人说今天的读书交流活动到此结束时，许多老师才松了一口气。

虽然在老师阅读的过程中多了一项抽查的程序，但是老师们还是被"逼"着读完了《完美教室》，从中也有了不小的收获。这是一本值得我们好好品味的书。优美的语言、灵动的表达、诚恳的言辞，让我们感到一位对教育饱含深情的俞老师，她将学生视为自己至真至爱的亲人，即使工作到凌晨两点也不觉得累，因为她的心里总是装着那一个个机灵可爱的孩子，是他们青春的活力激发了俞老师工作的热情，使她乐此不疲。

她是中国式的雷夫，她的百合班就是"中国教育的奇迹"，她是新教育的领军人物，她用真爱演绎精彩的教育奇迹，用无限信任获得教育合力，读书成就了学生的未来。

我想，要不了多长时间，这种随机点名的读书交流会将会成为美好的回忆，更多的老师会自觉投入读书生活之中，读书会成为他们的一种生活方式，读书会必将成为培新小学最美丽的风景。

找到属于自己的"宝藏"

门前栽有几株月季花,大概是因为阳光充足吧,当树叶凋零、百花残落之时,唯有这几株白里透红的月季花芬芳四溢,对于冬天的到来好像一点也不在意。一场大雪之后,那几株月季竟吐出了叶,怎不使人诧异?

寻梦之旅,那一瓣心香。轻轻放下书,我仿佛还沉浸在圣地亚哥那一次去寻找梦的冒险之旅中,还回味着那一件件令人开心、悲伤、疑惑的事情……

最近,我和孩子们共读了《牧羊少年奇幻之旅》这本书。我的心情激动着,思想也活跃起来,我很佩服主人公牧羊少年——圣地亚哥。他是西班牙一个小村庄里普通的牧羊少年,但是,每天晚上他都会做一个同样的梦。这个梦一直缠绕着他。终于,他决定要去追梦。他遇到了撒冷王,穿越了"死亡之海"撒哈拉大沙漠。一路上,他伤心过,绝望过,想放弃过,最终他还是重燃了希望。在途中,圣地亚哥遇到一位炼金术士,在炼金术士的帮助下,来到了金字塔,悟出了宝藏的真正所在……

仔细阅读每一个段落,慢慢地就会理解那些神秘却富有深意的词语,心底会不断涌现出各种各样复杂的感情。我们的生活、生命,我们与世界上任何一个事物之间的联系,我们存在的意义,我们的梦想、爱情,我们心灵的语言……

老迈的撒冷王对牧羊少年说:"天命就是你一直期望去做的事情。无论你是谁,不论你做什么,当你渴望得到某种东西时,最终一定能够得到,因为这愿望来自宇宙的灵魂,那就是你在世间的使命。完成自己的天命是人类无可推辞的义务。万物皆为一物。当你想要某种东西时,整个宇宙会合力助你实现愿望。切记,你永远都要清楚你想要什么。永远不要放弃你的梦想。"

炼金术士对少年说:"倾听你的心声。心了解所有事物,因为心来自世界之魂,并且总有一天会返回那里。因为心在哪儿,你的财宝就在哪儿。没有任何一颗心在追求梦想的时候感到痛苦,因为追寻过程的每一刻,都与上帝和永恒同在。在实现一个梦想之前,世界之魂永远都会对寻梦者途中所学到的一切进行检验,这种做法并无恶意,仅仅是为了不让我们远离梦想,并让我们获得寻梦过程中学到的经验教训。"

这些都是看上去很简单的道理,却是非常深刻的,它们就在生活当中,我们看不见、听不见、感受不到,只是因为我们已经习惯身边每一个事物的存在,觉得那些都是理所当然的,坚信它们不会有任何改变。就像小说里的男孩所说:"对沙漠熟视无睹的人眼里看不到东西。所以我们总是会抱怨生活的一成不变,继而对它丧失热情,却找不到或者不愿意找改变自己的方式。"

从小到大,我们都有过很多的梦想,有的时候,也会想着要不顾一切地去实现梦想,而大多数人会选择循规蹈矩,把梦想深深埋藏在心底。父母、老师灌输的,周遭环境影响的,同学、朋友劝说的,自己胆怯犹豫的,我们的思想根深蒂固,认为"理想"这个词儿与现实生活是完全对立的,一般情况下要想实现理想都得放弃现在的生活。

如果我们郁郁寡欢地"生活"着,埋葬着理想却又为着理想心碎,厌倦着自己所选择的生活却又深陷其中,那只能归咎于我们自己放弃了理想。

仔细想想,真的应该像牧羊少年圣地亚哥一样,一点一点地学习生活教给我们的经验,锲而不舍地追寻自己的理想,认真观察各种事物的变化,善于发现与自己密切相关的联系，懂得坚守，懂得顽强，同时懂得感恩。只有这样，才能使自己的灵魂得到净化与升华，才能在寂静的生活中感受到灿烂的阳光，才能快乐幸福地生活下去。

　　寻梦之旅，那一瓣心香。孩子看完书的同时，我也看完了这本书。是的，在人的成长过程中，没有平坦的道路，但只要能坚定自己的信念，做一个追求自己梦想的"牧羊少年"，那么任何人都能找到属于自己的"宝藏"，我也希望在孩子阅读完这本书后，能有一个更自信和积极的心态，去面对日后的成长，做一个富有朝气的、为了自己的理想不懈努力的"牧羊少年"。

共读留痕

诱读，那甜蜜的味道

接手四年级三班的时候，我担心孩子们一时半会儿还难以适应，看着早读时学生整齐划一的姿态，着实让我欢喜也放下心来。副班主任是学校最敬业、最得力的数学老师——王典云老师，对我而言无异于如虎添翼。学生报到这天，就连校长见到我，也对我说："你遇见了一个好搭档，这下可以偷个懒了。"其实，我的心中反倒不安："这样更不能有丝毫松懈，一点都马虎不得。"

老师先读书，好书连连看。和孩子打交道的时候，总想让他们很快地喜欢我，这是我的治班方略。孩子们在三年级的时候已经开始自觉地做读书笔记了。看来，他们已经初步养成了读书的好习惯。课余时间与他们闲聊："你们最喜欢什么样的书籍？""老师，我最喜欢看的就是《阿衰》了。""前些天，我一口气将《樱桃小丸子》看完。""我的妈妈一直说我作文不好，老让我看作文书，作文书就是我家最多的一种书。"……看着这些可爱的同学们，我心想，一定要为他们做些什么，让他们爱上读书。

一天，我饶有兴趣地拿来一本《窗边的小豆豆》，在教室的一个空座位处坐下了，旁若无人地读起来。一会儿，周围便围上了一群好奇的小脑袋。"老师，你看什么书呢？""这本书一定好看，连老师都喜欢看。""这本书肯定是本好书，老师课间都不休息，一直在看。""老师，给我们讲讲其中的精彩情节吧！"同学们议论纷纷，而我只是微笑，一言不发。

上课铃响，可我仍然在看书，似乎没有察觉到铃声，一副聚精会神的样子，"老师，上课了。"旁边一位男同学小声提醒我。

"哦，真对不起！"我装作一副歉疚的样子，"同学们，这本《窗边的小豆豆》太有趣了，以至老师连上课的铃声都没有听见。"

"老师，你真是一个'大书虫'，能给我们讲讲书中的故事吗？"那天的课堂，虽然没有上成语文课，却成了"好书连连看"。我讲了其中的部分章节，引来了教室里一片欢腾。于是，我相机给学生推荐了黑柳彻子的另外一些书，如《小时候就在想的事》《丢三落四的小豆豆》《阿朝快100岁了》《永远的约定》，还推荐了《夏山学校》《我的妈妈是精灵》《影之翼》《万物简史》《高士其科普童话》《诺贝尔奖获得者与儿童的对话》《汤姆的午夜花园》《安妮日记》等其他作者的书。在我们的班级每天都会发生"好书连连看"，于是，每一天的课间，都有我和学生共读的身影。

随着学生读书的范围越来越广，我总是鼓励他们阅读一些历史书籍，他们可以暂别童话世界，来到另一个"国度"。一天，在我的语文课上，一向默不作声的紫月红着脸，大胆发言了。"嗯，今天你表现得不错，你应该得到奖励，老师将一本精心收藏的《历史中国：唐原来是这样》借给你看，怎么样？老师是不轻易把藏书借给别人看的哦！""谢谢老师！"在同学们羡慕的眼神中，紫月接过来书，迫不及待地翻了起来。

"老师，这里面有一张读书卡。老师，是您写的读书笔记，真细致。""是吗？老师怎么忘记了，还有一部分没有写完，你是否愿意帮我写完呢？"

紫月高兴地点了点头，还给了我一个微笑。

后来，凡是在上课时有突出表现或变化很大的学生，我总会用这样的方法激励他们，《中国通史》《明朝那些事儿》《世界通史》这些历史书籍，总在同学们的手中争相传阅。

为了让学生爱看书，坚持读书，让书籍像活水一般源源不断，我先给学生推荐新书，让书籍的阳光时时刻刻照射他们，每天坚持让学生给班级同学讲自己最喜欢的一本新书。

刚开始时，我给学生介绍安康籍诗人李小洛，一位首都师范大学驻校诗人，通过介绍她的新诗，让学生体验诗歌魅力。还介绍安康学院驻校作家李春平，他的长篇小说《上海是个滩》被改编成同名话剧，还介绍了他的中篇小说《城市的一个符号》、长篇报告文学《辞海纪事》、电影文学剧本《玻璃是透明的》等，让学生了解各种文学体裁。学生很感兴趣，于是他们轮流介绍新书，积极推荐新书。

通过班级书简，学生看书的范围逐渐扩大，而且层次不断提高。于是我荐书的力度更大了，从高尔基的《童年》到雨果的《巴黎圣母院》，从冰心的《繁星·春水》到刘白羽、余光中的散文集，从《地下·水下》到《丽声妙想英文绘本》，各种门类的书籍在班级书简中频频亮相。许多学生在介绍书籍时就像发现新大陆，一时班级学生都会追捧某个作家或某个作品。

就这样，在我的"色香味俱全"的诱读下，班上的孩子"脆生生"地被书香"俘获"了，读书爱书已然成为班级风尚。平时，班级的学生见面互打招呼时，总会甜蜜地说一句："今天，你读了吗？"

随着我校推行新教育实验，开展"共读共写共成长"活动，学生惊喜地发现，原来我们早已进入了新教育实验田，我们一直都在共读共写中不断成长！

原来，诱读，是一种甜蜜的味道……

新教育实验报告

心灵的人文关怀
——读朱永新《心灵的教育》有感

每当看见朱永新教授的书籍,就像见到了久别重逢的故人,那么亲切;每当看见朱永新教授的书籍,就会毫不犹豫地买下或者借回,一睹为快;每当阅读朱永新教授的书籍,就像与他进行面对面交流,心与心对话。

最近,看完《心灵的教育》一书后,我的内心非常不平静。这些参加新教育实验的老师以各种方式启迪着孩子们的心智,让他们快乐地享受着学校生活的每一天。其中一部分记叙了苏州市昆山玉峰中学的吴樱花老师。吴樱花老师以每天写一篇随笔的教育方式与她班的一个名叫苏岱的行为非常"另类"的学生进行交流,并感化了他。上初一时,苏岱说:"我一直觉得学校压迫我们学生,很多地方都在压迫,很扭曲的,然后那时候(指故意破坏时)就觉得报复他们,不管用什么方式报复学校就觉得挺开心的。"面对着这样一个以与学校作对为乐的学生,吴樱花老师没有采取过激的方法,而是每一天记下这个学生的表现,以及自己对他的教育的所思所想。在一个学期之后,装订成册,并取名为《孩子,我看着你长大》送给了苏岱。

一开始,苏岱并不以为意,他觉得这是老师教育的一种技巧,一种作秀,但是他也慢慢地与老师用随笔的方式进行交流,甚至于向老师求助。三年来,吴樱花老师与苏岱共写了20多万字的文字。就在这种看似平静如溪流、却心潮涌动的交流中,吴老师以她为人师的博爱与耐心,感化了苏岱这座冰山,苏岱越来越优秀,还在2005年昆山市中考中取得第一名的好成绩。

作为一个老师，我觉得苏岱对记者说的几句话很令人感动："一句话说到底，她就是以她的人格魅力把我彻底征服了，我服了。""写这么些东西并不难，我觉得她让我最感激、最想回报她的是什么，她真心真意地关爱我，她从把自己看作是我一生的导师的角度来关爱我。"师者如风，吴樱花老师就以这种润物细无声的方式，改变了一个学生的命运。因此，在学生领取毕业成绩的时候，苏岱给她深深地鞠了一个躬，他的父亲也给吴老师深深地鞠了一个躬，眼里溢满了感激的泪花。这是一名老师最快乐、最有成就感，也是最有人生价值感的时刻。吴樱花老师以她的这种教育方式，给我们展现了作为老师最平实但又是最崇高的境界。

苏岱父亲的那一鞠躬，那一种感激之情，对身为教育者的我们触动一定很大。从吴樱花老师的教学示例中，我深深体会到教育无小事。有时候，我们老师不经意的一个疏忽或错误，对孩子可能会产生一辈子的影响。知心妈妈牛琳说："不要轻易给孩子贴坏标签，我们贴坏标签只需三秒钟，揭掉坏标签则需三年。"真正的德育，应该是从心灵开始的。这样，即使同样的教育内容、教育方法，学生的发展差异性也是不可避免的。

英国著名学者密尔在《自由论》一文中指出："只有培养个性，才能产生发展得好的人类。"小学是个性形成的起步阶段，在这个阶段中，他们身上往往会出现一些不良的个性倾向，如狭隘、怯懦、孤僻、敌对等。

人的一生不可能不遇到挫折，有工作和学习方面的，有家庭和婚姻方面的，也有来自社会方面的，还有个人身体健康方面的。对于小学生来说，他们看问题过于理想化，容不得一点阴影，意志比较薄弱，心理承受能力比较差，经受不住生活、学习上的挫折和打击，往往容易产生考试焦虑、厌学心理、学校恐惧等负面情绪，甚至做出令人痛心的举动。尤其当学生进入高年级后，学业负担日益加重，家长和老师对他们的要求也逐步提高。处于这一时期的学生不可避免地面临着种种压力和挑战，有着许多迷茫和烦恼。许多学生的心理承受能力差，面对纷至沓来的困难和挫折，也无所适从，因而灰心丧志，精神萎靡，失去进取的信心和勇气。如不及时加以疏导，这些学生很可能会有沉重的心理负担。因此，教师要培养学生积极进取的精神，教育学生做事要有毅力，不怕困难和挫折，使学生在与挫折的斗争中求发展、求完善。

如果更多的教师、家长和社会人士关注孩子的心灵，尊重孩子的个性，孩子们也将变得大胆、主动。他们在思考、书写、传递的过程中，才能表现出强烈的主人翁精神和参与意识。当我们触动了学生的思想、净化了学生的心灵、锻炼了他们的文字表达能力，这将更有益于老师了解学生，及时帮助学生解决成长过程中的心理困惑，创设一个充分关注他们身心健康成长的由学校、家庭、社会组成的网络。这个巨大的教育网络是孩子心灵的守望者，让孩子们在属于他们的世界中健康快乐地成长；是一条"沟通孩子心灵"的纽带，为儿童的心理营造一片绿洲。

遇见你，遇见了幸福
——《致教师》，一本给教师带来"幸福"的书

教师节前夕，我们学校给每一位老师送了一本书，朱永新教授的最新著作——《致教师》，在这样特别的日子送给老师们这本书显得意义非凡。这是朱永新教授倾心倾情的一部力作，这是朱永新教授认真回复老师们提出问题的信件，这是对教师至真至纯的关爱，这是打开心锁的密码，让人在困顿时获得勇气和力量。如一场及时雨，使久旱逢霖的秧苗焕发出勃勃生机；如一片绿洲，让沙漠中迷失方向的人能够找到希望；如一盏指航灯，让迷雾中航行的船舶找到了方向。《致教师》，一本能给教师带来"幸福"的书，遇见你，就遇见了幸福。

"教师，不是园丁，教师本身应该是一朵花儿，教育是师生互相作用的过程，教师，不是蜡烛，教师不能以化为灰烬做代价，以此去照亮的学生……"前言部分就把我深深吸引，它打破了人们一贯给教师定义的"园丁""蜡烛""春蚕"等刻板印象，对"教师"这一职业做了真正的诠释。我是教师，时光缓缓，终见此生天命；我是教师，以现在求证未来，让生命幸福完整。

读后，我心潮澎湃，《致教师》是一本能成就万千教师幸福完整的教育生活的书。这些心灵的对话，来自心灵的谷底，用纯净的情感描绘，讲述着曾经，每一幕都是情真意切，每一幅画面就像在眼前，就像昨天发生的一样，一个转身的距离，似乎就变幻成我和我的学生。

这是一本触及心灵的好书，每一篇文章都闪烁着智慧的光芒，每一个文字就是从生命溪流里飞溅的浪花，从一颗心流向另一颗心，彼此滋润着，澄净着；文字是燃烧着生命的火炬，跳动着不熄的温暖，从一个生命，到另一个生命，彼此映照着，温暖着。朱永新教授不仅照亮自己，还照亮他人，人生因照亮而精彩。

这是一本耐人寻味又感人至深的书。从阅读到实践的过程，就是我们成长的过程，阅读朱永新教授的著作不但可以更新自己的教育理念，还能从朱永新教授列举的教育案例中受到启发，捕捉到灵感，学会智慧地处理教育教学中的一些问题。我一遍又一遍地阅读，每读一遍，都能温故而知新，每多读一遍，就会发现蕴藏其间的教育秘密。这本书最大的用处是能切实解决教师在教育教学中遇到的实际问题，为教师答疑解惑，找到可行的方法，帮助学生更好地成长。

一本好书能启迪人的智慧，涤荡人的灵魂。朱永新教授的《致教师》就是这样的一本好书。它犹如一泓清泉，清爽甘甜，沁人心脾；它仿佛一面镜子，时刻映照着我们；它又好像是一个指南针，不断地给处于茫然中的我们以指引。他的每一封信，都在指导我们如何在教师岗位上将工作做好，如何在这个事业上有所发展，如何追寻教育理想，享受教育幸福。

读这本书时，我感觉朱永新教授就像一位知心朋友，坐在我们面前侃侃而谈，我们的生命历程融进了新教育的一朵浪花、一组旋律、一次顿悟。读他的书似乎是在与一位智者畅谈，又似乎是在与自己的内心交流，真实而心动，让人不得不折服。让我们坚持阅读，在故事中成长，学做有思想的老师，播撒有智慧的爱，为教育做出精彩的注释，将自己的教育思想、教育机智、教育技巧、教育情感全都融为一体。

这些文字记录着教育的深刻感悟，彼此交流的妙音化作的墨痕。第一辑"给我一个做教师的理由"，让我再次懂得了教师是一个伟大而神圣的职业，做老师也有四种境界。从做一个让学生认可的老师开始，到让自己心安的老师，让学校骄傲的老师，最后达到第四种境界——让历史铭记的老师。

第二辑"借我一双好教师的慧眼"，让我明白了作为教师，仅有爱是不够的，要智慧地爱，分享他人的成长故事，用他人的经验武装我们头脑，一个好的教师不能没有热情的关怀和洞察力。

第三辑"愿我书写一部教师的生命传奇"，是说教师要把生命看成一首由自己书写的诗歌、一部记录精神升华的小说，选择一种优美与崇高兼具的生命文风记录教师的生命历程，最终把这一职业生涯锻铸成一部精致而隽永的历史。

第四辑"让我们过一种幸福完整的教育生活"。为了幸福，我们乐于做教师；为了幸福，我们要做一位好教师；为了幸福，书写教师的生命传奇。一个真正的教师，应该让学生，也让自己，在跨越重重困难以及怀疑之后，仍然能够建立起对存在的根本信任、信念乃至信仰。这种信任、信念乃至信仰，是成为一名教师的基石。

篇篇精华，句句情真，引经据典，旁征博引，用思想的火花照亮教学的时光，用精彩的文字记录教育的岁月。希望我们成为一株株会思想的芦苇，成为善于思考的教师，成为勤于书写的教师，在《致教师》一书中，朱永新教授希望每一位教师都能来写教育日记。教育日记并不是什么官方文献，而是一种个人的随笔记录，在日常工作中的点点滴滴都可以成为我们书写的印记。

细细阅读每一篇文章，我发现每一篇文章都会给我们带来启迪，实实在在地解决教育生活中的难题，都是些"小"而"实"的话题，却能切切实实给教师带来帮助。

朱教授发自内心地希望更多的教师能从中获得自己需要解决难题的方法，获得心灵的自由。如何做科研型的老师，如何出一本书，如何写论文，如何做好听说读写，如何对待问题学生，如何向榜样教师学习，如何走出亚健康状态。从教学中最实际的问题，到教育最基本的难题，从教师的专业成长，到教师的身体和心理健康，他用知心朋友般的情谊关爱着教师的生活。爱之切，知之深，导之勤，诲之殷，让人不由得亲其人，听其言，感其情，信其道。

最喜欢《致教师》一书中那些感人的故事，每一个故事就是一个新教育实验学校的缩影。用榜样言说，用故事书写，生命一旦与新教育结合，怎能不绽放出绚丽之花？新教育就是这样神奇，一旦你走进它，就会遇见美丽，一旦你坚持，就会得到回报。新教育是具有神奇力量的教育模式，给我们开辟了教育智慧的新源泉。我想说，这就是真正的教师、真正的教育，只有这样的教师才能够教书育人。

书中列举了许多教师的事例，也是最吸引人、最打动人心的地方，无论是教育家，还是新教育榜样教师，或者"草根"名师，他们都有一个共同的特征——真爱教育，真爱每一位学生。他们很平凡，做着普通的事，但日积月累的努力，终将让"平凡"不凡。朱永新教授关注中国大地上因为践行新教育而对教育有影响的人，哪怕有一点点影响，哪怕改变了一位问题学生，他都会给予肯定，希望发扬优点，鼓励他们大胆前行。是他们，让我们看见希望；是他们，让我们看见了幸福的光亮；是他们，让我们拥有追寻幸福的勇气和力量。

其中"飓风大姐"给我留下了深刻的印象。第一次看见她的名字，是在"教育在线"论坛上；第二次是今年开学初，我们学校的程怀泉校长在暑期教师培训会上谈及朱永新教授在"新教育实验第十五届研讨会"做主题报告时特意提到她——"飓风大姐"。已经56岁的"飓风大姐"退而不休，每天用诗词开启新的一天，每天给学生父母一张便笺，每周给学生父母写一封长长的信，每天记录自己的教育生活，每学期排练一部童话剧，还开发了一些颇具特色的课程。

最让人敬佩的是她的这本《我是大西洋来的飓风——一个新教育教师

的生命叙事》，这是"飓风大姐"退休前践行新教育5年来的所读、所思、所行，真实记录了她的困惑与求索、成长与收获，情理兼备，好读耐读。能让广大一线教师从中得到精神上的鼓舞、理念上的启迪、方法上的指导。她确实是不折不扣的模范，是她，让四川宜宾翠屏区的教育被全国知晓；是她，让新教育实验在四川宜宾生根发芽；也是她，让新教育精神发扬光大。

当她的名字出现时，就如同一阵飓风一样横扫我的心田，惊心动魄，让人难以忘怀。在这位"飓风大姐"的身上我明白了一万个想法不如一个行动。有什么样的想法和目标就赶快行动起来吧，有行动一定有收获，只要朝着一个目标坚持下去，一定会创造意想不到的奇迹！专业的成长永远没有年龄的限制，只要有理想，都可以成为追梦的人。年龄只不过是一个历史的记录，年龄只不过是一个阿拉伯数字，年龄只不过是一个岁月的痕迹。她不仅赢得了学生，更赢得了自己精彩的人生，也向世人展示了教师成功没有年龄界限。

"飓风大姐"是一个为了事业忘记年龄的人，她保持着一颗永远年轻的心。我们要像"飓风大姐"一样执着地热爱自己的事业，放下年龄的羁绊，保持永远年轻的心和永不言败的精神。教育是心与心的呼唤，一个教师如果没有一颗童心，就不能走进学生内心深处，所以教育呼唤着教师要永远保持一颗童心。一个人是否真正衰老，不仅仅是年龄因素，更重要的是心理因素。我们若永远保持一颗童心，让自己思想充满活力，我们就不会因年龄而"衰老"，我们的教育事业也会随岁月而精进。

我想，在新教育的路上，我们还会遇见更多像"飓风大姐"一样的教师，他们体味着教育之幸福，专心致志于自己所喜欢的事情，他们付出对生活的热爱、对朋友的真情、对生命的吟唱、对教育的执着，必然会收到最美好、最淳朴、最真挚的拥抱，自信于自己的教育智慧，收获着教育幸福。

我希望，在朱永新教授的书中会看见更多普通老师的事迹。他们虽然普通，但是他们把真善美种在学生心田，他们始终以一颗昂扬向上的心，向着真善美的境界阔步前进。无论征途中是艳阳高照,还是风霜雪雨,他们用心中理想的火焰,照亮着前进的道路,温暖着自己的心扉,成就美丽的人生,他们渴望在教育领域中有所建树,有且只有一个目标,就是做中国最好的教师,他们一样需要留在人们的记忆里。

我希望,在朱永新教授的书中能看见更多的教育幸福。教育是幸福的,可是幸福不会从天而降,需要我们去发现,去创造,而要靠自己的努力去创造。起点处的酸甜苦辣,只是奋进者身后的一点阴影,前方,灿烂的阳光,才是装载成长幸福的容器。怀揣希望上路,就一定可以在征途中遇到志同道合的人。

我们从事的教育工作,值得我们每一位教师为之自豪,为之自省——"教育是最强有力的武器,你能用它来改变世界。"我们每一个老师都应该扪心自问:我们,在这样做吗?

合上书卷,我知道,自己内心深处有些东西在慢慢沉淀。因为抑制不住灵魂里的激动,所以我开始写诗,我把诗歌写给我的生命,写给我那无比纯洁的心声——《遇见你,遇见了幸福》。

> 美丽的金秋,美丽的遇见
> 幸福是遇见你——《致教师》
> 遇见你,也遇见了幸福
> 温暖,永远
> 美好,深远
>
> 写给我的最爱——学生
> 你是我的暖城
> 你是住在城里开放的花朵
> 开放出属于自己的绚烂

写给我的职业——教师

你是我的生涯

你是职业生涯最美丽的年华

释放出属于幸福的光彩

遇见你——《致教师》

遇见你，遇见了幸福

你是我的阳光

是可以晒干心底潮湿的暖阳

遇见你，遇见的是幸福，温暖，永远

遇见你——《致教师》

遇见你，遇见了幸福

你是我的甘泉

是可以滋润干涸心灵的清泉

遇见你，遇见的是幸福，美好，深远

幸福，是遇见你

幸福，是遇见了你——《致教师》

幸福，是我们永远一起走

这就是幸福，我想要的幸福

这就是幸福，大家都能得到的幸福

作家会晤

写作是有密码的，掌控密码的人将更上一层楼，
每一个人，每一个教育写作人，
都应该有一个"自己的房间"。
"自己的房间"不只是一个物理空间，
更意味着自由思想的心灵。
对于教育写作，
自由思想的心灵比写作技巧更举足轻重。
与作家会晤，感受教育写作的崇高和神圣，
这种崇高与神圣不应显山露水，
它应该在自己的心灵深处，在自己的梦想追求中，
自自然然地在自己的生活中。
那梦想，那生活，就是心中的"神光"，
而"神光"就在"自己的房间"里。

寻回一份无羁的生命狂喜

　　初识娅莉，便是以书结缘。她是陕西省语文学科带头人，是安康高新区新教育发展中心办公室主任，还是心理咨询师。在多次的接触中，她时而是活动主持人，时而是培训专家，时而是语文教师，时而是达德书院的院长，我发现她是多面手，更是一位有思想、有韧劲、有胆识的不凡女性。

　　如今拿到她的新书《教师笔记》，在对此书翻转流连之间，觉得奇妙。正如朱永新教授所言：教师写作，书写自己的教育史。她一直喜爱文学创作，无论是作诗，还是写散文，总能令人在清丽雅致的文字间，感受到其中饱含的挚爱真情。在我的印象中，娅莉的文字一直灵动而充满哲思。她写教育，写人生，写乡愁，也写时光和生命，毫不夸张地说，她笔端流露的爱意与温情，陪伴了一群人的幸福成长。今天的《教师笔记》，字里行间依然尽可见那份不变的素朴初心。

　　你见她在寻常街巷的所见所闻，看落日，闻花香，话偶遇，仿佛看见她一如淑女般恬静温柔的容颜；你见她讲故事，做讲座，写笔记，那些必须面对的教育教学现象，她用自身的观察和思考，运用教育学、心理学等学科理论进行反思研究；你见她热切而沉静地向友人诉说遐思，耳畔即传来她温文尔雅的轻柔话语。但是，无关时光与年轮，我们在她的文字中总能感觉到那种深沉的对美的追寻与体认，以及埋藏于文字中的求索与渴望。

在这位年轻的女作家身上,岁月积淀的是与日俱增的丰厚与从容。

首先,这本书的结构别具一格,既没有整齐划一的章节分类,也没有明确的文体界限,随意翻开一页,"手机之战""双减之下""家庭教育现状"和"教师成长实况"便一齐涌现。整体的结构像是完全摆脱束缚的自由身躯,挥洒恣意。但也正是这样看似随意的结构,使这本书和大多数的书区别开来,形成别具一格的灵动魅力,印证了陶行知先生所言——"生活即教育"。这样打破文体冰面分割线的结构既形成了阅读冲击,又极大程度地满足了不同层次的读者的阅读需求,看似无意,却处处显现出背后的深意。

另外,这本书的表达方式也非常特别,与其说是笔记,不如说是散文化的教育随笔。她将环境淡化,人物化虚,情节化简,却唯独把情绪描浓,用细节化的笔触描摹一幅幅教育生活画。在《怎样陪孩子学习》一文中,她写在四姨家玩时,"我发现表妹在看适合幼童的动画片,就调了频道,陪她看《人与自然》。然后,我写读书笔记,她又凑过来看,我读《论语正义》,我读一句,她读一句,三分钟后,她初步背会了这段话,我大力地表扬了她,我们一起背一遍,她又单独背一遍,就完全记熟了。"白描的手法简直细致到将要对焦门缝里的一粒灰尘。正所谓"像水一样活着,淡到极致也成为一种浓烈",她用最柔的笔,以最通俗直接的文字呈现的画面,反而赋予文章以丰富色彩和画面感令人丝毫不觉平淡,不管怎么读都觉得立体,都会感受到画面如向日葵般充满生机,让人收获一种教育智慧。

这本书的另一个特色是充满了烟火气,着力于表现最真实的、热腾腾的教育生活气息。每读一处文字都能嗅到独特的风味,可能是教室里的书香,可能是萤火虫工作站的星光,还可能是达德书院里的声响。不管怎样,你读完这本书,都会觉得自己好像跟着她在教育生活中走了一遭,回来时,那"朗读书册""心灵的灯盏""我的叔叔于勒",你都记得清清楚楚,耳朵里可能还存着赛教和写教案的各种热闹声,一时半会儿回不过神来。这让我们身在都市也能感受到烟火气和人情味的美好瞬间,从文中细腻的环境与人物描写中察觉到那最平凡质朴处,感受到最真挚美好的情感。

而我最欣赏的,是这本书时时刻刻流露出来的人文关怀。《银河补习班和双减》一文,为我们现代社会的创新性、可持续发展提供了可借鉴的思路与警示。《心理学,离我们的课堂有多远》一文则体现了一名教师,从自身角度对心理学的认知与思考,其中表现的人文关怀与直抒己见的勇气实在难能可贵。对于《集体嘲笑》中"前排那个瘦长脸、尖下巴"的男生,作者则体现出宽厚的包容,体现出注重未来思想教育及提升道德修养的超前视野。文章主题多元,叙事多样,却处处闪烁着人性平等、注重教育和尊重传统的光辉,有深度,有内涵,发人深省。

读罢《教师笔记》,深刻认识到:教师写作建立在教育实践的基础之上,教育实践决定着教师写作的内容和水平。教师写作离不开对日常教育教学的观察、记录与反思,同时要服务教育实践、改进教育实践,写作与实践始终交织在一起,彼此促进,一起向前。

在《教师笔记》那些轻灵明净、情调温婉的文字中,教育生活被娅莉"感觉化"和"意境化"。《教师笔记》是娅莉呕心沥血之作,她就是在教师笔记中日积月累,不断成长起来的。她安静地陈述着日常教育生活里的喜悦与忧思,读来一如田园牧歌般的冲淡平和,温润入心。在有限的人生片段中,她敏锐地捕捉到教育世界里所存在的美的事物和情感,将人们生活当中纯净如诗的因素晶莹地呈现出来。这样的文字所散发的美感,常常令人不知不觉沉醉其中。

生活因为热爱而丰富,生命也因此获得了更丰富的层次。而追寻生命中明净的诗意,这样的爱好与体悟,则完全可以说是出于生命的一种本能。在这个意义上,《教师笔记》所要传达的,是娅莉所体悟到的一种生命启示,一种生生不息的感发的力量。明净的诗意永远会打动人心,我们常常眷念那些优美的语言、暖心的文字,眷念在生活所编织的美妙诗意和晶莹世界中,被唤起一场一场有关生命本质的追问。至此,我们才能明白,原来生命中属于自己的憧憬一直都在，只是被纷扰的日常生活埋没了，只有感觉被触动的那一刻，才得以重新寻回那一份无羁的生命狂喜。这样的感受，在阅读《教师笔记》的过程中，会自然而然地获得。

美丽的遇见

与作家殷健灵第一次美丽的遇见，是因为我们学校门口的一幅宣传画。画中的作家一袭黑色的长裙，一头浓密的披肩黑发，一个美丽的侧影，带着淡淡的微笑，明眸含神，注视着来来往往的师生，似乎在关切地问候着我们："今天，你读童书了没有？"

为了能够很快地了解她，我准备先读她的作品。我拿了她的童书《轮子上的麦小麦》，单看封面，我一下子就喜欢上了这本书，一辆橘红色的48路公交车在郊外的林荫路上行驶着，阳光照射着这辆特别的公交车，车上载着一个女孩和一个脸色苍白的女人。画面设计独具匠心，是用画笔一笔笔勾勒出来的，水墨画的晕染，色彩柔和，极具童趣。看来，这里面肯定有一个动人的故事。

打开这本书，语言优美、灵动、细腻、清新，极具童真童趣。作家殷健灵用雅致的笔触、绚烂的色彩、巧妙的故事构思，从孩童的视角，讲述了一段感人至深的亲情故事。打动人心的情节让我一口气读完了这本书。

书名是《轮子上的麦小麦》，书中麦小麦和麦小叶是对姐妹，麦小麦是姐姐，麦小叶是妹妹。为什么是轮子上的麦小麦？这个疑问一直牵动着我的心，那是因为姐妹俩的家是不固定的，不停地搬。直到后来，姐妹俩发现有个瘦弱苍白的女人不停地跟踪她们。为什么她们的爸爸妈妈一听到这件事就感到非常的惊恐，难道那个女人会给他们家庭带来威胁？——原来，不停地搬家是为了躲她，这位瘦弱苍白的女人。作家殷健灵抓住儿童好奇的心理特点，从麦小麦和麦小叶两人年龄只差九个月以及连续搬家这两条线索出发，引发读者的阅读兴趣，让人一下子沉浸在故事情节之中。合上书，我脑海里经常浮现一位活泼可爱的小女孩——麦小麦的形象。

读她的书，我目见一位与众不同的时代女性。她笔下的故事就发生在当代，紧跟时代的脚步，关注社会问题。她用精微的笔触探析孩子们的内心世界。我们的生活是那样接近，这就是一个真实的故事。麦小麦和麦小叶可能就生活在我们的身边，不过我想，麦小麦真的很幸运，麦小叶在她临走时送给她两颗亮闪闪的幸运星，在无私、美好的爱之阳光下，她不再是轮子上的麦小麦。

读她的书，我看见一位内心干净、阳光向上的女作家。母爱一直是人世间传颂的神圣伟大的爱，在她的笔下，两位母亲，同样的母爱，不同的表达方式，让我深刻地感受到母爱的强大、无私，以及母爱如阳光般的温暖与美好。

与作家殷健灵第二次美丽的遇见是在2015年5月5日——一个美丽的日子。看见殷健灵，她依旧那么年轻漂亮，清纯美丽。尤其那双水汪汪的大眼睛，沉静澄澈、温柔恬静，如一汪碧泉，充满活力和永恒不懈的动力。殷健灵来到我们学校，为大家作《成长和阅读》专题报告，她的演讲亲切又充满激情，她的身上有一种独特的魅力，大概就是文学所散发出来的吧。她讲述了自己的创作经历，送给大家文学阅读带给人的三大财富：一颗健康快乐的心、了解自己懂得爱、从故事中寻找光明。娓娓道来的故事，台上台下的激情互动，形象地诠释了"文学就是生活，文学就是梦想，创作就是表达自己的思想"。

在轻松活泼的氛围中，我懂得了"只有站在阅读这一受益终身的智慧平台上，才能尽情领略最亮丽的人生风景"，从而引领学生步入文学与童心共舞的书香世界。

更令人激动的是下午三点钟,这个美丽的身影出现在我们的教室,她的脸庞挂着温柔的微笑,和我们班的孩子进行热情交流。她对杨宜睿提出的问题特别感兴趣,对于人世间真爱的理解,她深情追忆与没有血缘关系的外婆四十多年的深厚情感。她说:"我的世界和外婆的世界完全是两个世界,我的世界那么清明、干净,而外婆的世界已经是倾斜的、糊涂的。我不能总以我的世界的要求来要求外婆。"她给外婆洗脚,陪外婆散步、旅游,虽然这是一些极其平常的小事,但她坚持为外婆付出,让她的外婆享受到了珍贵的幸福。

孩子们听得入情入境,仿佛沉浸在了作家与外婆相处的一幅幅温暖的画面中,眼中泪光闪闪,显然是被她的故事深深地感动了。她对学生深情地倾诉,告诉大家"爱是一生的功课",她真正发掘到了生活深处,直面俗世人生的真味。我想,她的写作动力就是爱,就是亲情。从她真正深刻的审美中,我瞥见了一种独到的思想,这思想落实到文字,就成了好的文学。

和她相处,我看见一位具有无限爱心的女性,她的内心博大而澄澈,她爱每一个儿童,愿意给孩子们写书。她希望生活在这个世界的儿童,都会拥有自己的童书,喜欢看孩子们读童书时那种俏皮的姿态,她希望文学如一颗神奇的种子,播撒在孩子们的心间,开出绚烂的花朵。

在谈及如何走上作家道路的时候,殷健灵表示,这都要感谢她的母亲。从她小时候起母亲就很注重培养她对语文的兴趣,因为她母亲有一套自己的理论:语文学得好的人,理解力和感悟力都会好,会有助于学好别的学科。不难看出,正是通过长期以来对语文学科的钻研,殷健灵为后来的创作道路奠定了坚实的基础。

殷健灵还和我谈到,那些让人流连的儿童文学作品,伤感却温暖,真实而不残忍,快乐而不浅薄。多阅读这样的好书,会让孩子的心灵变得丰富、鲜活,不会总是苦恼于暂时的挫折与艰辛。更关键的是,这种深层次的阅读,能让孩子成为一个精神志趣高尚的人,一个内心柔软的人,一个高雅的人。

美好的时光总是那么短暂，我们班那些可爱的孩子们想和她探讨的话题太多了，她非常友好地留下了自己的联系方式，希望我和孩子们经常与她联系，多在阅读上交流。

记得我在参加陕西省作家协会文学创作会议时，有一位作家在会上说："我们国家平均每一天就要出版三十万字的书，但是真正给孩子们写的书不多，适合孩子们读的书也不多。"听罢，我对那些从事儿童文学创作的作家的敬意油然而生。是他们热爱着美丽的儿童世界，也是他们让儿童的世界更美丽。殷健灵就是一位为儿童写作的女性，她用自己对生活的热爱书写着美丽的故事。

我又迫不及待地读殷健灵的另外几本书——《盛开的心情》《纯真季节》《临界情感》《风中之樱》《玻璃鸟》《哭泣精灵》。翻开那些清新的书，就掉进美好的心灵世界，似乎在遥远的童谣里看到了小时候的自己。伴着爱的小夜曲，无限怀念那些心中有爱的人，以及我们也都曾有过的金色童年。

殷健灵的书，是孩子们成长期贴心的伙伴。阅读那些从心灵深处流淌出的富有质地的文字，心灵都受到了洗礼和净化，看待世界的眼光也愈加柔软。从她的作品中感受文学之美，收获成长的力量。不可辜负的时光，不能错过的阅读。这个缤纷的五月，我与作家殷健灵美丽的遇见……

种下一粒文学籽，收获一棵幸福树

  校园西南角的桂花树散发出的香味，像是从天堂花园里滴落下来的香露，是一种无法用语言诉说的清香气息。2015年9月22日，天空下起了蒙蒙细雨，裹挟着细小、精致、馨香的花瓣，在校园中闪烁着星星一样金属质地的光亮，似乎在欢迎一位尊贵的客人——张之路。他是著名儿童文学作家、影视编剧，是"中国促进儿童阅读行动大使"。这天，他走进了我们的培新校园，与我们一起畅谈文学的心声。

  上午，张老师走进教室，与孩子们进行亲切交流。他是那么朴素，那么和蔼。他一走进教室，就微笑着说："同学们，你们有很多问题想问我吗？现在就赶快问吧！"很快，教室里的气氛就活跃起来，孩子们的小手高高举起，他和孩子们的心一下子贴近了。

  他是那么风趣，那么幽默，对学生提出的问题耐心作答，教室内不时响起热烈的掌声。在轻松愉悦的谈话中，孩子们更深地明白了一个简单而又朴素的道理——多读书、读好书就可以把作文写好。从他的谈话中，我们懂得了读书的目的是广阔的，不单单是为了写作文；读书的目的是久远的，不单单是为眼下。文学的作用是潜移默化的，能直抵我们的心灵深处。文学的陶冶是舒缓的，能为我们建立一个美好的精神世界。它是润物无声的细雨，它看似"柔软"却能力克金石。

  下午三点整，是大家最期盼的时刻。张老师为大家作《观察·发现·灵感——张之路讲写作》专题报告,从"一只兔子到菜场要萝卜吃"的故事开始讲起,语言富有童趣,引人入胜,他鼓励学生大胆尝试,用想象的力量和创造的能力来对待"阅读"。

随后,张老师让学生上台复述故事,一个一年级的小男生用稚嫩的话语复述了刚才他讲的故事。他搂着这个孩子,是那样和蔼可亲,倒像是这个孩子的爷爷。他那温暖的拥抱一定会影响这个孩子一生。

接下来,张老师与孩子们分享了他走上写作之路的历程,生动阐释了文学创作中"语言"和"细节"两个独特符号,让大家感受到语言文字的魅力,激起了强烈的共鸣。他还倡导师生广泛阅读,通过读精品书、带着问题读书的方法来提升自我思维能力,大家深受启发。

张老师说:"在写作时,我们不仅要写已经发生过的事件,还要写可能发生、将来要发生的事情。如果只写真人真事,就会出现一定的局限性。"张老师通过故事"霹雳贝贝"告诉大家他的创作灵感来源于生活,幸运的是他只是比别人多想了一步。接着,张之路老师与现场的学生互动交流,详细地回答了孩子们提出的问题。他那富有感染力的言语,平易近人的态度,深深地打动了孩子们的心,孩子们的脸上自始至终洋溢着幸福的笑容。

最后,他送给大家一句话——"今天种下一颗文学的种子,明天收获一棵幸福的大树"。这句富有哲理的话深深地印在我的心上。正如他今天来到我们的校园,在我们的培新校园里播下一粒文学的种子,明天我们就会收获一棵幸福的大树。

是啊,我校自2013年开始,努力把学校打造成为书香浓郁的美丽校园。学校的操场上、林荫下,班级的图书角、座位上,都能看到孩子们阅读的身影。每年一届的读书节活动更是让每一个孩子、每一个班级、每一个家庭都能享受到阅读带来的快乐。校园里,阅读带来的欢笑声不断,连阳光洒在地上的影子都显得那么有文采。

在我们的学校,阅读成为师生最日常的生活方式,从书香校园到书香家庭，书香家庭推动书香社会的形成，是多么有益的事情啊！正如苏霍姆林斯基所言："一个学校可以什么都没有，只要有了为教师和学生精神成长而准备提供的图书，那就是学校了。"在我们的校园，无论是在图书室，还是在教室，乃至学校的走廊，楼道活动空间，书籍都触手可及。倘徉在摆满书籍的校园，漫步在书香浓郁的校园，我们的师生朝气蓬勃，我们的校园焕发出勃勃生机。

张老师还说："给孩子读的书，大人一定要读过，不可以随随便便地推荐。"在我们学校，我们的孩子手上捧读的书籍，就是我们学校阶梯阅读小组研究出来的。为了给孩子们推荐优秀的书籍，学校成立了"小学生阶梯阅读研究小组"，对共读书目进行研究，编定了2013年版小学生阶梯阅读书目。经过广泛搜集，慎重遴选，反复论证，又编定了2014年版小学生阶梯阅读书目。我发现，好作品能够到达少年儿童的手中，是需要桥梁的，是需要一双双温暖而有力的大手来引导的。这桥梁、这一双双大手就是他们的语文老师和班主任。他们的修养、他们的见识、他们的审美情趣，对于儿童阅读至关重要。读什么书，怎样读书，让儿童多读书、读好书，老师的贡献和责任都是重大且意义深远的。让学生喜欢阅读，老师一定要喜欢阅读；让学生读到好书，老师要先学生一步，读到这些好书。

如今，我们学校已经成为"新教育实验"挂牌校，成为全国2766所实验校中的一员，这是新教育研究所对我校重视阅读、倡导阅读的一种肯定。在我们的学校生活中，有大量的阅读时间，有大批热爱阅读的孩子，学生的管理变得越来越容易，教学问题也日益得到改善。当学生进行自由阅读时，班级会非常安静。为了生命的丰盈，新教育只为完成一段传奇的生命叙事而生，与功利无关。它会给你带来生活的激情，从孩子们绽放的笑脸中我们可以读懂他们成长的故事。

新教育，意味着一种教育理想，一股教育激情，一份教育诗意。借助这一平台，我们学校将持续更新图书资源，将有更多的知名作家走进培新校园，与我们交流阅读与写作。相信每一位同学都能怀着一颗感恩的心，来尽情享用家庭、学校、社会馈赠我们的这份精神大餐。

"今天种下一颗文学的种子，明天收获一棵幸福的大树。"在这个世界上，最珍贵最神奇的莫过于生命。一粒种子就是一个生命，而一本好书就是这样一粒成长在我们精神世界的种子。这种子就是文学，它看似微小，却富有神奇的生命力；它看似平凡，但会开出绚丽的花朵。这样一粒种子是有生命力的。当它被种入我们的脑海心田，一定会默默地生根、发芽、开花、结果，带给你意想不到的惊喜。

印象曹文轩

    题记：世界属于儿童。儿童的世界没有国界。有担当的童书，才拥有直抵人心的力量，创造出美好与感动，才会让读者忘记彼此间的文化差异、地域差异和年龄差异，让每个读者都在那一刻成为幸福的孩子，有担当的文学才会走得更远。

——朱永新

    "这一幢幢房子，在乡野纯净的天空下，透出一派古朴来，但当太阳凌空而照时，那房顶上金泽闪闪，又显出一派华贵来。"最喜欢和学生品味曹文轩老师《草房子》中这句话。阅读文学经典《草房子》这本书，人们发现，其实《草房子》一书是曹文轩童年的缩影，父亲在他的一生中扮演着十分重要的角色，似乎穿越生命的芬芳，在这一条幽静深远的人生长路上，父爱伴随着他一步步走向远方。

    曹文轩老师喜欢站在童年的视角去观照这个世界，所以在他的文字里，充满了对儿童生存状态、对儿童精神世界的关注。我想，正是作者的人格力量，才释放出巨大的精神力量。因此，他甚至宣称："美的力量大于思想的力量；再深刻的思想都会过时或成为常识，唯独美是永远的。"阅读曹文轩的作品，我正是从那宁静而深邃的美中，感受到了思想的力度——那源自一种理想的力量。

为儿童而担当

2016年4月4日，曹文轩老师摘得国际儿童读物联盟（IBBY）2016年度"国际安徒生奖"，他的作品所蕴含的极高的文学性、艺术性也获得了世界的赞誉。他是中国第一位获"国际安徒生奖"的作家，"国际安徒生奖"具有"儿童文学界的诺贝尔奖"之称，他的获奖极大地振奋了国人，公众为之欢欣鼓舞，其中固然有朴素的民族情感因素，但在我看来，曹文轩老师获奖自有其重大意义。

儿童文学担负着为一个人打精神底子的重任。然而，现实中却充斥着不少粗制滥造的儿童文学作品，或者靠单纯的情节吸引读者，或者热衷于毫无营养的荒唐搞笑，这种严重缺乏对生命内涵与多彩世界认识体会的作品，除了带来一点浅薄的所谓"欢笑"，对孩子的成长能有什么用处呢？

所幸的是，中国还有曹文轩等一些真正用心灵为孩子写书的儿童文学作家。当看着孩子如痴如醉地品读着《草房子》《青铜葵花》《山羊不吃天堂草》《根鸟》《细米》等作品之时，当孩子迫不及待地分享自己的感悟时，作为老师的欣慰，实难言表。

曹文轩老师的作品动辄上百次印刷，其中《青铜葵花》则是170次印刷，稍早一些的《草房子》更是创造了中国出版史上的一个奇迹，它已经印刷了550次，总共将近2000万册《草房子》在中国大地上发行……获誉无数的曹文轩先生此番荣膺"国际安徒生奖"，可谓实至名归。这个奖不仅是对他个人的褒奖，更是对所有用心为孩子写作的儿童文学作家的高度肯定。

功成名就后的曹文轩老师肩负着崇高的使命，又从专注写作转向了培养儿童文学新力量，为儿童而担当，让人更是钦佩不已。

为童真而领读

2016年9月28日，我在北京国家图书馆参加了"领读者大会"。在这个大会上，曹文轩老师从儿童需要文学的角度作了主旨发言，他站在讲台上，是那样温文尔雅，那样气度非凡，在镁光灯的追随下，整个人光彩照人。他的语言充满着力量，充满着激情。他的演讲，一句官话和套话都没有，只是用感动的语言讲述着自己对阅读的热爱，与阅读推广人的美丽遇见。他用自己成长的故事，用身边人成长的故事告诉我们：阅读，从儿童开始。

"我们无法忍受这样一个事实，就是一个孩子从小学到中学到大学，到读硕士、读博士，其说事能力却越来越差。"他认为，阅读文学作品是对母语的感受，汉语大概是世界上最长于叙事的语言，汉语的妙处和魅力在叙事的时候显得更充分。它的含蓄、弹性、韵味和抑扬顿挫的感觉，往往叙事的时候最使人有深刻的感受。

曹老师还指出，一个文学家，最重要的是要保持想象力、培养说事说理的能力。再详细点讲，就是会说事情的情节，会说情景，会说道理，会说成一首诗。这不正是我们现在阅读与习作所欠缺的吗？在我们欣赏《草房子》的时候，如果能像曹老师说的那样，我的阅读交流课与阅读实践就会高效得多了。

大家洋溢在脸上的幸福笑容，见证了新教育的方向——过一种幸福完整的教育生活。教育硕士、特级教师、叶圣陶研究会理事李怀源和江苏省基础教育教学指导委员会小学语文学科专家祝禧，以同课异构的方式分别为参会代表展示了阅读课《草房子》，展示了如何激发起孩子们的深度阅读和反思。

作为领读者，曹文轩老师的发言见证着阅读的力量，在这光辉的时刻，我的心也像《穿越生命散发的芬芳》一样，我要做一个优秀的领读者，在书香中与你、你们一起穿越，穿越生命散发的芬芳，穿过生命的地久天长！

为童年而朗读

  2017年4月2日，央视《朗读者》节目正在热播，有一期的主题词是"告别"。"告别是主动的选择，有些时候告别是被动的承受，那我们如何面对告别呢？面对告别，最好的态度就是好好告别。每一次的告别，都有一个故事，或激情燃烧，或凄美动人，或惊心动魄。告别不是遗忘，而是转身，告别不是放弃，而是开始！"董卿如诗如画的开场白，很快就将我深深吸引。

  这一期邀请到的朗读者嘉宾给我印象最深，他就是曹文轩老师。

  董卿问曹文轩老师，《草房子》中的小男孩桑桑和校长桑乔是以他和他的父亲为原型吗？曹文轩说，您完全可以把里头的桑桑，看成是一个叫曹文轩的男孩。

  十四岁那年，曹文轩老师生了病。那时他以为自己要离开家人了。他脑海里描绘了无数次到时家人会怎样告别，会多么难过。父亲背着他到处求医，最后去了上海。医生确诊那只是淋巴结核，会好起来。

  父亲当场泪流满面，那无数次的"虚拟告别"让曹文轩老师更深刻地理解了爱。也是这一个虚拟的告别，却让我更深刻地理解了生死，理解了告别，理解了爱。

  十二岁那年，我曾经也生过一场病，我当时的伤心绝望和后来的狂喜，无法表述。而原来看似平淡无奇的生活，却是如此美好。

  所以，这真像曹文轩老师所说，这是一场虚拟的告别，而不是真正的告别，这不能不说是一种幸运！虽然生了一场病，却幸运地渐渐意识到生命里曾经忽视的东西是那么重要。因为对于父亲来说孩子去北大，是他一生的荣耀，所以接下来他唯一要做的就是如何让自己的孩子体面地出发，去远方。

大自然就是在各种各样的告别过程中完成它的季节轮替的，人类社会也是一样，其实这片天空下不是山，不是水，是满满的各种各样的告别。曹文轩老师说："就像过一会我要向董卿告别，离开朗读者一样。"文学写了上百年、上千年，其实做的就是一篇文章——生死离别。

曹文轩老师的经历告诉我们做父母的，在陪伴孩子成长的过程中，要树立榜样，多多发现和挖掘孩子的优点，不断地鼓励他，给他正确的引导。一个孩子在童年构建的价值观、世界观，以及感恩、善良等品德，就是构筑自己成人世界的基石，而且这种构建相当程度上是以阅读为手段的。

为儿童而坚守

2017年12月12日下午，冬日的培新校园暖意融融，这里的一花一草都在欢欣舞蹈，似乎在迎接一位贵客的来访。两点三十分，曹文轩老师准时出现在我们培新小学的校园里，他的到来为培新小学增添了无限生机。曹老师所作的《推开写作之门》的报告在我校师生热烈的掌声中拉开帷幕。曹文轩老师从三个放羊人的故事引出他阅读和写作的秘诀：财富不在远方，就在自己脚下。未经凝视的世界，是毫无意义的。好文章离不开折腾！天堂就是一座图书馆！

他鼓励孩子们多阅读、多想象，敢于坚持，为孩子们种下了写作的种子。写作最重要、最宝贵的资源就是你自己，走过童年、少年，你已经是世界上富有的人了，富有到足以对付老师出的各种作文题。因为，每个人的经历都是独特的，而写作就是要写独特的经验。

一双眼睛一辈子就是两个基本的动作，一个是"扫视"，另一个是"凝视"。写不好作文是因为你只完成了第一个动作，而只有仔细打量、凝视这个世界，才能发现它的无比丰富和美妙，作文的素材也就取之不尽。否则，未经凝视的世界是毫无意义的。因此，他希望同学们也能养成观察、记录生活的好习惯。

"好文章离不开折腾！"谈到小学生写作文总是写不长、写不好的现象，有一个既简单又实用的方法："要写好作文，只要记住一个词——'折腾'！"怎样写作文，怎样写好作文，其实答案很简单：读书。

曹文轩老师精彩的报告通俗幽默又富有哲理，他说：写作的技巧固然重要，但更重要的是积累阅读量，希望孩子们一定要多读书、读好书。报告中，曹文轩老师结合自身的生活与写作经历，娓娓阐述了关于读书和写作的真谛。他的演讲深深地打动了现场的每一个人，点燃了孩子们的阅读热情，为孩子们提供了开启阅读、写作之门的金钥匙。同时，开阔了视野，荡涤了心灵，涵养了人格。他的到来给培新小学的师生留下了深刻的印象，也必将留下深远的影响，成为孩子们人生中一笔宝贵的财富。

"阅读是人类最优雅的行为，也是人类最优美的姿态。"曹文轩说。舞蹈、体育等展示了人类最优美的身体姿态，阅读则展示了人类最优美的思想姿态。

就像作家蒋勋所说："文化不是励志的格言，不是非黑即白的答案，文化是对生命的真实理解和包容。"人生只有一次，但阅读会给我们带来关于人生更加丰富多彩的解释。带着透彻的心，透过明亮的眼，让我们以更加清明的态度去面对我们的生活。

对阅读的信仰，引导着我们人生的方向，引导着我们的内心，每一个字，每一段话，都在塑造着我们的态度，都在造就我们的未来。推开写作之门，仅仅只是个开始，我们通过阅读会在工作和生活中走得更远。

担当是一种自觉，只有那些真诚、正直、勇敢的创作者，那些把真、善、美熔于一炉的创作者，那些在自己的作品中勇于担当、有所建树的创作者，才能最终获得人们发自内心的尊崇与爱戴。以美为武器，曹文轩老师选择了为儿童而坚守、而担当。曹文轩老师就是这样的领军人物！

作家会晤

约克先生

喜欢称呼朱奎先生为"约克先生",是因为朱奎先生笔下的约克先生正直善良、勇敢执着、大善若愚,让人很容易爱上他,而朱奎先生的德文名字就是"约克"。

喜欢约克先生的童话,是从他的名字开始。小时候,那时我还不识字,有一次堂哥从书架拿了一本书,给我讲故事,讲一个关于小猪约克先生的故事。堂哥讲得津津有味,我也听得入迷陶醉,这本书就是《约克先生传》。

他还告诉我,原以为《约克先生传》是外国童话故事,一看才知道是中国作家朱奎先生写的童话,不过故事的主人公有一个外国名字——约克先生。

那时我就非常喜欢这本书,至今不能忘怀,情节非常吸引人,农场发生的趣事一件接着一件,里面的动物们也风趣可爱,充满了人文关怀,很有教育意义,可惜长大后再也没见过这本书。

当时心中无数次地想,作者肯定很神奇。什么时候约克先生能来到我们的身边,他一定是一位充满传奇色彩的人物,否则他怎么会写出"约克先生"?

《约克先生》这本书充满了喜剧因素,不仅表现在滑稽可笑的主人公约克处理事情的方式上,也表现在一些细节的安排上。童话中的大灰狼总是以凶狠残暴著称,然而这张纸条中"此地无银三百两"式的做法,却给人一种天真未泯的感觉。再比如小熊黑黑，在接受兔子长耳朵和刺猬团团的请求准备去讨伐灰灰的时候，挥笔立就一篇讨伐檄文，洋洋洒洒有六条理由，仔细一看，有的理由是蛮不讲理的，有的理由是重复的，他们横七竖八地扭结在一起，一下子托起了黑黑的形象：有正义感但并不很讲道理，脑筋清楚却很饶舌，好打抱不平也有点狂妄自大，相当符合儿童的心理特点，就算是成人，读起来也会饶有兴趣。

为什么《约克先生》既适合小孩读，也同样适合成人阅读？我想：不讲大道理却专注于铺染儿童及童年生活的乐趣，不制造完美而只是在缺陷中谋求儿童的心理认同，不是严肃地端起架子而只是尽情释放充满幽默色彩的童心，正是《约克先生》的魅力所在。

以后的日子里，那位伟大的约克先生一直驻留在我的记忆中。后来，听文学界的友人说约克先生去了德国，就这样，一去就是29年，29年间，约克先生却从未消失，我一直在默默地期盼，什么时候他能回到祖国，继续为我们续写"约克先生"。

真没想到，就在2016年11月15日，约克先生真的来到我们学校。约克先生又一次成为大家谈论的话题，这次读的是新出版的《约克先生》系列。一翻开书，发现写序的是童书大家曹文轩，就是刚刚获得国际安徒生奖的曹老师，他对朱奎先生的评价颇高，"他的书写从一开始就是在真正的文学意义上进行的""这些带着温度的文字，在你面前如小精灵一般行走，你的目光和心思就不能不跟着它们"。是啊，书中的每个故事都有着各自的中心事件，有天塌了的谣言，有马腿被啄断了的误会，还有误吃了用作种子的土豆，等等，一桩桩，一件件，如同发生在我们周遭的生活里。

正因为如此，即便最早关于约克先生的故事已经过去这么多年，多年后的约克先生跨越了时空的鸿沟，依然鲜活，依然可爱，依然幸福。

约克先生到我校的前一天，下课后，一个男孩来到我身边，激动地说："任老师，约克先生太有意思了，我喜欢他的幽默风趣，我恐怕是第一次读这么有意思的童话！"他说得眉飞色舞，兴致勃勃，从教室到办公室门口，这一路走来，他的两眼发光，浑身充满力量，似乎是约克先生给他注入了新鲜的活力，直到上课铃响起，才恋恋不舍地离开。男孩子当时那种兴奋劲，一直留在我的脑海里，难以磨灭。这大概就是这部经典童话的魅力所在吧。

在和约克先生交谈的过程中，我给他说起这个男孩的故事，约克先生哈哈大笑，他激动地说："还有这样的小读者，我一定要和他合影留念！"

在作家见面会上，我把这个男孩带到作家的身边，两人似乎一见如故，男孩站在约克先生身边，竟然激动得不知道说些什么才好，他帮约克先生打开正需要签名的《约克先生》系列，两人"合作"顺畅，似乎成了忘年交。是《约克先生》，让两个不同年龄的人走到一起，我仿佛看见约克先生的童年，也仿佛看见男孩的未来。

约克先生谈吐不凡，自由洒脱，谦逊大度，虽然在德国生活了29年，但十足的京腔没变，对童话的喜爱没变，骨子里对中国文化的尊崇没变。他是最懂孩子的大人，他也是最懂成人的大人。作品中的约克先生形象在每一位读者的心中活灵活现，他的作品如果拍成动画片，那将会是个大热门！

前不久，我参加了2016北京领读者大会，作家曹文轩在专题报告中提及朱奎先生，他说：在中国文学界，给孩子们写的书，没有谁的童话能像朱奎先生的童话那样打动人心，经久不衰，他的作品不因为时间的流逝而被人遗忘。

再读《约克先生》，我们成年人好像是再度和孩子一起成长，再温童年。《夏洛的网》中那一只著名的外国小猪，叫威尔伯，他和蜘蛛夏洛的故事，深受孩子们的喜爱。我们却忽略了，我们中国也有一只很好玩、很可爱的小猪——约克先生。我们现在再看这个故事，完全没有历史隔膜，虽然故事的情节非常简单，看似并未涉及环境伦理、动物福利等高深的严肃问题，但这样轻松俏皮的故事，让读者不由自主地进入到作者所描绘的情境里，时不时地莞尔一笑,即便是成年读者,也被这种"没有说教"的故事吸引。那这些童话留给我们什么了呢?绝不是仅仅停留在嘿嘿一乐的层面上,在我们会心一笑的过程中,我们看到了平日里很有人情味的生活:有点小纠结,有点小烦恼,同时在约克先生的种种举动中,我们体会到了正义感、责任感。

尽管这不是《约克先生》刻意要传达给我们的,但从这些心境和语境都让人非常放松的故事里,我们确确实实辨识出了善恶,也轻轻松松地做出了自己的选择。这种自然的阅读,不仅让我们享受天赐的零成本的欢愉,还十分有助于培养纯真无忧的心性。

沃尔特·迪斯尼说:"我要唤起的是这个世界正在泯灭的孩子气的天真。"我想,这个社会,纯真正在悄悄流逝。纯真不只是小孩子需要,大人也需要。朱奎先生用他的童话,唤醒一些大人丢失的纯真。他的实践,解决了儿童文学的难处:儿童文学作家必须是儿童,又必须是大人;在用儿童的眼光观察的同时,又必须用大人的心灵思忖。约克先生是一个"大孩子""大朋友",有一颗不会衰老的童心。他总是像儿童那样用稚气的、充满新奇之感的眼光看世界。在他的童话里,一切都是优美明媚的。

有位诗人说过,健康阳光的人,必定有一颗童心。约克先生就是一位健康阳光的作家,他的童话篇篇都是健康阳光的美文。所以,他必定也有一颗烂漫纯真的童心。他的童话,是把孩子的天真和诗人大胆而奇特的想象完美结合起来的佳作。

约克先生的奇思妙想,果然是一颗童心化作了诗人的天籁。能写出这样充满童趣的童话,首先自己要有一颗永不凋零的童心。

归来的"约克先生",可爱的"约克先生",要继续续写《约克先生》,因为约克先生,最懂孩子心!

喜逢童喜喜

　　严寒的冬日，意外的车祸，都无法阻挡童喜喜来安康的脚步。为了安康的新孩子，为了《新孩子》，为了世界未来的模样，她如期而至，2019年11月26日，站在培新小学面前。这个冬天，对我，对童喜喜，都是非常特别的冬天。

　　11月14日，从喜喜的微信朋友圈动态上传来："出事啦！出事啦！我出车祸啦！16:52，我的车被别人撞啦！我的头被撞破啦！"这一个信息，让人非常担心，我不敢多问，不敢多想，只是心中暗暗担忧。

　　接下来的日子，她的微信朋友圈坚持更新，乐呵呵地告诉大家自己治疗的整个过程。医生告诉她伤势严重，不要轻视，需要休养一段时间。伤口拆线后，她顶着头上的伤疤，从河南省栾川县、河南省伊川县、江西省南昌市、江西省定南县、四川省宜宾市一步步地走到安康，来到我们面前。

　　无数次，我想象与喜喜老师见面的情景。终于，11月26日上午8时30分，她迈着轻盈的步伐，带着灿烂的笑容，走进了培新小学。

　　我再次感动，童喜喜老师，就是对我生命产生重大影响的人。

　　2016年9月28日，我有幸在北京国家图书馆参加领读者大会，第一次和童喜喜老师见面。

　　当时，喜喜老师为全场作《人是同心圆》的报告，中场休息，我对她说："童老师，我是新网师的学员，我想和您合影，行吗？"她亲切地拉着我，让我和飓风老师也一起合影。

她报告中的一段话深深地印在我的脑海中："幸福像一道光,只可能从自己内心深处发出。一个人,无论老弱贫富、从事何种职业,一旦心灵发出幸福的光,就必然会照亮其他人。"这一段话,给我带来无形的力量,让我越来越想快点加入萤火虫项目这个大家庭。我经常会向喜喜老师提问关于萤火虫亲子共读的相关事情,她每次对我的提问总是不厌其烦地认真回复,让我真真切切地感受到"点亮自己,照亮他人"这个信条在她身上焕发的光芒。

接下来,从喜喜老师的微信公众号中,看出她日程安排满满,繁忙地奔走在全国各地,将有温度的微笑传递给人们。

开学初,我郑重地向新教育萤火虫总部提交成立"汉滨区萤火虫亲子共读工作站"的申请,这个举动得到童喜喜老师的鼓励和支持,真没有想到,没过多久,我收到新教育新阅读研究所关于同意成立"汉滨区萤火虫亲子共读预备站"的批复,心中激动万分。我觉得应该不断壮大萤火虫队伍,在全区范围内组织新教育实验种子教师和优秀的新父母加入萤火虫团队。

2018年3月成立以来,我们创造性地开发线上或线下活动,通过互联网+绘本阅读、实体公益书店、网上共享书屋、小书童联盟等形式,以一带百,辐射引领,城市共融,山村聚合,社区联动,带领50个萤火虫分站开展工作,以星火燎原的发展态势点亮安康大地。

2018年8月13日,山东省诸城市新教育萤火虫之夏(2018)暨全国新教育第九届种子教师研训营开营。经过层层选拔、评审,汉滨萤火虫预备工作站在众多参评者中脱颖而出,荣获"全国十佳优秀工作站"。我以汉滨区萤火虫亲子共读工作站站长的身份上台领奖。

就在那次种子教师研训营上,童喜喜老师说:"学校,应是尘世里的庙宇。"只是,其中高高供奉的绝不是神灵,而是自己。期待自己,发现自己,相信自己,挑战自己。很多时候,这句充满哲思的话,帮助我走出教育困境,激发我不懈奋斗的热情，启发我找到存在的意义。

2019年11月26日，在汉滨区培新小学新教育午读书系"新孩子"系列新书发布会暨"喜阅说写"报告会上，我以主持人的身份和童喜喜在一起。从来没有担任过大型报告会主持人的我，站在将近5000人的大型会场上，不知哪来的勇气和力量，却意外地从容淡定、大方自如。因为我知道，喜喜老师就坐在我的背后，我们真正地在一起。

网络直播，一切顺利；会场纪律，秩序井然；互动场面，异常热烈。寒冷的天气里，在长达两个小时的活动现场，孩子们静静地聆听着喜喜老师的真知灼见，她的话语如涓涓细流浸润孩子们的心田，给人带来心灵的洗礼和震撼。

那时那地，我发现一个闪闪发光的童喜喜，她走到孩子们的中间，与他们近距离地交流，在认真倾听儿童的声音，我想起了《新教育的一年级》中的花儿老师和牛妞、雷天龙，《影之翼》中王杰和会飞的影子大头飞翔的力量，以及《天使在人间》里的田甜与老师在教室里的场面……也许你、我、他，就是她未来《新孩子》里的主人公。孩子们在他们的童年时期能够与他的童书作者相遇，无疑是最大的幸运！

我突然发现，一种新力量在培新小学校园生发，生发出自由灵动的新创造，必将收获美妙的智慧之果。这里的孩子都变成新孩子，我们这些大人也都变成"新孩子"。

这一次，我真的相信自己，挑战自己，突破了自己。

第二天，在高新一小和高新四小开展活动，一到活动间隙时间，她就拉着我亲切地交流，诸如萤火虫工作站的建设、阅读推广、新教育实验等工作，她都给予我很好的指导意见，勉励我继续努力，站稳"萤火基地"，做强"喜阅说写"。

分别时刻，真是难分难舍，她送我一本《新孩子》，我们彼此约定——"同心同行，共同成长"。

我十分惊叹,童老师小小的身体竟蕴藏着如此巨大的能量:6天完成《嘭嘭嘭》,5年完成《影之翼》,10年完成《新孩子》系列。十年磨一剑,砺得梅花香。人生有多少个十年? 2008年,她是中国最年轻的十大作家奥运火炬手。如今,她擎着教育圣火,用阅读点燃了一个地方又一个地方,以"喜阅说写"激发智慧,熠熠萤火照耀一个个"新孩子"。

作为著名儿童文学作家、教育专家、资深公益人,童喜喜老师完成了一部部著作,她对教育、对教师、对儿童的深切关爱和超人的努力和实践,让人深感敬佩。她的哲学功底、教育悟性、人文素养和文字能力,过人的勤奋,透彻心扉的真爱,带领着每一个新教育人茁壮成长,让人感动不已。

喜欢喜喜老师讲话。她做出了具有童喜喜个人风格的、具有哲学思辨的探索和表达,她用智慧和爱,点燃每一个人灵魂深处的理想之火,迸射出璀璨的光芒。就是那些看似简单、却又深刻的话语,一次次地赐予我力量,让我找到前行的方向,坚定勇敢地飞翔。

用生命影响生命,用行动带领行动,用真情激发真情。我想,喜喜老师就是这样影响了我,带动了我,激发了我。这不正是新教育人孜孜以求的共同朝向吗?

于是,这个冬天,对我,对喜喜老师,是一个特别的冬天,一个暖意融融的冬天。

我们衷心地希望童喜喜老师飞得更高,走得更远。我们也相信,像童喜喜老师这样的一群中国理想家和实践家,他们所共同进行的通过阅读将理想和现实相互融合的伟大教育实验,一定会为孩子们创造更加美好的未来!

共写印记

新教育致力于倡导真正意义上的写作，
让写作与生活联结，并成为反思、交流的重要手段。
在此意义上，通过师生、亲子之间的相互书写，
以及其彼此之间的言语沟通与交流，
将彼此的生命编织在一起，从而尽可能地消除隔阂，
避免相互隔绝、相互对立，甚至相互伤害，
使人类生活的真正经验能够通过共写（沟通与交流）
在彼此之间传递流动。

新教育实验报告

暮省，珍藏瑰丽的时光

暮省，学生通过随笔、日记，师生、家长通过日记、书信等手段，相互编织有意义的生活，珍藏生命中有意义的片段；暮省，学生用日记记录成长，亲子之间、师生之间用词语相互激励、抚慰，珍藏生命中独特的体验。

最初，学生们通过"开通"纸上微博的方式完成暮省。微博，在今天这个信息化的时代，已经成为现代人生活的一种方式。嬉笑怒骂、悲欢离合皆可浓缩在这短短的几行字中，对于微博的借鉴其实是为了帮助学生养成记录"真我"的习惯。

学生在纸上将自己感兴趣的，印象深刻的见闻、感受，哪怕是生活中点点滴滴的启示，用简短的文字记录下来，记录在一个小本子上，相当于"纸上微博"。不需要多言，只是几行字，捕捉真实的感触，最真实、最生动、最感人的话语，化作心灵的印记，一本本"纸上微博"，唤醒习作"真人真事"的必然状态，就是一种有益的累积，是学生写作时的最有价值的第一手材料。

这种"纸上微博"的记录方式便于学生打开写作思路，通过搜集习作前的生存环境的信息，唤醒写作情感，激发写作情趣，促使学生高质量地完成习作。

比如在每个孩子生日那天，他会得到一首独属于他的生日诗。在生命的节点，我们全班同学用最甜柔的声音，为他唱出最甜柔的歌曲。

这是送给汪浩哲的生日诗歌：

自信的浩哲

向着明亮那方

向着明亮那方

哪怕一片叶子

也要向着日光洒下的方向

灌木丛中的小草啊

自信的浩哲啊

勤奋的浩哲

向着明亮那方

向着明亮那方

哪怕烧焦了翅膀

也要飞向灯火闪烁的方向

夜里的飞虫啊

勤奋的浩哲啊

勇敢的浩哲

向着明亮那方

向着明亮那方

哪怕风儿吹皱了羽毛

也要义无反顾地在蓝天上翱翔

风中的小鸟啊

勇敢的浩哲啊

……

暮省，我和学生共读共写共生活，定下"师生协定"。我们在写，所以就在成长。把文字压缩、捶扁、拉长、磨砺，把已经撕开的又并拢，折来叠去，以检验它的速度、密度、弹性。我们努力地把话写得干净些、响亮些。这样，旁人读我们的文章，才会听得见我们的声音，看得见我们的容貌。

这种长进已不再是笔头流畅了，而是被写作这辆推土机推着，自己的思考向纵深发展了。写作中的我发现灵感的火花在思想深处闪现。如果没有写作这辆推土机，那灵魂深处最丰饶的部分就无法得到开垦。

暮省，我和女儿共读共写共生活，定下"亲子合同"。我们把生活中的点滴感悟记录下来，反复练笔。这种写作最后已成了习惯，像吃饭一样，一顿都不可少，蓦然回首，发现彼此已有了不少的长进。编织梦想，收获灵感，散文、小说、诗歌从笔头滑出，细细品味。

这种长进，去掉人身上的匠气。勤于阅读，述而又作。暮省是积累经验的一种方式，更是逼迫自己思考的动力。正是这种不拘一格的书写，令那"当时只道是寻常"的思想与细节，在头脑中一次次地被重视。

感谢书写带给我心灵的慰藉和自我的"漂洗"。我也因此沉淀了直面生活的忧患和艰辛后的澄明；焕发了经历困厄后的自信；拥有了遭遇失败痛楚后的踏实——像苏霍姆林斯基那样守住心灵，把困惑变成收获，把收获变成反思，在反思中稳步前行。

小小的笔改变不了世界，却让我找到幸福——行色匆匆时，有微风轻拂面颊；幸福的写意空间里，有欢乐渗入心底；梦的思念中，星空依然闪烁。美好在日子里游走，每一分一秒都有潺潺的乐曲在流淌，无处不在的阳光绚丽了生活的每一个缝隙。

暮省，给生命一个承诺，向命运绽放笑容，让生活增添色彩；给生命一个承诺，不让时光白白流走；给生命一个承诺，不让生命平平淡淡地逝去。于是，我在教海岸边，拾起来一个又一个五彩斑斓的贝壳，一个个贝壳串在一起，就成为一个个珍贵的记忆。

暮省，让自己活得明白，让自己活出精彩。暮省，赢得的是尊重，积累的更是尊严。

暮省，改变了生命的属性；暮省，让生命平添了许多色彩；暮省，让生命的底色更加鲜亮；暮省，让我们的生命敞亮而绚烂。

心 怡

　　桌面上，静立着一枝粉面的月季花。如此的娇艳，如此的绚烂，犹如和风中一缕甜润的幽香，沁人心脾，那种感觉，似曾相识，又妙不可言。

　　我轻轻地拾起那一段稀疏的花枝，拈在指尖，细细地打量。那曼妙的粉红花朵，在春阳下抖动着乳白的蕊，裹在轻柔的风里，只道是有着含笑不言的素净，却又悄悄地诉说着这个春日里一个又一个美丽的故事。

　　心怡是一位温婉的小才女，文雅、文静，做事细心，在班上人缘不错。她给人的印象是初接触时不太说话，不爱表现自己。但机会来临的时候，她总会给人带来惊喜。

　　读书，让心怡拥有和别人不一样的思维。记得五年级第一学期时，在学完第一单元后，要举行一个有关"开卷有益"的辩论会，同学们热情高涨，这是第一次举行辩论会。双方辩论得很激烈，不相上下。心怡在辩论中也很积极，她慷慨激昂地说："我认为开卷未必有益。诚然，读书可以使人增长知识，陶冶性情，修养身心，但'开卷'只是'有益'的必要条件，而不是充分条件。汉代刘向曾说过：'书犹药也，善读之可以医愚。'书既然是药，就具备两种功能：一是良药，药到病除；一是毒药，置人于死地。不是吗？20世纪20年代的德国，不少人因看了希特勒的《我的奋斗》，受其不良影响而沦为希特勒的殉葬品。'不好的书就像不好的朋友一样，可能会把你戕害。'试想，'开'这样的'卷'，能说是'有益'的吗？

共写印记

'一本好书胜过珍宝,一本坏书比一个强盗更坏。'因此,开卷是否有益,得先看开什么卷。"她才思敏捷,音质优美,让人记忆犹新,也就是那次,爱读书的她崭露出非一般的风采,知识的魅力在她辩论中显现,让我和同学们对她刮目相看。

五年级第二学期,她凭着踏实、细心取得好成绩,她的语文学科成绩已稳居上等水平,在女生中很突出。于是,她由组长晋升为学习委员。刚开始的时候,我还是捏了一把汗,因为她是初次担任,没有任何经验。前两位学习委员,工作泼辣大胆,每次能摸着老师上课的规律,从不会因收作业本而耽误上课的时间。我很省心,用得很顺。真没想到,她在工作中尽职尽责,她会催促我及时上传每一单元的作文排行榜情况,让我想起什么是善始善终。她细心地记录每天全班同学作业完成情况,她还能总结出我的上课规律,及时为下节课做好准备。我看见她在工作上的进步,就特意在班上表扬她:"你真是一位很有责任心的学习委员,工作有创造性,学习上很有潜力。"从此,她的工作更加大胆,很多时候都会给人带来惊喜。

读书,让心怡拥有与众不同的语言表达形式。六年级第一学期月考时,她的作文得到了全年级的最高分。她的题材与众不同,且文笔优美,一气呵成,让阅卷老师大为赞赏。在90分钟有限的考试时间内,能完成得这样出色,实属难得。她的快速进步,让我感到这是热爱阅读、积累知识的成果。

而心怡在成长中种种喜人的表现,还归功于她有一个幸福、和谐的书香家庭。她的妈妈学识渊博,才学笃深,让她时时刻刻浸润在书香世界里。因此,孩子的言行举止都温文尔雅,温婉可人。最难得的是,心怡的妈妈一直关心班级的建设,为班级默默地付出,用细腻的文笔撰写的阅读心得有着简洁的思路、独特的见解,让人读了还想再读,百看不厌。可以预见小才女心怡未来一定能成为六(三)班的骄傲,才思敏捷的她有很多适合她发展的领域,会有很大的突破,一定会有所作为。

读书，让孩子不断成长，让一个个孩子感受到童年的珍贵和美好；读书，让我们的心灵相通，彼此进行心与心的交流；读书，让家庭幸福，让一个个家庭因孩子的进步而喜悦。

赋诗一首，祝福温婉才女心怡在读书中取得的收获，一路书香，一生阳光，希望她大胆前行，前程似锦。

一路书香 一生阳光

文/任老师

没有任何一艘快艇像一本书
把我们带到遥远的地方
也没有任何一匹骏马
能像一页欢悦的诗篇
即使最贫穷的人也可以如此跨越旅行
一路书香，一生阳光

书籍是海边的灯塔
给迷路的船只指引方向
书籍是我们的伙伴
总在我们身边陪伴
书籍是我们的长辈
一路书香，一生阳光

书籍是无声的导师
总给我们默默的支持
书籍里美妙的五线谱
音乐在书的海洋里跳跃

共写印记

书的旋律在指尖拨动

一路书香，一生阳光

你静静地感受书籍的旋律

书籍的旋律在我们的心里

飘荡，飘荡

而爱读书的你

一路书香，一生阳光

"好一朵绚丽的月季花"，我总是用那些美丽的文字描摹着一个又一个年轻而青涩的生命，一如欣赏一朵朵亮丽的月季花。这些年轻的生命，有着婴孩般令人愉悦的激情，在每一个平凡而美丽的日子里，自由而昂扬地演绎着他们绚烂的童年。

朱永新教授说："阅读，不一定使我们变得更加富有，但一定可以使我们变得更加智慧；不一定能改变我们的长相，但一定可以改变我们的品位和气质；不一定能延长我们生命的长度，但一定可以改变生命的宽度，增加生命的厚度，提升生命的高度；不一定能实现我们的人生梦想，但一定可以使我们更接近人生的梦想。"

我总是在赞叹，如此美丽的生命，如此灿烂的年华。当我们素面朝天，在每一个温暖而清新的朝阳下，感念那一段段飞舞的童年时，纵使双眸溢满了纯真的泪，却依旧笑靥如花。而就在此时，这些稚嫩而美丽的生命便真的如同一朵朵粉面的月季花，在他们人生的春季中，骄傲而灿烂地绽放。那一缕缕轻柔的幽香悄然漫过的锦瑟年华。

新教育实验报告

相邀赞美，共写如此

赏花中"皇后"月季花，
暮春时节的风和日丽，
让花儿狂笑绽放，
我漫步在花丛中，
凝神间，
好似读懂了花儿心思，
相邀赞美，
花儿如此；
与花儿相伴的还有蝶儿，
更是如此，
面对和美的景象，
我发出内心的呐喊，
尽情地展示美吧……

我欣赏月季花的姿容，
黄色的花蕊，
透着花的幽香随风四处飘逸；
还有那白色花瓣上飘红，

黄色花瓣上溅红，

红色花瓣上溅黄的月季花，

让花中"皇后"名冠四方。

看那花丛中的少女，

面庞俏丽，

与花儿相映，

勾画出了人与自然的融合美，

花团中的人像，人像边上的花团，

紧紧地簇拥，

唯恐幸福在人的不经意间溜走……

德蕴是我班的班长，是语文学科的常胜将军，从四年级第一学期考试起，每次全班第一名便非他莫属。他学习踏实认真，聪明灵活，课外知识丰富，书法很突出，性格沉稳，成绩稳定，成为全班学生的楷模，也是众多家长的育儿模板。这次期末考试他以语文99分、数学100分的绝对优势，成为六年级组的名人，他犹如一颗新星正在冉冉升起。

他酷爱读书，阅读速度也很快，经常给班上同学们做新书推荐，学习对于他来说很轻松。由于学习能力强，完成作业动作麻利，所以有大把的时间任他自由遨游书海。每当我班得到学校奖励的购书卡时，他一放学便直奔书城为班级购书，等到第二天将新书带到学校的时候，他已经看得差不多了。他购买的书有历史、地理、文学类的，挑选的类别都适合他们这个年龄段，得到同学们的喜爱。

读书给他带来了很大的收获，上课发言时，精彩的言论代表着自己的主见和思想，旁征博引。他从不人云亦云，随声附和，让许多同学自叹不如。读书，让他充满自信；共读，让他充满向上的动力；共写，让他在班级中与众不同。

他热爱写作，我们的班级博客"萌荷溢彩·墨祺舫"就是他构建的，他也同步为自己构建了一个名为"追忆那些年"的博客，他一直乐此不疲地照管着两个博客，忙得不亦乐乎。他的写作水平在班级中也卓尔不群，文章已达到了一个初中生的水平，频频获奖或登报。他创作的散文《汉江撷趣》《冬日冰趣》，让人读起来就像在啜饮着一杯绿茶，很惬意，很舒心。他也在创作校园小说《我的童年我做主》《落叶传奇》等等，真是月季朵朵红班一位不可多得的人才。

每一单元的作文发布会上，德蕴都会名列"小作家排行榜"第一名，因为他的语言功底已经超出一般学生，遣词造句很凝练，风格独特，文章选材独具匠心。

他是班级中的"小书法家"，毛笔字、钢笔字、粉笔字已形成自己的风格。由于他一直模仿我的字迹，很多时候，他为班级书写的材料竟可以充当我的"大作"，有些老师根本认不出来。他一个人就可以在两个小时内办一次墙报，可以在一个小时内书写四种不同字体的"读书名言"书法作品，他经常应邀为其他班级书写张贴在班级中的字幅。

他是一名网络高手。班级中"多媒体讲台"，从电子白板到实物展示台，从PPT到网络直播，他都能熟练操作，每次上课前的准备工作，他都会为老师准备得妥妥当当，无论哪位老师上课使用多媒体出了麻烦，他都会以最快的速度调试好。班队会课上，他也会在最短的时间将所需要的资料做好，让许多同学自叹不如。

有一次，在语文课堂上，惊叹于他精彩的发言，优美的粉笔字，上台讲话时卓越的口才，我情不自禁地说："喊着你的名字，我感觉以后你一定有所成就。"德蕴脱口而出："老师，我的理想是成为一位作家，为更多的人写小说，让他们生活在属于自己多彩的童年书香世界里。"原来他早已立下了雄心壮志，我相信，一位文学新星即将在我的班级中冉冉升起，难怪他生活得有滋有味，有声有色。"有志者立长志，无志者常立志。愿更多的同学早早立下自己的目标，为自己的理想而奋斗，你的生活一定会有滋有味，有声有色！"这是我时常激励同学们的话。

德蕴学习上一丝不苟，待人谦和低调，无论别人再宣扬，老师再表扬，他一直保持一个劲头勇往直前，从不骄傲，赢得班级中最高的威信，成为男生中的权威代言人。

有时，我真羡慕德蕴的父母，培养出这样一位优秀、有教养的孩子。后来才知道他的父亲也酷爱读书，他一直和孩子共读共写，他的《共读的感觉真好》《共读共写，记录成长的足迹》，让人一看就感觉文学底蕴深厚，是一位循循善诱的好父亲。

正是在这样的书香家庭氛围中，在这样的班级激励机制中，德蕴正大胆地描绘属于自己的宏伟蓝图，他自由地飞翔在六三班，自由地飞翔在培新小学校园中，自信地向梦想飞翔！

朱永新教授说："我们的教育生活由无数碎片组成，往往形成破碎的未经省察的经验，使教育教学在比较低的层面上不断重复。专业写作能有效地对经验进行反思，从碎片中提取有意义的事物并加以深化理解，形成真正的经验融入教育生活，使之成为我们专业素养的一部分，使我们的教育实践更加富有洞察力。"

为了祝福德才兼备的他，我想送给他一首小诗，希望他梦想成真。

向着梦想飞翔

文 / 任老师

如果你想成为一棵参天大树
那么就必须茁壮成长
因为你已有了足够的养分和阳光

如果你想成为一棵参天大树
那么就必须吮吸营养
因为你已经拥有了远大的理想

如果你想成为一棵参天大树
那么就必须顽强拼搏
因为你从不会放弃希望

如果你想成为一棵参天大树
那么就必须坚持航向
因为你一直在向着梦想飞翔

共写印记

精彩的"悦写本"

那是2013年，新教育实验的理念，来到安康，来到我们培新小学，来到每位老师身边。当时，在我面前有两条路，是仍然停滞于"大家都这样做"的满足中，徘徊于"求同"的范围内，还是努力"求异"，追寻教学个性，焕发独特的光彩，升华为自己的教学风格？

回首过去走过的那条路，更多的是遗憾、困惑与彷徨。2014年，在"教育在线"里认识了"新教育小学"和"毛虫与蝴蝶"两个论坛，我的眼前出现了一片广阔的天地，一扫过去的困惑与彷徨。

我想，既然选择了教师这一职业，我就不甘心在周而复始的教学中轮回。于是，我认识了新教育实验改革，选择了新教育实验，并将一直走这条路。

新教育提倡的"暮省"，指的是学生每天在完成学业以后，思考与反省自己一天的生活，并且用随笔和日记等形式记录下来，同时师生之间也可以通过日记、书信、批注等手段，相互编织有意义的生活。教师与学生用日记记录自己的成长，亲子之间、师生之间用词语相互激励、抚慰，这就使暮省成为一种日常的生活方式。

丰富学生的心灵，强调阅读与写作的交融相汇，沉浸其中，玩味其间，充分体验生活的丰富性。暮省，让我们的学生能有博爱而敏感的心灵，能有诗的情绪，感动于花开花落，流泪于天边的一丝流云。

关于暮省,我要求学生买一个大的笔记本(里面最好是空白的,或有一些精美的小插图),将每天最想写的话语或者发生的事情写在上面,并用水彩笔或蜡笔绘制一些符合文章特点的图画,这个笔记本取名为"悦写本"——"悦"写越精彩。同学们写在绘本上那工工整整的笔迹,那精美且富于想象的画面,让我感动。

或者,学生能将自己的文章发表在博客上,这样博客的网页上自然而然地有了时间的记载,每日的更新,更多网友的关注和点击,都会激励学生在每日暮省中不断进取。

新课标的主要精神是让学生成为学习的主人,实现个性化的学习。过去的语文教学把简单的问题复杂化,把一堂课分解得支离破碎,面面俱到。这样下来,一堂课留给学生的空间有多大?留给学生自主学习的时间有多少?

一天上午的习作课上,我们进行的是第八单元"我学艺术的故事"习作训练,我们先把第八单元的课文内容进行了回顾,发现这一个单元都是与学艺术有关系的,每一篇文章都有不同的写作风格,每一篇文章都有自己的独到之处。在第二节课上,我和学生一起比赛写作。

上午11点整,我和学生约定,放学时比赛结束。比赛开始,教室霎时针落可闻。虽然刚开始张忠琪、王海洋、周欢有点不自觉,但在我提醒后,他们马上进入了写作状态,疾笔书写,想超过自己的老师。我自然不甘落后。"弟子不必不如师,师不必贤于弟子"。我经常提醒同学们要高效,半个小时后看了看他们完成习作的情况,学生的底线是600字,我自己写的最起码得是这个数字的两倍。

教室里的景象是前所未有的,王也林、陈雅雯、王姝瑶、马斯睿这些小才女们全神贯注,笔尖流淌着诗意的语言。估计李梓玥、王姝瑶、杨芯玉可能要写自己在钢琴方面的成长故事。嘉鑫的书法在全校小有名气,其他班的老师都请他帮忙写读书名言,他的钢笔字、粉笔字、毛笔字比有些老师写得还要好。我相信，以后他的字一定会超过我的。王振雄经常担任小主持人，演讲与口才是他的优势，每当校门口的广播中放出他的真情提示时，我的心中都会升腾出一种喜滋滋的味道。孩子们还有五个月就要小学毕业了，这样的学生真是少见呀，不知我以后还会遇见这样的学生吗？

刘淑婷、张黄伊馨，还记得上次在汉滨区老城办敬老院你们跳的拉丁舞《西部牛仔》吧，你们肯定在舞蹈方面很有自己独特的感受，希望能看见你们美妙的文章。

让我最操心的汪浩哲、哈逊、张威，不知你们有没有找到自己要写的素材，你们可以在滑冰、篮球、美术上找到自己的写作切入点，希望你们能不负众望。

陈芮旎在艺术方面可写之处应该很多，因为她获得的奖牌不少。单是《汉水童谣》这个舞蹈，她精彩的表演就得到许多老师的认可，我们在欣赏节目的同时为她的表现所震撼！

每天坚持写作，让文字成为每天生活的一部分。放下思想包袱，摆好纸张，写作可以像个心理医生，它可以是一种用来把你压抑很久的思想负担缓解的方法，写在纸上（或输出到屏幕上），你可以把你的愤怒、恐惧、焦虑和压力写出来，而不必对带给你这些情绪影响的人恼火。

写作可以作为一种宣泄压力的方式，你可以大声说出你在现实生活中不能或不敢说的话。每天写作的习惯让你有规律地对大脑进行梳理，对那些忘在脑后的任务和想法进行梳理。它能使你把那些无序的天马行空的想法变成有序的计划与行动。

保持你的笔锋，每天写作吧，即使是意识流，没有经过修改的形式也会保持和逐步提高你的写作技巧，处理文字已经是现代生活的基本组成部分，常常写作是不会有什么坏处的。

此时此刻，放学铃声已经响起，我们的比赛已经结束，这样的比赛真的很有趣。每天都保持写作的状态，这是我生活中一件最有意义的事。同

学们，你们也可以做到吗？（1300字/30分钟）

让暮省成为学生日常生活中的一种生活方式，让阅读、反思与行动在生活中如同呼吸一般自然存在，让教师与学生能够真正过上一种幸福完整的教育生活。让暮省成为每个学生生命的一部分，这是我对自己教学追求的方向。

每日的暮省，改变了我，改变了我的学生。班级里，课堂上，处处洋溢着浓浓的诗味。一篇篇文章，时时拨动着学生心中诗意的琴弦，黄昏时分，学生在悦写本里得以自由舒展。前方的路途遥远、坎坷而又充满希望。我想，既然选择了这条路，定要执着地上路，且歌且思，且吟且行，如同米切尔·恩德《犟龟》中的犟龟一样，我大胆坚定地走在新教育实验的路上。

共写印记

吃板栗

  平静的空气里闻不到一丝气味，我像平时一样，心里平静得没有一丝涟漪。走神的时候忽然嗅到一阵清香，静静的香。似乎早就在了，它早已慢慢地渗入我的感知里，我竟然没有发觉。就像空气和流水，一切都那么自然，那么安静，好像理所当然。

  不过，我发现我有点喜欢这种感觉。这是什么的馨香呢？淡淡的，静静的，好像是紫月季，朴实无华，娇小玲珑的紫月季。我还在笑我自己，我开始怎么就没发现呢？那股气息是如此的安静，只能在无意中发觉，直到你察觉了它的存在，你才发觉，原来它一直就在那里。那朵美妙的紫月季在哪里呢？也许我不太想知道吧，我闭上了眼睛，只要有花香在，花就在。真是奇妙的感觉，这股香气使我变得愉快起来，身心舒畅，就像玻璃窗户上流动的阳光，平静地跳跃。

  "作文难，难作文。"为什么作文这么难呢？我以为最主要的原因，就是没有全面激发学生的写作兴趣，没有引导学生做到"我手写我心，我心抒我情"。时下，要改善师生写作的关系，传统的、一成不变的习作教学模式已经达不到理想的状态，我们必须创造性地指导学生的习作，于是开始探索我的"五步一体三环新作文教学体系"。

  星期二下午放学后，李玉婷笑眯眯地送给我一小包板栗，颇带几分神秘地告诉我："老师，这是我自己学着用沙子炒的板栗，您一定要品尝哟！"

我忽然灵机一动：这周的创新作文课有素材了。

周四，我带着这些板栗进了教室。我故作神秘地从包里取出一个小花布兜，对孩子们说："老师收到了一份珍贵的礼物，你们猜猜是什么？""耶！"一听就知道学生来劲了！这正是我期望的。

"为了便于让你们猜，老师可以提供一些线索。请仔细听！"教室里顿时安静下来。我把袋子摇晃了几下，问学生："你认为是什么？""是花生？""是大枣？""是巧克力？""是开心果？""是平安豆？"……

我表扬他们很会想象，很会猜。不过要猜出是什么，光听还不行，还可以把手伸进袋子里摸一摸，并告诉大家，摸到了什么。

"我摸了摸，它的壳有些平滑。""我摸到了，就是板栗。"这个学生一使劲，捏碎了一个。

"到底是什么呢？请你们仔细看。"我把这些"宝贝"呈现在孩子们的面前。"说说板栗是什么样的？""板栗长着棕黄色的小脸，像一盏盏可爱的小灯笼，半圆形，一边有个尖角，一边是半圆的粗糙面。"心茹说。婉莹说："我会出板栗的谜语：红木盒儿圆，四面封得严，打开木盒看，装个黄蜡丸。"我打开一颗颗板栗，让学生继续观察并品尝它的滋味。"什么味道？""又香又甜。""香喷喷的，吃了心里像吃了巧克力一样舒服。""比瓜子的味还香。" "你们知道老师为什么把这位同学送给我的板栗呈现给你们吗？因为这是李玉婷亲自炒熟的，是她的劳动成果，也是她的一颗金子般美好的心。其实，老师也有一个小小的愿望：就是希望大家都能像板栗一样坚强，有内涵。"我继续说，"同学们，你们猜、看并且品尝了板栗，如果让你们写一写，你准备起什么样的题目？"

学生的题目五花八门：《这些板栗》《诱人的板栗》《难忘的板栗》《寄托着老师心愿的板栗》《板栗的故事》《我爱板栗》……

题目有了，"米"也有了，写还成问题吗？

从这次不同寻常的作文指导中，我悟得了作文教学的可行之"路"。

五步一体三环互动，五步即：诱发情感——积累素材——明晰思路——笔下生花——互评互改；三环即：师生互评、生生互评、亲子互评。一改在作文教学过程中一切都是由教师主宰的传统：改变从教学内容、教学策略、教学方法、教学步骤都由教师事先安排，而学生只能被动地参与的那种过程。三环互动有利于发挥学生的主体作用，在教学过程中学生是学习的主体，必须发挥学生的主动性、积极性，使学生能主动参与到教学过程中去，真正体现出学习的主体作用。寓行之有效的活动于作文教学之中，学生肯定会更加喜欢作文，文章定会精彩纷呈。

　　朱永新教授说："教育可以改变世界。当我们无法改变社会、改变别人时，我们可以改变自己。而我们真正改变了自己，就必然影响、改变着别人，就已经在改变社会。"越来越想细细地品味一下这奇妙的板栗香。但我发现在我刻意地去寻找它的时候，那种让我心灵沁彻的平静就要被打破。我赶紧放弃了这个念头，试着放松，再让它慢慢地沁入心脾，呵，它又回来了。

绘画小记

经年的过往,那蓬月季花,紫红色的干,直直的,挺立着,绿叶,垂着,翘着,烘染花间,经年的过往,悄看,那蓬月季花。

办公室窗台上那一排排月季,红的,白的,粉的,灿然绽放,待绽的蕾,俏向天空,伺机勃发!经年的过往,悄看,那蓬月季花,春日和煦的风,花儿更娇俏,让我的心情十分美好。

学生的作文刚收上来,我就迫不及待地批改起来,批改孩子们的作文《双减后的课余生活》。许多孩子都能把这件事写得具体生动,我想这和我以前为孩子开辟过的一块表达心灵天地的园地"绘画小记"有关。

学生的语文学习,一个很重要的任务就是敢于表达,乐于表达,最终学会表达。三年级的孩子天真无邪,每天围着老师说个不停,他们说的有发生在学校的事,有发生在家中的事……他们想倾诉的事情太多了,何不创设一个机会让他们表达呢?

六一儿童节那天,学校让每一个班级自己组织联欢。晨诵课结束后,孩子们围着我,我大声地对他们说:"祝我可爱的孩子们节日快乐!"有的同学拿出自己折的千纸鹤、画的画、制作的卡片,互相赠送。"老师,您等着,我想画一幅画,送给我最喜爱的班级。"

课后服务时间,一幅漂亮的《我喜爱的班级》就诞生了。在乐乐的带动下，很多孩子也拿起笔画了起来。我突然灵机一动：孩子们这样喜欢画画，何不把他们这种喜好变成写作的第一步？于是，我在班级中推行"绘画小记"——边角配有漂亮的风景图、卡通图，中间空白的地方用来画画。

朱永新教授说："写作，不仅是训练思维的有效途径，也是帮助人们拥有美好人生的重要路径。因为，写作犹如烧菜，没有原料，再好的厨师，也无法烹饪出精美的大餐。为了写得精彩，必须做得精彩、活得精彩。"

孩子们在"绘画小记"中无拘无束，自由发挥，画单幅画或者多幅画均可。画什么就写什么，长句子或者短句子不限。我还允许孩子们，不会写的字就用拼音代替。奇迹就是这样发生的，有的孩子甚至开始创编小说，用连环画的形式表达出来，《蛋蛋奇遇记》《我的乐天派弟弟》《双减之后》《超级社团》等等。一部部连载小说就这样诞生了！

童年时光精彩而短暂，要充实、快乐、有意义地度过童年生活的每一天。看见你们的"绘画小记"，老师由衷地欣慰，为你们的出色表现而自豪，你们是老师生命中最美的有缘人。你们一定要充满自信，只要这样，成功就在你们脚下。

花一样的年华属于花一样的你们，在这鲜花盛开的季节里，珍惜花儿的绚烂，用智慧和汗水浇灌出世界上最美、最灿烂的理想之花。

在浩瀚的知识海洋里航行，自信是船，勤奋是帆，毅力是风，只要我们师生齐心协力，不畏艰险，就能到达胜利的彼岸。

你们是清晨花瓣上晶莹的露珠，折射着太阳的光芒，充满希望。滴水能穿石，学习靠积累，只有不断地努力学习，才会有收获，美好的未来属于你们。

夏阳的烤炙，花儿更是绽放！经年的过往，那蓬月季花，秋风带去的问候，花儿更是清秀，冬日的霜雪摧折，花儿更是坚强！经年的过往，悄看，那蓬月季花，傍着小桥流水，傍着天空大地，傍着人生的过往，释放着馨香与美好！

亲爱的同学们，来吧，带着你们的梦想，带着你们的渴望，走到书里来；

带着你们的智慧,带着你们的追寻,描绘多彩的童年吧!让我们一起勇往直前,快乐地度过在培新小学生活的每一天吧!

共写印记

学《手指》

  春风徐徐暖，夭桃灼灼开。在春天里，我们总想起那些美好、柔软的时光和关于花韵的心事。在春天的银幕下，我们就这样静静地坐着，任春风解开泥土里的秘密，任浮云撩动月色的风霜。我们坐看沧海桑田，地老天荒。

  阳光从教室的窗棂缝间斜射过来，穿越朦朦胧胧的尘埃，斑驳的残影在窗前跃动。没有规律，没有温度。似一个炫冰的舞者，用七色之光渲染生命的底色。思绪就像暮春的柳絮，纯洁，缥缈。

  今天，我们学习丰子恺的文章《手指》，这是一篇饶有兴趣的文章，作者通过对五根手指各有所长、各有所短的描写，揭示了"手指的全体，同人群的全体一样，五根手指如果能团结一致，成为一个拳头，那就根根有用，根根有力量，不再有什么强弱、美丑之分"的道理。

  丰子恺最负盛名的是他的散文作品。我很喜欢他的散文，四年级语文教材有他的散文《白鹅》，就很有启发。他的散文注意用语言状物绘形，表现视觉色彩。他写散文，总是选取自己熟悉的生活题材，把自己的感受用最质朴的文字坦率地表达出来，在朴素到接近白描的文字中，倾注了一股真挚而又深沉的情感，很容易打动读者的心灵引起共鸣。他的写作风格真是与众不同，让人望尘莫及，因为他的文章融漫画、音乐为一体，是其他写作形式无法比拟的。

为了高效地完成教学任务，我采用了"小组连连赛"的教学手段，将课文的分析和作者如何描写手指交给同学们自学，四个组各自进行充分的讨论，学生学习兴致很高，讨论很热烈，兴趣盎然。我设计了朗读展演、设计表格、拓展延伸三个环节组织学生学习交流。教室一下子就被激活了，处处闪现着智慧的光芒，尤其是在朗读展演这个环节，每个组都争取将自己最好的一面展示出来，想尽办法用不同的表达方式争取最好的成绩。

有的组采用了环环相扣演绎法，有的组采用层层递进朗读法，有的组采用波浪式朗读法，有的组采用混合式朗读法。最后是第三组同学以优美的声音、创新的朗读方式赢得了同学们的认可。通过这样小小的比赛，我发现很多同学极富创意，他们能将平时读书的方法、游戏的形式纷纷运用到自己的朗读中。

在回答问题的时候，有些同学表达了个人独到的见解。王姝瑶在回答问题时，总会有自己个性的思维方式。王也林在回答问题时落落大方，从中看出她扎实的语文学习基本功。而汪浩哲的表现更是给课堂带来了惊喜，新学期以来数他的语文学习是全班进步最大的，他已经能深入文本进行解读，并且在回答问题时充满了自信。看来，他找到了学习语文的金钥匙，希望他能坚持下去。王振雄振振有词的言论，赢得了同学们的掌声。更多同学的眼睛里闪现着从未有过的欣喜，因为他们通过自己的努力得到了老师和同学的认可。经过三个回合的比赛，各组的成绩见了分晓，还是三组遥遥领先。

今天学习《手指》这篇课文，同学们在"一课一得"的教学理念指导下得到了收获。这只是我当时一个小小的试验，竟然会使很多同学找到实现自己学习价值、给其他很多同学展示自己学习成果的机会。我想到丰子恺在写《手指》时，肯定是在生活中遇到了类似的情况才会有感而发，用五根手指的比喻来揭示"团结就是力量"的道理。我发现，我们今天的"小组连连赛"不就体现了这篇课文所揭示的主旨吗？我们真实体验了"团结就是力量"这一真理！

原野、彩虹、校园、梦想……成为留在记忆表面的斑斑点点，模糊却又可以清晰地感受到、抚摸到。飞越高山，触摸微光的温度。一瓣素净的月季，不知何时落在了窗外，浅搁一段嫣红的花事。

朱永新教授说："生活于同一间教室中的人，应该是一群有着共同梦想，遵守共同标准的志同道合者。他们彼此为对方的生命祝福，彼此珍惜生命中偶然的相遇，彼此郑重作出承诺，共同创造一间完美的教室，共同书写一段生命的传奇。"在这个教室里，我们一起拥有幸福完整的教育生活，我们彼此拥有新的力量，一种"团结就是力量"的力量！

微风轻拂，那些素若年华的落花，从何而来，又去往何处？在安康这座秀丽而又灵动的城市，我们有许许多多的如尘往事。在汉江河畔这个美丽的校园里，我们坐看云卷云舒，细水长流。时光流转，我们都在追逐，只是我们在追逐的路途中找到了自己。

啄木鸟诊所

某日批改作业时,我看见一位学生的习作字迹潦草,语言表达也离谱得令人捧腹,更让人忍俊不禁的是他在文章的结尾写道:"登上香溪洞的天梯,我和妹妹已经都汗流成河,于是就前俯后合地回家了。""前俯后合地回家?哈哈哈!"同事们听了笑得才叫前俯后合。

习作课上,我忍住笑意,说道:"同学们,我们在写作文的时候,有意识地运用成语,让语言更生动,这很好,能把长句变成成语,语句很精练,但是要是成语运用得不恰当,就会闹笑话。在上次的习作训练中,就有同学在作文中写道:'登上香溪洞的天梯,我和妹妹已经都汗流成河,于是就前俯后合地回家了。'""哈哈哈!"全班人哄堂大笑,我也忍不住笑了。同学们笑出了眼泪,有的笑得腰都直不起来,双手在桌上直拍打。

"老师,这太夸张了吧,汗流成河……"

"老师,前俯后合,那怎么下天梯呀,为什么下天梯要前俯后合呢?"

"哈哈哈!"又一阵哄堂大笑。这时我将目光投向了文章的作者,他也在跟着大家一起笑,怕别人意识到是自己写的。当我的目光与他相遇时,他低下了头,两个脸蛋通红。我才意识到,这种作文讲评方式会挫伤一个孩子的信心。

我收起了笑,严肃地说:"同学们,你们也别笑人家,其实,这位同学能想到运用成语让文章更生动,这很好。我们不是学过《小苗与大树的对话》吗？里面的季羡林先生就希望作者多读书，文理贯通，古今贯通，他成为文学界的泰斗，就是这样做的，所以才会成功。我们鼓励大家要用成语，但是要在理解的基础上，这样才会用得恰到好处。"

后来，我发现自己在课堂上的举例实在是太不应该了，无意地伤害了一个孩子的心，会挫伤孩子的写作兴趣。可是，在作文的指导讲评中，如果不分析典型的差错，学生怎么能从中获得进步？为了能让学生接受一种不伤害自尊心的作文评改方式，又从中得到启示，我得想一个好办法。

突然，我灵机一动，病句需要专家坐诊，何不开一个"啄木鸟诊所"？就这样，我们班的"啄木鸟诊所"开张了，每周的作文讲评课就是"啄木鸟诊所"专家工作日。我们在班上公开招聘了几位专家，就是在作文方面很优秀的学生，分小组进行"把脉问诊"。教室里课桌大挪移，变成一个个小小的工作室，专家为病号开方治病，谁的药方开得准，谁就会受人欢迎。专家兴致勃勃地"看病"，而作文的作者排着队乐呵呵地接受"治疗"。

"啄木鸟诊所"不断发展，有些同学前几次还是病号，后来摇身一变，变成了医生，对作文的评改很有兴致，把毛病作文当成病号，把发现问题当成诊断，把修改意见比作开药方，这种形式把枯燥无味的点评变得新鲜有趣。

我发现，这样的"啄木鸟诊所"还有利于保护学生的自尊心。当下的学生从小养尊处优，喜欢听表扬的语言，批评的话语不会很快接受。如果再时时当着全班的面抓他的毛病，也许他就会自暴自弃，可能对习作产生畏难情绪或者抵触思想。"啄木鸟诊所"这种模式利于学生接受，他们会觉得，人生病很正常，那么作文有毛病就很正常，接受治疗也很正常。

朱永新教授说"学生欢迎没有教育痕迹的交流，欢迎没有心理距离的对话，欢迎促膝谈心的气氛。"当然，"啄木鸟诊所"中的专家也会将在习作中不断进步的作者的事迹分享给大家听，让每一个人都能看到，习作中出现错误很正常。"千里之行，始于足下。"只有脚踏实地，才会取得不断的进步。

每月一事

无数人强调知识改变命运，
却常常忽视比知识技能更为根本、更为隐形、
更能决定命运的，是一种关键力量——习惯。
习惯，就像人类心灵深处的发动机，
一旦开始运转，就会在悄然间影响人生。
新教育实验把难以触摸的"内在素养"，
变成能够外显、可以培养的"习惯"，
变成具体的"每月一事"项目，
通过一个个可操作实施的课程，
养成人的第二天性，形成稳定的价值观，
塑造良好的人格，创造幸福完整的人生。

安全小卫士

教育家乌申斯基曾说过："如果教育学希望从一切方面去教育学生，那么就必须首先也从一切方面了解学生。"的确，作为教师要想所有的学生对你多一分亲近、敬爱与信任，使每位学生都能得到你平等的关注，这就需要我们的老师躬下身主动去亲近每一位孩子的心灵，用他们心灵深处的光，照亮他们的精神世界。

方健是一个顽皮、淘气的小男孩，这学期我发现他还是个热情、愿意帮助人，也很愿意为集体做贡献的孩子。只不过经常方式不对，总以拳头和大嗓门和同学相处，因此富有个性的他总会给班级惹麻烦，总会跟同学闹矛盾，于是我便开始实施转变他的方案。

开学初我便让他担任班级的安全小卫士，嘿，别说，他还真会管人，而且劳动中总能带头干。但是他和同学之间的关系还真是不太好，同学们总是告他的状，而且叫苦不迭。因此，我想还得找个好的时机让他多发挥自己的优点。

记得在科技周，我们五年级的学生去安康气象站，我特意挑选他扛国旗，他欣然接受了任务，而且在一路上，在整个活动的过程中，他的表现出奇地好，得到了带队老师的表扬。这一次活动增强了他的自信心，我觉得他像变了一个人似的。

让他尝到成功的喜悦后，我便给他加了"砝码"。这孩子的学习习惯不大好，对学习的兴趣也不大。为此我特地找他进行了一次长谈，告诉他，他能当好安全小卫士，同样也一定能提高自己的成绩。那以后，课堂上我时常把目光落在他的身上，他也时常不好意思地正正身子，或是渐渐举起手来。一段时间以后，他在课堂上精力集中了许多，发言也越来越踊跃了，作业更认真了，测试成绩也提高了。

而且，在他的带领下，班级值日生的工作也做得越来越细，得到了值周老师的表扬。方健同学真的变了，变得自信，变得更加有责任心，变得会和同学们和谐相处了。他还在学校每月一事总结大会上得到表彰。

朱永新教授说："教师有三种境界。一是作为职业，视为付出劳动交换薪酬的谋生之所，他们或许兢兢业业却难有创造。二是作为事业，视为实现个人价值的舞台，他们渴望来自他人的肯定。三是作为志业，视为人生的最大理想，他们更希望与学生一起成长。"我一直希望自己与学生一起成长，的确，自信心对于孩子的智力发展和人格培养有着很大的影响。对于方健，我大胆放手，尽量多给他锻炼的机会，让他有更多的机会去体验，去发展，以增强他的自信心。对他的成绩，我热情地鼓励，让他对自己产生极大的信心，在信心的驱使下，他认真地对待每一项工作。终于在我的鼓励下，他做事积极主动，乐于面对挑战。他相信自己的能力，肯定自己，进而发展自己，也带动了其他人。

一本"喝饱水"的语文书

月季花,被三月温柔的风,轻轻一吹,笑了。月季花,舒张美丽的花瓣,笑成一张张妩媚的脸。

至善楼下那一丛娇艳的月季,就是楚楚动人的仙子。

万朵云锦般的月季织成人间美丽的仙境。

月季,满目的嫣红,恣意地舒展,烁亮着人们的双眸,摄人心魄。

月季,刹那的妩媚,莞尔的笑靥,回荡在人们的胸间,动人心魄。

粉唇般重叠起来的丰厚花瓣,被花瓣似抿还吐地含在嘴里的柔嫩花蕊,层层叠叠的粉色幻影,将我深情的目光拽向最近的一朵,稍远的一枝,更远的一片——月季的海洋。

朱永新教授说:"教育是一种感动。"

我们培新小学3月的每月一事——让我们学会倾听。课堂上,我发现了一双求知若渴的目光,我每讲到一个问题,她总会以出色的回答震撼全班。她踏实认真的学习态度总会让她在班级的考试中名列前茅。我觉得"一丝不苟"这个词语在她身上有最好的诠释。每次,她总会创造出令人欣喜的奇迹。每一次她都将我对她的表扬,化为自己前进的动力;每一次,她总会尽其所能地帮助同学,感到那是自己最大的快乐。

语文课堂上,同学们正在津津有味地读着课文,一不小心,有水杯撞到的声音,原来是她的同桌不小心把水杯撞倒了,将她的书本打湿了,课堂秩序没有受到丝毫的影响。我看见了那是一本"喝饱"水的语文书，但是她依然捧在手心有滋有味地读着，一直就这样若无其事。有同学悄悄地递来卫生纸，让她将课本收拾好，她不动声色地处理好了。为了不影响课堂的秩序，她是那样泰然自若，我真的很感动。

下课了，我走到她面前，发现她的裤子也被水打湿了，原来比我想象的还要严重，我的心中愈加自责，感觉自己只顾上课，没有及时发现孩子的难处。多么不应该啊！我越发难受了。而她淡淡的微笑，一声声"没事，没关系"，让我看到了她那颗纯洁的、金子般的心灵。

我应当在当时将课停下，让她赶快去换衣服。我的心中很难受。多么可爱的孩子，她总是心中有他人，那么顾全大局；多么懂事的孩子，她总是能够理解老师，在老师的心中留下不可磨灭的印象；多么乖巧的孩子，为了不影响课堂的纪律，默默地忍受着冰冷的煎熬。

我的心中涌动着一阵阵的酸楚，她是一位让人一看就心生爱怜的孩子，由于父母离异，她的双眸时常会隐现淡淡的忧伤。每次家长会，她的继母来到班级参加会议，都是一副很关切的样子，让人感觉她的生活状态和心情应该不差，那位年轻漂亮的继母总会提及孩子的性格内向，不善与人交流，希望得到老师的关注。从她的言语中，我认为她应该是一位合格的母亲。

虽然生活遭到如此变故，但是她的学习成绩一直在年级出类拔萃，积极主动的学习态度，让人总会对她有特别的爱意。她有一颗宽容别人的心，在困难面前，总会让人对她的表现大吃一惊。

今天一整天，我的心中湿漉漉的，思绪万千，那小小的举动，让我感到自己作为一位老师不该那么的粗心。作为一位孩子的母亲，理应为孩子负责，关心孩子，嘘寒问暖；作为一名班主任，我更应该让这个可爱的需要关心的孩子，心中充满着无限的阳光。我多么欣赏这种淡然处世的态度，同时也感受到另一种责任在我的肩头。心中此时沉沉的，暖暖的，湿湿的。

淡淡的微笑,那是一种别样的感动,真是难以言表。

每一天,我都在教育生活中被感动。我走进一朵月季花里,轻轻地绽放成那一瓣粉红;我融汇在一片花海里,让淡淡的花香和粉红的颜色净化了美丽的心灵。

透明的"团结"

雨中,放学整队的小操场旁那淡雅秀逸的月季,依然盛开。独自欣赏着如此纯净、淡雅、清馨的花朵,自是一种最美的享受。在人与花的互相凝视中欣赏着,交流着,仿佛她就是我的亲人、我的朋友、我的知己。每次面对她,一切压力、忧郁和不快,都会荡然无存。她给人带来了祥和、安宁和温馨,她把我带入一个生机勃勃、如歌如诗般的境界,让我尽享熏风送暖的惬意。愿她在我的心谷里永不凋谢,让她的清香萦绕着我,与我相依相随。

每到雨天,我们的月季朵朵班总会整整齐齐穿上雨衣上学、放学。教室外面没有雨伞的堆积,只有干净整齐的走廊。

我可爱的孩子们,真的让我好感动。在"每月一事——让我们学会走路"班会课上,我发出了倡议:"下雨天,穿雨衣"。我给孩子们解释了为何要这样做:学校学生较多,这是为了大家的安全着想,错时错峰放学也是为了大家安全,如果全校三千名学生都打着雨伞,来回碰撞,有时很危险,穿雨衣能够有效地防止这类危险事故的发生,希望大家能遵守这个规定,这也是一个班级风貌的良好展示。

我可爱的孩子们,怎能不让我感动?周二,下雨天,我走进教室,发现教室里没有雨伞,也没有其他的雨具,难道孩子们都没有带吗?放学铃声响起，我们班照例推迟五分钟放学，孩子们在路队长陈奕铭的带领下齐刷刷地站好了队伍，一个个穿着新雨衣，在雨中，格外美丽，许多孩子买的是透明的雨衣，看着真是与众不同。

当孩子们走到校门口的时候，值周的贾正武主任和娄涛主任眼睛里都流露出赞许的目光，全校没有几个班是这样做的。只听娄主任说："你们班这样穿着真整齐，你们班就是不一样！"贾主任高兴地说："你们班的学生自觉，习惯真好，这样不但很整齐，更重要的是很安全，下次例会上我会提出倡议，让全校班级都这样做，人家六（三）班能做到，我们也一定能做到！"

孩子们在赞许的目光中离开了学校。

下午，我对孩子们说起了两位主任表扬的事，大家都很高兴，我鼓励孩子们继续坚持。

于是，每到下雨天，我班的孩子们都会自觉地穿上雨衣，用一种自觉表现着班级的风采，用一种整齐展示班级的特质。而我带着孩子们走往校门口的时候，头自然而然地会扬起来，这就是我的班级，一个让我欣慰的班级，因为孩子们将我说的话当成一种很重要的事来完成，自然会创造出最令人感动的效果。我可爱的孩子们，在一次次的小事中表现自己与众不同的精神风貌，这就是我的班级。我对他们说：今生遇见你们是最美的邂逅，我们人生中美丽的重合就是一种缘分，我们彼此珍惜这难得的缘分，彼此创造美丽的奇迹，让生命在这样的时光之中展示风采，让记忆留下永恒的印记。

朱永新教授说："我们的教育在造就少数'成功者'的同时，更造成了大批失败者，把许多纯真烂漫、各有所好的学生，变成了心灵自卑、个性萎缩的'精神侏儒'。"所以，我在教育的过程中，非常重视学生的养成教育，在培养学生的班集体荣誉感上煞费苦心，孩子们在这样的生活中总会创造出无数的感动，我的班级成为学校中与众不同的班级。只要我所做的一切是为他们着想,为了他们的发展,那么总会带来意想不到的效果。

　　可爱的孩子们,虽然这是一件小事,但是一想到你们那种团结的情谊,我们之间发生的美丽故事,就会让人无比地高兴。一想到我们之间创造的优异成绩,我就会兴奋不已,你们将是我记忆海洋中永远激荡的一朵浪花……

习作发布会轶事

　　什么花最美？我说是月季花。它不似牡丹鲜红得刺眼，较之多了分典雅；不失水仙清淡的朴实，较之多了分妖冶。它有的是粉红的亲切，粉红的浪漫，粉红的回忆。你看那枝条，没有青松的挺拔，却有青松的坚韧；不及柳枝的婀娜，却有柳枝的柔美。

　　月季花开，是朵朵竞相地开，满树都是；是争先恐后地开，百花齐放。月季花开处，一片粉红，这时你才会真正感受到什么是风光旖旎，什么是春意盎然。月季花开，引无数彩蝶竞徘徊，蜜蜂成群飞舞，若置身于月季花中，看着粉嘟嘟的月季花，闻着月季花淡淡的幽香，听着月季花的私语，感受月季花的争奇斗艳，这种赏心悦目，定会让你如痴如醉，心旌荡漾。

　　我们培新小学6月的每月一事——让我们学会说话。这次，我们要写有关"民风民俗"特点的文章，我先安排了一节口语交际课，然后是即兴写作，最后是阅读交流课——"习作发布会"。由于事先孩子们做了充分的准备，他们根据自己感兴趣的民俗和民风进行了整理。这样的"习作发布会"，就像月季花开一样，真让人喜不自胜。

　　在口语交际课上，孩子们争先恐后，选择富有地方特色的服饰、饮食、民居或新颖的民族工艺品。作为口语交流的素材，因为孩子们课外调查访问了与民风民俗相关的方方面面。整个课堂，总是回荡着孩子们激动的话语，四十分钟实在不够用，孩子们特别希望继续进行。

在即兴写作时，我提出了共性的要求和个性的要求，强化了每次习作能力的培养目标。许多孩子动用了自己最大的本领，希望能从中获取有价值的信息，希望自己在小组交流的时候，被推选到班级进行交流。由于要求在当堂完成，孩子们都加快了速度，力争在规定的时间内完成习作。

该到"习作发布会"的时间了，这是一个激动人心的时刻。为了能提高写作的质量，我先让孩子们在小组内交流，人人参与，各抒己见，一人讲，大家评，互相肯定优点，指出不足，帮助改进。接下来组织全班交流，每一个组推选一名学生讲述，其他同学评议。

第一个上场的是曾德蕴，他带来的是有关安康民风民俗的文章，题目是《安康龙舟——端午节》，他采用大量的事实展示了安康端午节的风俗习惯，很有层次，将读者带进了安康端午节这一天的盛况。他引用了安康赛龙舟的精彩片段，真实再现了当时的情景。我对他的评价是：真实、可信，语言功底很扎实，在班级中堪称一流。

接下来是王振雄介绍的汉族的民风民俗特点，他落落大方地走上讲台，宛如一位百家讲坛的教授娓娓道来，语言简洁凝练，深深地吸引了大家。我的眼前仿佛出现了中央电视台科教频道《百家讲坛》节目中清华大学的学子聆听教授讲座的情景。真的很了不起，不过让人感到遗憾的是，他对汉族民风民俗的特点讲述得不太突出，当时我就给他提出了修改意见。

王姝瑶讲的是有关苗族银饰的特点，题目是《苗族银饰——永恒之美》。她的语言表达能力很强，语言极富感染力，讲话层次很清楚，有条理，似乎不是他们这个年龄孩子的谈吐。她一边讲，一边还有手势，有时像一位讲解员，有时像一位演讲家。我满心欢喜，多么可爱的孩子，她的语文能力提高这么快，真的很了不起。不用说，赞声一片。

时间飞逝，眼看着还有十分钟就要下课了，王也林被小组推选上来了。她讲的是《草原骄子——蒙古人》，她一改其他几位同学的讲述方式，而是主要对蒙古人的热情好客和风俗习惯进行讲解，让我们对蒙古人的特点有了一定的了解。她也是我们班非常优秀的孩子，踏实认真、一丝不苟的学习态度，在班级中总是得到很多同学艳羡的目光。是啊，如果每一位同学都能有她这样的学习态度，怎能不进步？怎能不飞跃？

一节课，四十分钟很快就这样过去了，很多同学都想展示自己的习作，我觉得若真正想让每一位同学都有所收获，就需要每一位同学都上台展示自己的习作。"文章不厌百回改。"在不经意间，我们进行了作文讲评课，既锻炼了学生的语言表达能力，又渗透了修改的方法。可谓是一举多得！

编一本民俗作文集，把学生反复精心修改打磨的作文装订成册，这是多么有意义的事情啊！当我有这样新的想法时，王振雄的又一篇《蒙古族·天山之子》拿到了我的面前。这个孩子上进心很强，他找到了写作的奥秘，我们一起享受到了写作的乐趣！

朱永新教授说："'写'只是形式，以'写'带动的是阅读，是思考，是实践。阅读滋养底气，思考带来灵气，实践造就名气。人是需要被带动、被激励的。"

VIP 小组之隔空对话

不知为什么，每到这个季节，脑海总有或多或少的思绪，幽幽曼舞，仿佛要穿透这色彩斑斓的时光，回味那久远而又幽幽的花香，与这灿烂隔空对话般。

如同我们培新小学创造性地推进每月一事，让人觉得十分美好。9月的每月一事——我们学会合作。自实行"八人团"小组加分激励学生兴趣的方法以来，学习小组内同学间的合作更加密切，课堂上学生们回答问题的积极性不断高涨。特别是成语接龙大赛，有时当某学生在黑板上的板书出了差错，下面就会有好几位同学作百米冲刺状。当板书出错的学生一离开黑板，好多同学一跃而起想冲上讲台去争夺改正错误的机会。但是，由于守纪律得分更高，所以他们只能排队等候，按兵不动，当然，最后只能有一位学生捷足先登抢到这一分，没抢到的只得悻悻而回。此情景常常惹得师生哑然失笑。

昨天一到教室，偶然发现，原来的"A1"小组的字母代号换成了红色的"VIP"三个字母。

欣喜之余我踱到A1小组前问这几位学生："你们晋升为'VIP 小组'了？"几位学生抬起头，秀眉亮目内写满灿烂。

"老师一般都会给你们'VIP 小组'什么优惠啊？"

也许学生们晓得VIP被译为"重要人物""要员""非常重要的人",而VIP会员是指地位或权力等方面高于一般成员的人物。换言之,VIP或VIP会员地位高于一般成员,是一般成员中的尊贵人物。"至于这'VIP小组',老师会给你们什么优惠?"我追问道。

见问,明眸皓齿间无不满溢着自豪与骄傲:"我们组得分最多,老师奖励我们的。"

"也没啥优惠,代表我们班的一种合作精神。"

"也有优惠……就是有些作业可以免做。"

"只要我们合作完成一件事,就有无批评日。"

每个人兴奋之情溢于言表!

学生们又是何等天真!

以前,我一直以为这样给学生加分鼓励只不过是一种方式,那些分没有什么含金量,分数的多寡实在没有太大的意义。其实,学生要变着花样给予鼓励。

现在看来,我这一招是对的。

同学之间喜欢竞争,更兼血气方刚、求胜心切,哪怕是教师一句不经意的口头表扬,对他们来讲也是弥足珍贵的,他们也会从中体会到自己努力后被赏识与肯定的欣喜。若能将这种赏识与肯定逐步跟进并假以时日巩固,学生会更加自信,且努力加倍,并形成良性循环。这也许就是赏识教育的真谛吧。

有些教师心里常想着赏识教育,甚至也能将第斯多惠的名言——"教学艺术的本质不在于传授本领,而在于唤醒、激励和鼓舞"随口背下来,然而在实际工作中,有时连一眼肯定的目光、满意的颔首、欣慰的微笑都吝啬地不愿布施给学生;更有甚者,有时还将自己生活中的不良情绪带进课堂,传染给学生。

下课后,我即刻将我原先写的一首小诗翻出来,于下节课中赠给学生,我对他们说道："同学们不畏严寒,刻苦学习,勇创佳绩的精神,我看在眼里,喜在心头,特将一首小诗送给大家以示勉励,下课后打在大屏幕上。"

我朗声读道:

《赋壮词赠月季朵朵红班》

冉冉红旗舞东风,熠熠星月映苍穹。

笔走龙蛇绘蓝图,扬帆书海弄潮峰。

十年乐读以破壁,千秋伟业照汗青。

蟾宫折桂明日事,鲲鹏展翅击长空。

读罢,即刻获得掌声一片,笑声一片。

"VIP小组"其实就是一种赏识,一种激励,一种精神,更是一份责任,一份良苦用心!

朱永新教授说："每个人都有自己不想被别人知道的世界,有自己需要保守的秘密。这个空间不应该轻易被别人占领。许多孩子其实没有什么秘密,他就是需要保持自己的这样一方神秘世界而已。最好的办法是成为孩子的朋友,作为朋友,他会向你敞开他的世界。"生活如花朵,花经四季,有过百花齐放与凋零。恰似人生,也有高峰与低谷。当与这灿烂对话时,一朵花代表一个人,一束花代表一个家庭,一片花代表一个单位。我们何尝不能从中体会出花的品质,如出淤泥而不染的荷花,如傲雪风霜的蜡梅,以及其他如期开放的百花。

一朵花开了,不论是长在必经的路旁,还是在丛林的深处,一样的是那花儿盛开的瞬间,是那绽放出的绚丽多彩,和那一种难以忘却久久徘徊在脑际的味道。

每月一事

不播"新闻十分钟"了

月季，你就是我的春天。面对你彩色的舞蹈，你不谙世事绽开的心房，我心悦诚服地宁静。

在你一层层折叠里，雕刻永远。岁月的影子，被光耀暗藏。你以展露，肆意弯曲。你以愿望，覆盖争斗。

你以献出，命名了春天，也命名了我。

"老师，向往他不播'新闻十分钟'了。"做完早操刚踏进教室，就看见教室里乱糟糟一片，有学生抢到面前汇报。这是班级播报时间，我班学生每天轮流播报新闻，大家都该坐在座位上安静地听呀。对，今天轮到向往播报。为推进"每月一事——让我们做一回演讲者"，我在班级中开展"新闻播报"环节，让每一个孩子都有上台展示的机会，不知不觉，许多孩子有了进步。

"怎么回事？这么吵！向往！"我心里一阵愤怒，不由大声喊道。同时，我看到站在讲台上的他耷拉着脑袋，一副很不高兴、很委屈的样子，手里抓着揪破了的报纸，没有回答。奇怪，这个大嘴巴今天怎么一声不吭？平时可是出了名的一口三舌，没事都要找出话讲的。

"向往，怎么了，新闻播报完了？"我疑惑地问。

沉默，还是沉默。今天可真是太阳从西边出来了。

139

"老师,向往自己把报纸撕了。"旁边有同学忍不住了。

"自己把报纸撕了?为什么?"我感到奇怪。他可是一个好表现的孩子,轮到自己播报新闻还不抓住机会好好展示一下,怎么会把报纸撕了呢?

"因为大家太吵,没人听他播报。"一位同学替他作了简要的解释。

原来如此,我长长地吁了口气。他作了精心准备,却没人听他说,他愤怒之极,把报纸撕了。哈哈,我心里闪过一丝幸灾乐祸。要知道,这位向往同学可是年级大名鼎鼎的大嘴巴,着实让我头疼。无论何时,无论何地,无论哪位老师上课,无论何种严肃的场合,他都是随心所欲,想说就说,想唱就唱,从来不征得别人的同意,从来不把别人放在眼里,让老师、同学痛恨之至。我找他谈过无数次,教育过无数次,与家长沟通、交流过很多次,可至今没有一点效果。随着年龄增长,他愈加我行我素,张扬其所谓的个性。今天,他终于体会到别人不听的滋味,感受到不被别人尊重的屈辱。真好!

转念一想,也许,今天是个好时机,一个让他学会尊重别人、懂得倾听的好时机。对,马上行动。我立即走上讲台,轻轻对他说:"回座位吧。"他低着头慢慢走回座位,趴在了桌子上。教室里安静了下来。一、二、三、四、五,我故意沉默了几秒钟。大家都屏住呼吸看着我,我知道他们此时正忐忑不安,等着我大发雷霆。

终于,我平静地说:"向往同学,今天,你终于体会到了老师的感受。"我看见他的头抬了起来,眼里有些不解。

"什么感受呢?"我顿了一下,接着说,"老师在认真、投入地讲课,你在下面随口冒出一些不着边际的话;老师在辛苦地讲课,你在下面逗引周围同学,谈天说地。向往呀,今天,你终于体会到老师的感受了,能理解老师的心情了,这是真正的换位体验呀,理解万岁!"教室里鸦雀无声。向往抬起的头又低了下去,没吭一声。要是以前,他早已说上好几句了。

"同学们,我们每一个人都要学会倾听,学会尊重每一个人,这样,才能得到别人的尊重。"我继续说道。

　　下课了，我回到办公室，回想着刚才的一幕，希望这次即兴体验教育能起到作用。我耐心等待着。一天，两天，一个星期过去了，快两个星期了，向往同学还真是有了很大的变化，不随便喊叫了，不随便讲话了。偶尔又想说时，我意味深长地看他一眼，他马上闭紧嘴巴了。本以为他已经无药可救了，没想到这次新闻播报事件却改变了他，真是山重水复疑无路，柳暗花明又一村。无数次的苍白无力的说教不如一次真实的体验让人刻骨铭心，无数次的苍白无力的说教不如一次真实的体验感受能触动心灵。真切体验，真切感受，这才是教育的真谛！

　　朱永新教授说："如果我们的教育真正播下了善良的种子，如果我们的教育真正坚守了自己的理想，不仅我们的教育会是另外一番境况，我们的社会，自然也会是另外一种景象。"

魔法演说
——月季朵朵红班"每月一事"行动叙事

2014年9月，我接任一个新班级，取名"月季朵朵红班"。因为我校的校花是月季花，所以在我看来每个孩子都是一朵月季，一朵不一样的月季。

月季花花期不长，却月月开放，我的月季朵朵红，在推行每月一事时，就像月季花开一样，每个月都会开出属于自己的绚烂，每个月都会收到令人意外的惊喜。

正如孩子们的班诗中写道："我很高兴，我就是那一朵月季，月月开放，月月红。没有人像我这样说话，没有人像我这样叙述，没有人像我这样演讲。我的魔法演说，很特别。我很高兴，我就是月季，一朵不一样的月季。"

我们培新小学根据学校实际推进每月一事，11月的每月一事——"让我们做一回演讲者"，每个班级各有亮点。而我们月季朵朵红班是通过"魔法演说"这个活动，实现对学生卓越口才的培养。我们的具体方式如下：

魔法情景演说，让生命拔节成长

为学生创设熟悉的生活情景，让学生敢于演说，大胆地表达自己的见解，让生命拔节成长。

11月初，是我们班推进"每月一事"的第一个周。我们以"交际礼仪、超级访问、培新小主播"的活动形式，为学生创设熟悉的生活情景，让学生敢于演说，大胆地表达自己的见解。我们班魔法情景演说课程也因此产生了第一枚月季勋章。

活动的第一步，我首先为孩子们创设熟悉的生活情景，让他们在不经意间学会交际礼仪，进行演讲口才的训练。

我们班的彭凯乐同学，由于爸爸长期在外工作，他将满腔思念写在纸上，一口气给爸爸写了七封信，最令人震惊的是他还用爸爸的口吻给自己写了七封回信。

我抓住这一契机，教学生学会采访。我让学生两两组合，轮流扮演彭凯乐的爸爸，练习打电话。其中，有一段回信是王静文同学朗读的：儿子，那天，爸爸看见你写的信，你说你想变成刚出生的样子，这样爸爸就会常常待在你的身边。要么，施点魔法，变得更小，装在爸爸的口袋里，这样你就会一直和爸爸在一起；要么，就生一场大病，爸爸知道就会赶紧回家。儿子，你是家中唯一的男子汉，好好帮助妈妈管好家，不要思念爸爸，爸爸一定会早点回家。

多么感人的话语，每每读到这里，全班同学几度哽咽。

活动的第二步是"超级访问"。为了帮助彭凯乐，孩子们纷纷给彭爸爸写信、打电话，彭爸爸也在大家的期盼中回到了安康，来到了学校参加亲子共读活动。

活动的第三步是"培新小主播"。周一是"新闻发布会"日，我组织学生根据刚刚发生的"彭凯乐七封信事件"进行播报。在播报的同时，让学生学会如何用凝练的语言清晰地进行表达。经过训练，学生的表达能力逐步提高了。

我们班的王静文同学，性格胆小内向。经过这一阶段的训练之后，她敢于上台进行演讲，饱满的激情、自信的笑容，得到了同学们的一致认可。

于是，她获得了11月的第一枚月季勋章。

魔法即兴演说，让生命绽放美丽

根据每一个学生的特点，我成立了一个个"魔法营地"，为每一个学生创造锻炼的机会，让生命绽放美丽。

11月的第二个周，我们通过"论语论坛——一分钟演讲——挑战主持人"的形式，让每一个孩子都能有表现的机会，不断成长。

周二是"论语论坛"日。因为我校每个周二有午读课，孩子们刚刚读过共读书目，对书中人物、故事、情景记忆犹新。我就趁热打铁，让孩子们对自己最感兴趣的话题进行演说，他们随想随说，有感而发，精彩纷呈。

周三是"一分钟演讲"日。我采取三人一组的策略，以小组为单位上台演讲。学生在一次次的演讲中逐渐成长起来。

"挑战主持人"是一个实现梦想的舞台。周四是"挑战主持人"日，利用阅读交流会这一平台，来选拔主持人。孩子们根据自己的特长，制定自己的特色演讲主题。经过精心准备与一次次苦练，一个个优秀的小主持人脱颖而出。

我们对说话不流利的琪瑞同学进行一对一帮扶，经过磨炼，他有了很大的变化。他借助"魔法演说"的翅膀，为汉滨区石梯镇九条沟小学的留守儿童圆梦，他和安康电视台知名主持人一起主持大型公益活动"有爱的冬天不会冷"，他大声疾呼社会要关注留守儿童。在他的感召下，一些爱心人士纷纷来到这里，为该校11名留守儿童捐赠物品，并坚持长期资助，将爱传播到整个社会。

经过这一阶段的训练，他获得了11月的第二枚月季勋章。

魔法星级演说，让生命超越平凡

我们用星级超越的方式促使学生提升演说能力，让学生在任何场合，都愿说、乐说，自信表达，让生命超越平凡。

通过前一阶段活动的开展，孩子们的演说能力不断提高。接下来我们通过"少年成长说——好奇大调查——辩法三人组"的训练方式，让孩子们最终成为小小演说家。

"少年成长说"是我班的"励志剧情秀"，一直受到同学们的热力追捧。周五，我班的"美德少年"会在"少年成长说"这个舞台上，介绍自己鲜为人知的故事，大家在享受精彩故事的同时，有了收获，受到了启迪。

"好奇大调查"是一个需要学生家长参与的活动。我们邀请学生家长到校参加活动，孩子们向父母们提出各种各样的问题，在父母与孩子们的交流互动中，孩子们的演讲能力又得到了提高。

"辩法三人组"由班级中的演讲高手自由组合而成，他们分工明确，"辩"字当先，为同学们介绍演讲的方法与技巧。同学们在活动中共同成长，共同提高。

我班的景杰同学，语言表达有障碍。经过这一阶段的训练，他带头和同学走上街头发表演讲，为身患白血病的胡志强同学做慈善募捐。孩子们用最质朴的话语打动人心，在短短的一周时间内成功募得善款 4.1 万元。

于是，他当之无愧地获得了 11 月的第三枚月季勋章。

魔法魅力演说，让生命迸射异彩

我们通过"魔法魅力演说"来选拔人才，让学生变得有勇气、有自信，能站起来、说出去，让每一孩子都善说，让生命迸射异彩。

11 月的最后一个周，是孩子最期盼的时刻，因为我们将通过"魔法魅力演说"产生最佳演讲家。

魅力演说是通过淘汰、自主选择的方法，选拔演讲家。在一次次的演讲比赛活动中，我班每一个学生演讲水平都有所提高。

尤其是张轩铭同学，走到哪里，练到哪里。或是寻找话题展开讲述，或是背诵名人的演讲稿。在"我是培新小导游"全校联赛的演讲比赛中，他荣获全校第一名。

经过这一阶段的训练，他获得了11月份的最后一枚月季勋章。

而其他的孩子，也在省、市、区各级比赛中取得优异的成绩。在各种活动中，我班学生自信大方，阳光向上，总会大放异彩。

我的班级在推进"让我们做一回演讲者"的同时，与其他"每月一事"相辅相成，互相联系，互相促进，形成合力，促进了学生的全面发展。

月季朵朵红班的孩子，就是一朵朵盛开的月季。每一个孩子都从魔法演说走向卓越，迸射出异样的生命光彩。

理想课堂

"新教育实验"提出理想课堂的三重境界：

落实有效教学框架；发掘知识的伟大魅力；

实现知识、生活和生命的深刻共鸣。

理想课堂的打造，是一个纲举目张的过程。

它解决了素质教育与应试教育的冲突，

解决了教师发展与学生发展的冲突，

解决了个体发展与群体发展的冲突，

解决了个性发展与全面发展的冲突，

也解决了优秀教师的困境，

解决了教师专业化水平制约学校发展的现实困境。

真正理想的课堂，应该是科学性和艺术性的完美统一，

充满人文情怀，闪耀智慧光芒，洋溢成长气息。

晚霞中的红蜻蜓

月季花欲燃四月，却怎奈花季将逝！烂漫的月季忍泪卸下了粉红色的容妆，犹带些许慵懒，梳理着落地的花瓣，多情地绽放那已落的笑靥。仿佛一位女子流连在中国的水墨画中，舞动水袖，浅吟低唱。

晚霞中的瀛湖风景区，浮光跃金，鸥鹭翻飞，天水一色，美不胜收。我清楚地记得这个日子——2016年4月13日，我和孩子们在兴高采烈地开展校外实践活动，我们正在童话屋里表演节目，突然一只红蜻蜓闯进我的视野，它跌跌撞撞地飞行着。同学们欢呼起来，我示意大家少安勿躁，让红蜻蜓在这里自然离开。那只红蜻蜓红艳艳的，它透明的翅膀不停地扇动着，头顶撞着明晃晃的玻璃，似乎有冲破障碍的气势。红蜻蜓拼命地撞着透明的玻璃，从下端逐渐往上移，又从左边撞到右边，隐隐约约听到"扑哧扑哧"的声音。我目不转睛地望着它，默默地唠叨着，红蜻蜓呀，那是一块透明的玻璃，凭你柔弱的身体怎么能从此冲出室内。红蜻蜓移到了玻璃边缘，只要再往下一点，便会"柳暗花明又一村"，瞬间红蜻蜓改变了方向，来了一个一百八十度的大转弯，竟然又往上移，走向枷锁的深渊。我们都叹了一口气，恨不得抓住它，把它送往通向光明的窗口，远离那块看似"柳暗花明"却又永远无法超越的玻璃。

红蜻蜓累了，躺在那银色的窗棂上休息，看上去很疲劳，似乎还喘着粗气，有力的翅膀也失去刚才的拼搏与柔美，耷拉在那根紧束红蜻蜓视线的窗棂上,同学们伤感地问老师:"那只红蜻蜓好像死了?""没有,它在积蓄力量,还会拼搏!"突然,它开始起飞,翩翩起舞,如仙女一般,虽然它的姿势更加优美,但它还是头顶撞着玻璃,在玻璃上左右移动,在玻璃上留下弯弯曲曲的足迹,在那块透明的玻璃上消磨着时光、激情、青春、岁月。

开始看到那只扑腾的红蜻蜓,心里还充满了快乐,后来越看越充满了悲凉。渴望柳暗花明,却被透明的玻璃阻隔,执着地追求,所以只是拼命地扇动着翅膀,顶撞着透明的枷锁。放学了,那只扑腾的红蜻蜓依然在上演一场执着的悲哀,我默默地望着那只红蜻蜓自言自语:"方向比执着更重要!"

我走在回家的路上,那只红蜻蜓的影子还在我的脑海中扑腾,我为红蜻蜓的执着而感动,也为红蜻蜓的莽撞而痛心,只要红蜻蜓退后一步,看清方向,加上执着的追求,怎么会"山重水复疑无路"?

由此我联想到新课程改革,我一直在尝试"4+1"模式(即自主初学,课前汇报,合作探究,拓展延伸加多元评价)。这些环节中的课前汇报,汇报什么,汇报的话题是老师引领,还是自己发现,课堂中的合作探究如何开展,拓展延伸到什么程度等等问题,如同那块透明的玻璃阻碍我的前进,我也像那只红蜻蜓般只拥有执着与拼搏,却没有思考方向!

朱永新教授说:"教育要追求高品质,其中包括理想的考试成绩,但教育的成果绝不仅仅是分数。教学生如何做人是教育的最高目标,分数只是对好教育额外的奖赏。"

光拥有执着,没有正确的方向,就会像那只扑腾的红蜻蜓一样,永远只能隔着玻璃看世界。方向比执着更重要,在执着之余,多读点理论实践方面的书籍,寻求方向,才会"柳暗花明"!

第二天，窗前一株月季，在风雨之前还娉婷绽放着，谁知昨夜一行雨，将烂漫的月季吹散一地，那水粉色花瓣欲化春泥欲化烟，在熏风中蹁跹，就像无数只粉蝶在苍穹下翩然起舞。隔窗望着散落一地的花瓣不禁唏嘘，突然又发现，一只红蜻蜓在窗棂上，翅膀一翕一动。

雅鲁藏布大峡谷

春天来了，一切都欣欣然，明艳艳，处处都流动着春天的美丽，透射着蓬勃的生机，闪动着生命的灵气。树叶绿了，嫩嫩的，柔柔的，碧碧的，亮光闪闪，一片连着一片，一层压着一层，遮天蔽日。真是抬头不见蓝，满眼尽绿色！

三月的安康，桃花开了，杏花开了，迎春花开了，油菜花开了……粉的粉，嫩的嫩，金的金，灿的灿，娇娇艳艳满树冠，拖着一身的丽装，散发着浓郁的香气，充分展示着春天的魅力，吸引着众人目光。此时，令我心动的并不是那娇艳的桃花，美丽的迎春花，高雅雪白的梨花，而是那普通得不能再普通、平凡得不能再平凡、浑身散发着质朴气息让人心情愉悦的月季花。

今天，我们学习一篇自读课文《雅鲁藏布大峡谷》，孩子们就像是进行一次长途旅行，和我一起走进这个壮丽的世界奇观。美丽的图画，优美的文字，有时像在观看一部优美的风景片，有时像是坐着飞机在空中饱览美丽的雅鲁藏布大峡谷，有时又像置身于绮丽的景色中，沉醉其间，流连忘返。

孩子们的朗读一遍比一遍好："雅鲁藏布江河床的平均海拔在3000米以上，是世界上最高的大河。它的下游围绕喜马拉雅山东端的最高峰，形成一个奇特的马蹄形大拐弯，在青藏高原上切割出一条长504千米的巨大峡谷。峡谷平均深度2268米，最深处达6009米，是不容置疑的世界第一大峡谷。"可爱的陈裕琪绘声绘色地朗读着，她特意将"3000米以上""2268米""6009米"重读，而且富有韵味，声音悦耳动听，让人一下子就能感受到雅鲁藏布江大峡谷那种气势磅礴的景象。同学们听得入神，经过一组同学的比赛，大家一致认为陈裕琪朗读得最好。我及时鼓励了她，大家更起劲了，越读越好，学会处理文字之中包含的情感，文字不再是文字，而是一组组活灵活现的画面。

最有趣的是文中出现了几个"最"字，比如"美国的科罗拉多大峡谷和秘鲁的科尔卡大峡谷，曾被列为世界之最，但它们都不能与雅鲁藏布大峡谷一争高下"和"雅鲁藏布大峡谷的发现，是作用21世纪人类最重要的地理事件之一"，我试着让孩子们将"最"换为"非常"，一、二组读原句，三、四组读改写为"非常"的句子。经过试读，孩子们不难发现，用"最"字说明雅鲁藏布大峡谷就是世界第一的大峡谷，而"非常"表现的只是雅鲁藏布大峡谷很不错，它的地位没有达到世界第一的感觉。在这节课上，全班表现最好的是李旺鲜，发言积极，表现突出，于是我举了一个例子："今天我们的语文课堂上，李旺鲜表现得最好。""今天我们的语文课堂上，李旺鲜表现得非常好。"孩子们经过比较，说："最好，说明她是全班表现最好的，也就是全班第一的意思。而非常好，就是她表现得好，是那些表现好同学中的一个。当然，我们都希望自己是全班最好的！"

我赶紧说："那么，今天我们就开始进行评比，看看谁是今天这个课堂上表现最好的孩子，他是四三班之最！"

一个"最"字，惊起一场波澜。很多孩子眼睛里流露出渴望的眼神，都想争得全班第一，比坐姿、比朗读、比发言、比专心、比作业，各项都产生全班之最。一时间，大家都铆足了劲，想用自己的出色表现赢得班级之最，因为他们认为，这个"最"字，有点像世界之最中的雅鲁藏布大峡谷，开始是深藏不露的，一经发现，就会一举赢得世界第一。

一个"最"字,在全班孩子的心中掀起一场波澜,他们都奔着这个"最"字,在比赛,在拼搏,在奋斗,此时此刻,我发现这个"最"字,已经刻在孩子们的心中了!

　　朱永新教授说:"人的一生围绕着童年展开,孩子在童年阶段看到的事物、积累的经验是他进入成人世界最重要的基石。童年阶段看到真善美的东西越多,孩子的心灵就充满了真善美,他的世界也就充满了真善美。而童年时的阅读,是让儿童走进真善美的最好的路径。"

　　凝望窗外,那一串串斜挂在树枝上的月季花啊!你是那样的朴实,你是那样的扣人心弦,你让我激动,你让我欣喜,你让我不知所措。你那淡淡的紫色,如梦如幻,引起了我无限的遐想,你那幽幽的清香,淡雅的甜味,勾起了我甜蜜的回忆,你那一个个高举着的小喇叭吹奏出阵阵欢喜。我不能忘,也不会忘记那一个个永驻脑海中的美丽记忆。

新教育实验报告

晨诵"好声音"

　　大红色圆形的花朵，叶面光滑，花瓣都极力向花蕊聚拢，酷似一盏盏红色的灯笼，在风中飘舞。月季花一根杆茎上能开出三四朵，甚至五六朵花来，有的含苞待放，有的正值盛开，有的则已谢幕，片片粉红色的花瓣散落各处。

　　月季花就是这样，朴实无华，默默地、执着地盛开着……

　　每天清晨，我们月季朵朵红班的教室里总会传来朗朗的读书声，走进教室，会被那朗读时入情入境的声音所感动。在美丽的清晨，我们用美妙的声音来开启黎明，开始美好的一天，与黎明共舞。

　　"好声音"选拔赛应运而生。这次比赛中，我有意无意地渗透阅读的方法，让更多同学有施展自己才华的机会，很多同学都希望自己能够成为班级的佼佼者。

　　周二的晨诵课上，很多同学跃跃欲试，我采用个人读、集体读、小组读、三人读、接读等很多方式，发现了一批人才。事先我没有提醒同学们，但同学们已经做好了准备，调整好了呼吸，满心喜悦地迎接这一美妙时刻的到来。因为上周刚刚结束了春季田径运动会，所以这次晨诵的主题是"运动"。我饱含着激情朗读："胜利的橄榄枝，黎明前黑暗的苍穹，繁星点点，普罗米修斯将体育的圣火点燃。"

　　"随着一道霞光，运动的火焰升腾在奥林匹亚山。"一个清亮透彻的声音向我们传来，她的声音优美，就像是一股清澈的山泉，滋润了行人干渴的心田。她是谁呢？她就是大家都公认的好声音——王姝瑶。

紧接着，一个激情四射的声音传来。他很有感染力，他的声音能让人热血沸腾，让人心潮澎湃："今天的健儿们，英姿勃发，志存高远，精神饱满地将目光凝聚在终点线，努力吧！拼搏吧！奋斗吧！"全班同学似乎都在为他的声音而呐喊："努力吧！拼搏吧！奋斗吧！"即便他坐下了，他的声音还是那样深入人心，回荡在我们的耳际。他就是刚刚被评选为汉滨区优秀少先队员的王振雄。

王清钧在课间十分钟时常因为调皮成为班里一个不和谐的"音符"，在朗读上却独具天赋，声音洪亮，朗读水平一次次地提高，现在朗读课文成为他的强项。他越来越会用嗓，感情和语气拿捏得比较准，适当的态势、动人的表情、铿锵有力的声音，震撼人心。渐渐地，听他朗诵竟然成为一种美的享受。

学习上一直刻苦努力的浩哲，在诵读上也是一样刻苦努力，即使有时会读错字，但还是一遍一遍不厌其烦地朗读，会一直读到自己满意为止。与众不同的音色，也让他成为班级诵读的一颗耀眼新星。他在学习上肯吃苦，肯用功，作为老师的我都会被他的刻苦自励所感动。今天，我赠送他一句话："天道酬勤，总有一天，你会得到丰厚的回报。"

还有一丝不苟的王也林、聪明机灵的陈芮旎、稳重踏实的曾德蕴、异军突起的周欢、能说会道的胡天宇，他们的声音都在诵读中给我留下深刻的印象。这些孩子的可爱形象、独具个性特点的声音一直印在我的心板上，我会永远记住他们的声音，因为他们是我们班的好声音，永远的好声音！

朱永新教授说："教室是空间，是舞台。日子是时间，是生命。应该关注在教室里度过的每个日子。一个教师做好几件事情容易，认真对待几个重要的日子容易，但是要认真对待每一个日子并不容易。要让每一个日子都成为值得铭记的时光。"我们月季朵朵红班的孩子们，在新教育生活中，每一天都成为值得铭记的时光。眼前的孩子们，正如那一朵朵盛开的月季花。我的思绪不禁飘上天空，穿过了时间的海洋，假如我们能像月季这样执着地坚持，今天又当如何？伟大的哲学家朗费罗说过："坚持是成功的一大要素，只要我们敲得够久，敲得够响，迟早会打开成功的大门。"月季花的成功在于它的执着，选定目标走自己的路，始终如一。

　　不知不觉太阳已有半个身子藏到山的那一边，立起身来，闭起眼睛闻着那淡淡的月季花香，猛然再次睁开眼睛，看，月季花还是那样——默默地、执着地盛开着。

班级书简

这一学期开始，为了培养孩子们课外积累的能力，我让孩子们自己搜集成语故事，进行"班级书简"之成语故事大讲堂。

具体的工作安排让李旺鲜负责，由她安排一两个同学进行讲授。第一周余周子墨讲了《亡羊补牢》的故事，她用事先准备的幻灯片讲解，图文并茂，吸引了同学们的目光。接下来张轩铭、李佳骏、李沁语依次开讲。

今天上午，杨宜睿同学兴冲冲地跑来告诉我，她的成语讲坛已经准备好了，问我什么时候讲才好。看着她的兴奋劲儿，原来安排的是下午讲解，我突然决定让她上午讲，并且让她利用课间将准备工作做好。

上课铃声响起，杨宜睿打开了视频，是《鱼目混珠》的故事，孩子们津津有味地听讲。两分钟的视频结束后，她打开了PPT，落落大方地将自己准备的内容进行一番详细的解读，是《狐假虎威》的成语故事，她拿着小话筒，一边翻页一边讲解，动作十分熟练。

最值得一提的是，我看见她在最后的拓展延伸中，积累的词语都与动物有关，为了能够让同学们快速记忆，她还是动足了脑筋，真是一个有心人。这些词语的选择都有她自己的精心设计：

  胆小如鼠 对牛弹琴

  虎视眈眈 如狼似虎

  守株待兔 打草惊蛇

画蛇添足　人仰马翻
顺手牵羊　杀鸡儆猴
狗急跳墙　叶公好龙
力大如牛　生龙活虎
汗马功劳　鸡飞蛋打
鼠目寸光　人怕出名猪怕壮

她的讲解有主题，有条有理，从一个词语到多个词语，从图片到视频，整个讲坛的安排有自己设计的个人特点。我不由得惊叹道：这个女孩太了不起了！

语文课堂上，学习语文园地二的"日积月累"时，我们学习有关诚信的名言，并佐之以各种故事，例如安康出现的"周老虎"事件。陕西林业厅公布了陕西猎人周正龙用数码相机和胶片相机拍摄的华南虎照片，照片真实性受到来自网友、虎专家、法律界人士、中科院专家等方面质疑，并引发全国乃至全世界的关注。

张轩铭立即告诉我，这就是一种鱼目混珠的现象，用一句话说那就是，周正龙用假老虎鱼目混珠，骗得林业部门的信任，让很多人信以为真。我对他巧妙的用词大加赞赏。

看来，孩子们很快地活学活用了，真是让人喜欢的一群孩子啊！一个小小的百家讲坛，杨宜睿办得有声有色。杨宜睿说，她花费了一个小时将自己的设计做得这么出色，其他同学都刮目相看了。

朱永新教授说："读书者应有的品质，概括而言四个字——静、思、觅、恒。'静'是前提，是指抵御外在喧嚣、抛却过度物欲，以古典平静之心阅读；'思'是'思接千载，视通万里'，进而时时闪现思维的火花；'觅'指书的种类、内容，更强调积微有效地利用时间；无'恒'则任何计划、方法都是镜花水月。"看来百家讲坛这个活动要一直坚持下去，因为孩子们已经在这个活动中得到发展，自己的精心设计得到了精彩回报。

校园门厅旁边的那一簇簇月季花啊！那么的坚强，哪怕只有一丝阳光，也能照亮它的世界，它是那么努力地生长着，为人间添一抹生机！我发现这样的美好，这样坚强的力量。是的，月季花，拥有一种让人着迷的魔力！

脚印

　　三月春暖，草香轻袭，花开嫣然。冬日里冻僵的身体也轻轻舒展，脱去厚厚的冬衣，急急地着一袭薄衣裙，在阳光下轻盈起舞，向着花开的地方奔去，张开双臂去拥抱这春之笑脸。

　　春光无限好。迷恋在花红草绿中，流连于光与景、声与色的天地间，让人无思想无来由地笑着、遐想着，一切烦恼随落英飘去。清晨，作为班主任的我，习惯提前几分钟来到教室，转了几圈后，带着满意正要掩门准备组织上晨诵课。突然，白色的墙壁上一个淡淡的浅黑色的脚印映入我的眼帘。不仔细看，很难发现，但此时的"它"在我的眼中是那样的醒目和刺眼，想到平常不知强调了多少遍的班纪班规，不由赫然而怒。

　　这时，我完全可以让胸中的怒火一泄而出，让同学们把那个犯了错误的学生揪出来，对他进行一番"狂轰滥炸"。然而，怎样处理这件事才能取得更好的教育效果呢，思绪在心中千回百转。我走到教室后门水池边，用冷水洗了一把脸，尽量让心情平静下来。冷静过后，我强作笑颜说："同学们，你们有没有发现今天我们的教室和平时不一样？"同学们一听马上东张西望起来，试图发现教室里的异状，几十双眼睛把教室的角角落落细心搜寻了一番后，纷纷摇了摇头，并不约而同地用大拇指向我打出"好"的满意手势。看到这种情况，我决定暗示一下他们。于是，我看似无意地走到门前，用手扶住门，说道："同学们再仔细看看。"

在我的动作启示下，终于有一个学生发现了那个脚印，只见他憋红了脸，小手举得高高的，为自己的发现兴奋不已。当我刚一点头，他就"刷"地站起来，激动地说："墙上……墙上……墙上有个脚印。"这一下教室里炸开了锅。"是的，一个脚印。""是谁踹的？"……看着群情激愤的学生，看着他们的表情，就是没有一个人想在大庭广众面前承认自己就是踹墙的当事人。

于是，我临时调整晨诵课的教学内容，学习诗歌《我们的错误》。

学习击鼓总有漏拍的时候，
练习舞蹈也会迈错脚步。
年轻人啊，
谁又能不犯错误？

知道错了，
不难把错误根除。
错误可能是再一次错误的开始，
失败也可能是成功之母。

人生的道路曲曲折折，
天才伟人也犯错误。
错误，不会使他们畏缩不前，
跌倒爬起来，重新上路！
可怕的不是错误，
可怕的是错误地对待错误。

错误是必修的一课啊，
每个人都要细细地研读。

细细研读啊,把它读懂。

把它读懂啊,你才会成熟。

上好人生这一课啊,

你将永远不会糊涂!

在一声声的诵读声中,一张红红的脸庞。

下课后,为了及时了解教育效果,我并没有急着回办公室,而是在学校西北角的银杏树旁,偷偷地朝教室门口望去——只见两个女生正手拿抹布蹲在门边使劲擦着那个脚印,一边擦一边用嘴巴哈气,希望墙面洁白如初,我知道并不是她俩踹的,因为踹墙的那个男生正红着脸默默地看着眼前的这一幕。我知道那个脚印不仅从墙上擦掉了,而且也从他心中一点一点地擦掉了。但是,这件事在他心里一定会留下很深的烙印。

又上课了,我看着被擦拭得干干净净的墙,表扬了那两个女生,并满心欢喜地说:"真好,这个脚印能够像魔术师一样'隐身'了,老师知道,这个把墙踹脏的同学,一定不是故意的,相信以后他一定不会再犯同样的错误。"

两天过去了,我在批改学生的日记时,发现了一篇关于踹墙的日记,他向我主动承认了自己的错误,并对我的处理方式表示感激,向替他擦去脚印的同学表示了真诚的感谢。看着这篇日记,我暗叹:幸好自己处理这件事情时能冷静下来。这件事,也给我们一个忠告,每一个人都会出错,老师在教育过程中要机智灵活,千万不可采取简单粗暴的方法,怎样处理合理而又避免负面影响,直接影响对学生的教育效果,处理得好的话常常会起到事半功倍的效果。因此,作为教师,在看待和处理学生偶尔出现的异状时,要调整好心态,就脚印这件小事来说,老师要擦掉的不光是门上的脚印,更重要的是要擦掉学生心中的脚印。

经过一季漫长宁谧的冬天之后,看大地重新又缓缓涌起了生机,草长莺啼,蝶飞花舞。于是,自己也像一朵萌芽绽放的花朵蠢蠢欲动起来,随着花红柳绿,炽烈地飞舞起来……

小老师

"一夜秋尽萧风起，万树枯枝叶飘零。"早起开窗，从屋外刮进了刺骨的寒风，原本还睡意蒙眬的我，忽然想起已到了立冬时节。望着窗外不知何时变黄的树叶，不知何时变枯的树枝，顿感一阵萧瑟。冬季的天空即使有阳光也显得苍白无力。兴安路两边的树一侧叶已飘零，另一侧的常青树也有落叶。

上课途中，经过校园里的一片月季园，惊奇地发现，虽然大部分月季花都已枯萎凋零，却依然有几株月季不畏寒风，傲然绽放。凑近仔细一看，竟然还有含苞待放的花骨朵，正与寒冷的天气对抗，时时准备将最艳丽的色彩献给冬天。看着鲜艳欲滴的粉红色花瓣，温暖人心的米黄色花蕊，似乎与周围肃杀的环境格格不入。转念间想起杨万里的那首诗："只道花无十日红，此花无日不春风。一尖已剥胭脂笔，四破犹包翡翠茸。别有香超桃李外，更同梅斗雪霜中。折来喜作新年看，忘却今晨是季冬。"

龚自珍《己亥杂诗》一诗为六年级下册补充教材的篇目。我们在学习这首诗时没有按照传统的方法来教，而是让本班的一位女生刘一征同学为大家上的课，我是听众，是台下组织者。

让刘一征上课，并非我一时心血来潮。从新课程改革伊始，我就很注重学生的口语表达能力及各种语文能力的培养，激发学生学习语文的兴趣，发现并培养语文特长生。教育理论及多年的实践经验都告诉我：语文作为一门工具学科，是学生今后进一步学习深造及走向社会重新构建知识体系和能力结构的重要工具。尽管在当今教育评价体系中，语文被许多业内人士认为是难以在短时期内大幅度提升成绩取得高分的学科，但它对一个人今后的成长确实有着举足轻重的作用。

鉴于语文学科当前所处的特殊地位，作为一线的语文老师，要想让学生喜欢语文课，除了晓之以理，更多的应该是引导激发，深入挖掘语文课本身所具有的趣味性，采用多种方法让学生喜欢上语文课，喜欢上语文，喜欢上文学，从而关注社会珍视人生。学生从老师那里受益最大的地方，并不是从老师那里获得了多少知识，而是从老师那里学会了哪些方法，受到了哪些启迪，抑或养成了哪些可贵的习惯，即"授人以鱼，不如授人以渔"。

因此，对于六年级语文单元测试卷中一些客观成分较多的题，我往往都交给几位语文成绩优异的学生来批阅。我还让他们就各自批阅的习题，分析同学们在做题过程中出现的共性问题，面对全班学生讲解得失。其中有几位学生分析讲解得较为出色，刘一征就是其中之一。

让学生讲课也并非从刘一征开始，早在几年前，我就试着让学生讲过古诗文，都取得了非常好的效果。几位讲过课的学生，现如今都已参加了工作，成了单位的骨干。

这次，我把自己的设想告诉学生，鼓励刘一征等几个学生先尝试几节课。我提前几周就把课交给他们，他们接到任务又激动，又紧张，又有些茫然无措，一时不知从何下手。于是，在此后的授课中，他们细心记下我上课的步骤方法，细心研究自己那节课将要采取的方法步骤，如何达成知识教学目标。当他们的方案基本成熟之后，我又与他们交流探究，提出修改建议。

刘一征的这节课，激活了课堂，也让我受益良多。她先把全班四列学生分为两大组，实行两组对抗赛的方式，不同问题采用不同的分值和计分方式，分别采用大五角星和小弯月展示在黑板上。要教授的知识点、三维目标等都设计成不同的问题，并依据问题不同的难易程度，分别设计成抢答题、小组必答题等不同的形式。整个课堂，从导入，到目标展示，重难点突破，课堂训练小结一系列过程过渡自然，板书设计合理科学，教态自然大方，口语表述清晰且用词准确，教学目标明确，重点突出，训练扎实，师生双边互动，学生热情高涨，产生了极大的学习兴趣，可谓群情鼎沸，大大出乎我的意料，取得了出色的教学效果。

  回顾这节课，她不但为学生，更为我这个所谓的老师上了生动难忘的一课。

  朱永新教授说："要让每个学生在校期间有10次以上在大庭广众之下大声演讲的经历。"这句话说得不错，这种经历会让学生一次次地蜕变。我们平时多埋怨学生厌学，对学习没有兴趣，没有热情，多半的原因恐怕不在学生，而是应该反思一下我们教师自身，我们究竟给了学生多少兴趣，多少热情，多少可以让学生感兴趣的问题与方法。

  著名教育家叶澜教授指出："要从生命的高度，用动态生成的观点看课堂教学。课堂教学应被看作是师生人生中一段重要的生命经历，是他们生命的有意义的构成部分，要把个体精神生命发展的主动权还给学生。"我很自信地认为，那一节课在给了我许多启迪的同时，一定也会成为她及一部分学生人生中一段重要的生命经历。

  以前，在家乡时，月季花随意开在人行道两旁，或许是太为常见，没有人真正注意过花开花败。我也觉得月季太过普通，它没有桂花的十里飘香，没有荷花的出淤泥而不染，没有牡丹的富贵荣华，也没有水仙的优雅高贵。虽然如此，月季也有着它以前未被发现的独特的魅力。它不仅可以在熏和的春天与百花斗艳，可以在炎炎烈日下绽放自身的光辉，可以在万物枯零的秋日展现柔美的身姿，更可以在瑟瑟的冬风中携梅挺立，给生机黯然的冬季一丝温暖的气息。

  "严冬不肃杀，何以见阳春"与"我劝天公重抖擞，不拘一格降人才"

有异曲同工之妙。是啊，月季花经历一整个寒冬，才能在新的春天以更娇艳的姿态、更清新怡人的气息开放在小路边、田野上。其实，不只是月季，万物都在冬天的压迫中静静地酝酿着足以让自己新生的力量。那枯萎的草条下掩盖的是奶绿的草根，那枯黄的枝条里隐藏的是嫩绿的叶芽，厚硬的坚冰下流淌的是淙淙的温泉。我们也在其中积蓄实力，为明天美好的生活而奋斗。

情景剧场

  晨起，推开窗，一抹暖阳照进心底，让人顿生暖意。

  窗外云淡风轻，窗内欢声笑语。走进九月，感觉很温暖，很美好。天蓝，云白，山青，水绿，花香……这一切的一切，仿佛都在预示着，九月会是多么美好。

  今天，我们学习《将心比心》这篇文章。这是一篇自读课文，要求孩子们根据课前导读提示进行学习，解决两个问题：课文中的妈妈做了一件什么事？你最感动的地方是什么？课文篇幅较短，于是我给学生充分的时间进行自学，孩子们积极性很高。为了让课堂的氛围更加活跃，我尝试让孩子们进行情景剧表演。有导演、演员、评审团，共两场戏。

  导演杨博丞按照节目编排的顺序进行表演，第一场是王静文和周国钰，她们俩表演的是："有一次她去商店，走在她前面的一位阿姨推开沉重的大门，一直等到她跟上来才松开手。"她们是第一次在班上表演节目，只见王静文拄着一根"拐杖"，驼着背，吃力地走着，这次的表演很逼真。而周国钰表演的时候也是很用心的样子，连关门的姿势都是小心翼翼的。

  第二场是妈妈忍受疼痛鼓励实习护士扎针的情景，这次是杨宜睿、余周子墨、余嘉鑫表演，周围的同学一直在笑嘻嘻地看着他们三个，因为这次杨宜睿专门挑选余嘉鑫演自己的"女儿"，而余嘉鑫却是一个男生。大家觉得很好笑。但是我注意到，杨宜睿入戏很快，继续表演，没有受到别人的干扰,她真的用一种母亲平静的眼神看着对方,而且轻轻地对护士说:"不要紧,再来一次!"第三针果然成功了。"余护士"终于长出了一口气,她连声说:"阿姨,真对不起。我是来实习的,这是我第一次给病人扎针,太紧张了。要不是您的鼓励,我真不敢给您扎了。"杨宜睿用另一只手拉着她,平静地对护士说:"这是我的女儿,和你差不多大小,正在医科大学读书,她也将面对自己的第一个患者。我真希望她第一次扎针的时候,也能得到患者的宽容和鼓励。"整个表演把同学们带入那种意境中,让观众很激动。

评选"观众最喜欢的演员奖"时,大家一致认为杨宜睿和王静文最为合适。余周子墨和周国钰则获得"最具风采奖"和"最具潜能表演奖"。宣布结果的时候,现场十分热烈,那感觉都有点湖南卫视的"金鹰艺术节"的味道了。

朱永新教授说:"教育不是灌输,而是挖掘。善于发现学生的各种潜能、兴趣、特长,给予最大程度的支持,鼓励而不代替,呵护而不包办,帮助学生把可能性变为现实。"情景剧场,我们班的新秀场。一次小小的情景剧表演,让我发现孩子们无形间收获到一种美德。那就是——如果我们在生活中能将心比心,就会对老人生出一份尊重,对孩子增加一份关爱,就会使人与人之间多一些宽容和理解。

七封回信

  春意浓,春光妩媚,阳光惹人醉。四月的清晨,校园中的月季开花了,前些天枯枝上浮着绿叶的灯笼坠儿,经过一夜春雨的洗礼,那含苞待放的绒朵便绽放在盘根错节的枝叶下。月季的花,花如其名,是艳丽的花,带着淡淡的香,一串串盛开的月季花朵,枝头满吊,迎风摇曳,婀娜多姿。园中的月季开了,红、白玉兰花开了,红似朱唇的海棠开了,那些叫不上名字的小花开了,遍地无人关注的小草仍匍匐在地上,不声不响地绿着,去追逐那属于自己的一点点空间。春天的花园,一派繁荣景象。

  昨天,我们学习《尺有所短,寸有所长》一文,要求读懂信的内容,结合自己的生活实际体会"尺有所短,寸有所长"的道理;学习书信的格式、写法。这是一篇略读课文。课文由两封信组成,一封是张国强同学写给柯岩的信,他认为同学们嫉妒他获奖,因而疏远他,感到很寂寞,所以写信向柯岩老师请教,希望得到柯岩老师的帮助。一封是柯岩的回信,她在信中通过合理的推断,分析了张国强失去朋友的原因,并结合自己的经历告诫国强:只有善于发现别人的长处,一点一滴地改正自己的缺点,才能拥有越来越多的好朋友;彼此知心交心,患难与共,才能飞快地进步。张国强在信中提到的问题,是同学们在生活中很有可能遇到的,因此这篇课文对学生思考自己的成长问题有较普遍的指导意义。

  为了让孩子们在学习中快乐地写信,知道写信的格式及方法,我按照课文中的要求，告诉他们书信是交流思想、传递快乐、倾诉烦恼的一种很好的方式。让孩子们将自己在生活中、学习中遇到的一件麻烦事，写信告诉同学、父母、老师，并将自己写的信郑重地交给收信人。

今天上午语文课时，很多孩子都拿来了自己的信封，他们很兴奋，当我让学习小组长检查孩子们写信的格式时，我发现很多孩子写信很认真，很重视。骆韵巧写给石心怡的信，让我们看见两人之间的友谊，张轩铭、李佳骏写给自己妈妈的信，写出了自己对妈妈的关心，陈裕琪写给余周子墨的信，提出对她的建议……很多孩子都用书信写出自己的心声。

这时，余周子墨说："任老师，彭凯乐写了七封信。"我发现彭凯乐写的七封信，都是对爸爸提出关心和建议，一封比一封写得好，让我非常感动。我决定给他送上一个美誉，经过孩子们的讨论，肖立非提出的"写作智多星"称号得到了大家的认可，是啊，彭凯乐写得又多又好，这个美誉很贴切。

孩子们非常惊讶于彭凯乐的"成就"，陈纯博说："他原来在我们班学习成绩不好，纪律也不好，现在变得爱学习了。"

我想起我曾经带过的一个叫蒋益民的孩子，他上六年级时，半夜三更爬起来写作，写了八篇文章，让人感动，现在已经到加拿大留学去了。还有五（六）班的奇俊同学，从一个又脏又调皮的男孩，变成一个爱学习、爱写作的孩子，一有空闲就奋笔疾书，现在高二，当上了班长。还有上一届的毕业生曾德蕴同学从四年级就开始创作校园小说，让人钦佩。

朱永新教授说："学问，学从问开始。提出问题，是求知欲、好奇心的表现，学生不想提出问题或者无法提出问题时，说明真正的学习还没有开始。"我想，我们班的写作智多星——彭凯乐，一定会在不久的将来，成为我们班的写作巨星。

这节课是孩子们的语文练习课，我要将这个美丽、感人、动人故事写出来。伫立校园中，仔细凝望那一株株月季花，在阳光照耀下，熠熠生辉。

眼前生机盎然的月季，繁花似锦，汇成了一处风景。游园赏花，心中多了一袭淡红色的优雅，多了一抹季节的温柔，多了一份爱花惜花的愉悦之情。

窗外声音

学校的格局有多大，
未来孩子们的胸怀就有多大。
学校里看到的世界有多大，
未来孩子们的发展空间就有多大。
一个学生、一个教师，如果仅仅生活在校园，
闭耳不闻窗外事，
仅仅做参考习题，听不到窗外的声音，
看不到窗外的世界，
这样的老师和孩子难以真正成长。
唯有打开校门，走出封闭，让师生领略更多的精彩，
学校才是让师生成长发展的动感地带。

看"站在路边看风景"的别样风景

　　2012年6月6日,一个美好的日子,如一粒火种,将心中的原野点燃,那是难以割舍的激情。听完许校长的讲座,我的内心波澜涌动,久久无法平静。他那看似简单的话语却充满着神奇的力量,看似琐碎的小事却在他的文中显得格外亲切。不同的地域、不同的人生经历,获得的感悟却如此相同。"生活永远是没有错的,错了的,是我们不再起舞的心。生活也没有亏待过谁,真正亏待自己的,是我们自己对生命的辜负。"这句话,我与许校长都无比认同。许校长的博客名是"站在路边看风景",从博客中,我看见海门有一处别样的"风景"。

　　海门与安康相隔千里,在这个盛夏,炫彩的六月,许校长来到我们中间,和我们坐在一起,他谈的不是什么神秘奇异的话题,也不是高深莫测的理论,而是关于随笔的撰写。这不是一个新话题,但没有谁能像他这样侃侃而谈,打动人心。

　　没有呼号,没有呐喊,这是平等的对话。真切的声音、温和的语调,如一股清冽的山泉汩汩流入我们的心田。

　　如盛夏徐徐吹来的微风,令人神清气爽,如饮甘霖!

　　如饮山间净澈甘美的清泉,令人心旷神怡,如沐春风!

　　如春天里一道灿烂的阳光,照射到我们内心的最深处,令我们感到温暖和幸福!

这个看似简单又不简单的话题，谁都可以无拘无束地写上几百字的随笔，但是又有谁用生命在书写？许校长在讲解的过程中，引用多篇自己书写的随笔，是那么生动，那么鲜活，每一篇文章就是许校长一桩工作的缩影。我想，许校长一定极其热爱自己的三厂镇中心小学。他肯定心存感激地认为：一个人能够从事他自己愿意投身进去的工作，就是上天最大的恩赐。于是他非常珍惜与每一位同事相处的缘分，尊重他们的每一份平凡的劳动。也许，每一位教师都会以他为自己的榜样，心中盛满阳光，教师都找到了自己，拥有自己的专业尊严。我也坚信，三厂镇中心小学一定是一个坚不可摧的团队，一种独特的精神在其间生发。更多的时候，许校长一定会在办公室静静地倾听花开的声音，疾笔书写"生命因三厂而美丽"。这里，是海门市一处绮丽的风景！

许校长经常深陷书海，从书中滋养、积淀积极向上的心性，引领自己走进知识的殿堂，踩着书梯拾级而上，如同孩童迷恋滑梯一样永不倦怠，以审美的态度看待一切，用一颗活泼自然的喜乐之心，一颗永不厌倦的纯真童心，永不满足的好奇之心，演奏着生命成长的豪迈乐章。许校长由书中凝练出智慧的火光，他的智慧治校是校长管理中一处独特的风景。

许校长胸怀教育的大世界，让教育的美闪耀人性的光辉，坚毅、执着，有一种超然物外的精神气质，一颗宠辱不惊的平常心，一种幸福感。在教育神圣的天空下，崇尚自由、高雅、尊严、纯真与圣爱，他孜孜以求，缔造三厂镇中心小学的无数传奇。

不难看出，许校长博览群书，在中国古典文学中寻求"自然"的大"道"，在哲学的世界中探寻教育的真知，在时代的前沿诗意地栖居。用艺术丰富的营养滋润心灵，美的精神充溢着自己的教育人生。每一篇随笔，看似朴素的语言，却发出精妙的光彩、奇异的声音、迷离的芳香。

感谢您，许校长，在这个骄阳似火的六月，来到我们中间，让我们懂得，内省言行、反思超越，教师需在反思和批判中成长，以澄澈之心求洒脱之态，以浮躁之外求自然宁静，海纳百川，定格教育情节，丰富教育思想，聆听思想的拔节，呼吸生命的气息，让思维激荡，感受灵感勃发的"气场"。您温暖的话语，智慧的提醒，让我发现生命竟如此丰厚而富有！

新教育实验报告

海门派的"专业情怀"

2015年11月9日,在汉滨初中大礼堂进行了为期一天的"新教育"培训活动。我们分别聆听了来自江苏省海门市新教育培训中心邱菊萍老师的《教师专业发展的吉祥三宝》、海门市教师研修中心李志军老师的《构筑理想课堂的思考和行动》、海门市新教育培训中心吴勇老师的《以专业的情怀做教师》、海门市实验初中张海英老师的《这一年,和孩子们一起走过的路》四个专题讲座。每一个讲座之后,主持人汉滨区教研室副主任陈朝林老师都会幽默地进行小结,为讲座增添了诙谐风趣。

四位老师都来自江苏省海门市,那是一个演绎教育神话的地方。从每一位老师的讲座中都能感受到他们完全沉浸在新教育实验中,他们用海门派的专业情怀演绎着教育的神话。他们的专业情怀就是热爱教育,用诗意的眼光看待教育生活,对教育生活一往情深。

无论是邱菊萍老师把教师专业发展称为"吉祥三宝",即专业阅读、专业写作和专业交往,还是李志军老师理想课堂的三重境界,在行动中反思,在反思中再出发,用学程导航教学范式推进要求,都鼓励教师去阅读,站在大师的肩膀上前行,鼓励教师和那些最伟大的教育著作对话。专业写作,开展教师教育叙事研究,建立中国典型教育案例库,鼓励教师活得精彩、做得精彩、写得精彩,书写自己的生命传奇。专业交往,站在集体的肩膀上飞翔,通过在线教育等形式,让教师打破时空的局限进行深度的交流与合作。

吴勇老师的《以专业的情怀做教师》给我以颇深的感触，让我明白，教师的专业情怀就是教师对自己所从事职业的个性心理倾向性的总和，是教师出色完成职业使命所必须具备的情感、情趣、情操，是教师专业成长的基石与动力。

热爱工作、热爱学生是教师专业情怀的核心。凡是具有深厚专业情怀的教师，都有一个共同的特点，就是十分钟情于自己的职业，把它视为自己的生命。

不满足于做"教书匠"，不甘于平庸，有一种特别执着的投入和追求，以自己的人格魅力与学术魅力感染、哺育莘莘学子。

于漪老师说，"人一辈子总是要面临选择，选择教师，就是选择了高尚"。我们是不是可以这样来理解这句话——选择了教师这个职业，就意味着爱心与奉献。纵观中外成名的教育大家，哪一位不是对学生充满着爱心？哪一位不是在工作上不断追求、无私奉献？只有钟情于自己的事业、钟爱自己的学生，才会有工作的激情，才会有恒久的耐心和毅力，也才会成功。如果作为一位教师，不爱自己的工作，不喜欢自己的学生，那真是一种痛苦和悲哀，更何谈成就？

作为一名教师，应该对每一位学生都怀以博大深厚的爱，既能欣赏学生的优点，也能宽容学生的缺点。师爱就像一泓清泉，能让荒原变成绿洲；师爱像一缕阳光，能让心灵变得灿烂；师爱像一阵春风，温暖孩子们的心田。

张海英老师的《这一年，和孩子们一起走过的路》，让我发现一个班级学生的习惯养成与老师的鼓励和工作方法有着密切的关系，好习惯养成不容易，习惯的培育要坚持，家校携手很重要。这为班主任工作指引了方向，让许多还在困惑中的教师找到了明媚的春光。

四位老师的专业与情怀，着实让我感动。他们的精神像一粒火种，点燃了我追逐新教育梦想的火炬。我想，我会用一颗真诚之心，敏锐地洞察教育教学的方向，敏慧地演绎教育的精彩，敏捷地接受教育的新观念和新方法，用自己的专业情怀演绎属于自己的美丽故事。

夜晚，翻开《论语》，我读到的是孔子与他的弟子们的一个个亲切的故事，在河边，在山间，在生活的每一个空间，都回响着教育的乐章。我又走近陶行知，感动于"四块糖果"，感动于晓庄的抗争，感动于育才对一位癞痢头儿童特别的爱……

可以说，没有留下故事的教育，绝对不会是成功的教育！

以心点燃的心，总会有心动的故事！翻开苏霍姆林斯基的文集，我们清晰地看到，如果从书页间抽去这许多的故事，整个苏霍姆林斯基的大厦将倾塌。正是这些故事，让一个平凡的教师引起世界教育的瞩目！

窗外声音

表扬，是一种修炼

　　读完管建刚老师的《一线表扬学》，总体感受可以用他书中的这句话来概括——"时刻想着，怎样去表扬学生，而不是批评学生；期待明天的表扬，而不是呵斥，师生的生活就会开心不少。"

　　这本书的封面上，一位男士衣着不显，眼中闪烁着光芒，嘴巴微扬，拿着话筒，重点是眉眼一挑流露出神秘微笑——这就是作者管建刚，一位曾以作文讲评课在教育界闻名遐迩的江苏省特级教师。一线表扬学，让他修炼成一位独具魅力的特级教师。

　　这已经是第二次听管老师讲座了。第一次相见时，我有幸在江苏省苏州市吴江区盛泽实验小学目睹了管老师的风采。当时他在舞台上演讲，深情地表达自己的作文观——心里装着学生的知己，才是真正的老师。管老师的讲座可谓深入浅出，启迪人心。

　　这已经是第二次听管老师讲座了。第一次相见时，当时的感受就是管老师很朴实，管老师的教学对学生的习作有实实在在的作用，可以解决学生习作的根本问题，让人耳目一新。与之前那些所谓专家的高谈阔论相比，管老师显得有些低调——"声音有点小"，只注重于自己的实践，自己的研究。

　　再次相见，虽不相识，但却有一种亲切的感觉。两年的时间，管老师的报告风格变了，他变得更加自信，更加自如。这次相较于深层理念的讲

179

析，管老师更侧重具体的方法操作，当然各有益处。

两次报告，两年时间各种途径的学习，我认为，管老师作文教学的切入点还是我们最常提起而又最易忽视的一个东西——兴趣。就像管老师最后谈到老师职业问题时所说的：不喜欢、没兴趣其实是自己做得不够好，从中体验不到成就感。学生的学习也是同理，习作更是如此。如果让每个孩子都感受到自己可以做好，从中体验到成就感，学生会不喜欢吗？会没有动力吗？

管老师的出发点可能就源于此。利用各种方法充分调动学生的积极性，让学生体验到语言文字带给他的成就感，而不是一个考试分数。一个冷冰冰的分数可以给少数孩子带来成就感，却给绝大多数孩子带来挫败感。他让孩子们通过自己的文字感受到了语文学科的快乐。

每周一稿，无形当中解决了作文教学中学生"无话可说"的痼疾；大量阅读，有效地排除了孩子们"有话说不出"的障碍；定期作文评改课，更是给学生指明了习作的方向，解决了"怎么写"的问题。作文教学的三大问题都得到了有效解决，并通过一个点——发表，使其生根发芽，使其不断完善，逐渐形成系统，着实让人肃然起敬。

管建刚老师十年时间做了一件事，一件大多数人不愿尝试、大多数老师绕道而行的事。他的执着，他的坚持，他的专注，他的快乐，他的艰辛，相信只有经历的人，才能品味。

管老师的《班级作文周报》可谓是一项系列化工程，有着理性的框架设计、细致的操作流程、不断的更新刺激，成了班级内语文学科的主要载体，将语文基础知识和能力的巩固培养相互融合。最难能可贵的是，他从学生心理需求出发，设计作文革命，充分体现了"学生为本"的教育理念，这样的老师哪个学生不爱？哪个父母不支持？哪个同行不敬佩？管老师的锐利、深刻、独到，令人叹服。而《一线表扬学》中朴实、自然、灵动的文字，处处蕴含着管老师教育的内涵和智慧，令人钦佩。

《一线表扬学》中，管老师每日都想方设法地去表扬学生用心观察学生的进步点和闪光点，并且用不同的方法表扬和激励学生，这让我不得不佩服！

管老师在他的书中介绍了十八种类型的表扬，包括奖励性表扬、主题性表扬、批评性表扬、委任性表扬等等。每一种表扬都具体、细致、落到实处，而且有证有据，不浮夸，不虚设，学生对得到的表扬都是发自内心的喜欢与期待。正如书中所说："你经常批评学生，学生得到的影响，就是批评；你经常耐心地包容学生，夸奖学生，这已经是一种优秀的教育了。"

管老师用清晰的笔触将教师在工作中遇到的问题一一指出来，其中的每一个事例、每一个建议，似乎就在我的身边，既熟悉又陌生，在我的工作中都能找到原型。只是在管老师的处理与引导下，事情变得不一样了。反思平时的教育教学，是否有想方设法地去表扬学生，挖空心思去发现学生的进步点和闪光点，用不同的方法去表扬和激励学生？

赞扬的语言要因人而异，切合学生的特点，切合学生的差异性，对后进生多采用直言赞美，比如管建刚老师在班级中大大地表扬了阿涛和阿明在学习当中取得的进步，以前这两个同学从来没有得过优秀，但是这次他们取得了很好的成绩。对优秀的学生多采用含蓄的赞美；对性格多疑的学生多采用间接的赞美；对有特殊潜质的学生多采用目标赞美。管老师在书中多次提到小仪这个孩子，这个学生在管理能力上非常突出，是老师的语文小助手，经常帮老师查作业。管老师就对她的这项特殊能力大力表扬。对外向型的学生可多用热情且具有鼓励性的赞美。对内向型的学生，可以投以赞许的目光，或送一个友好的微笑。比如，管老师轻轻地靠近内向型的小英，对她说："嗯，读得不错。"正是老师这一赞美，使小英增强了对语文学习的信心。

赞扬的方法要多样化，切合学生的个性。一个老师总是以"你很好"，"你很棒"等激励语来赞美学生，刚开始学生可能觉得美滋滋，可时间长了，如果对每一个人的评价都用"你最棒"等老套词语进行大而化之的肯定，学生们弄不清自己的真实情况，在老师的赞美中会变得麻木。管老师特意设置了管老师专项奖，对学生学习的各个层面进行评价。例如对学生的学习情感、学习态度和学习习惯的评价，包括同学之间合作能力的赞美。管老师想出了一条对付不做作业的学生的绝招，把同学们的作业分组，分为a、b、c三组进行比赛，看哪一组的学生的作业做得最快、最好、最准时，然后对好的一组进行表扬，分项发奖。很多后进的孩子受不了组员的压力，也渐渐开始非常认真地做作业。组员与组员之间起了一个相互监督的作用，后进生为了得到老师的赞扬而更加努力。多样化的赞扬方式使教学魅力大大增加。

赞扬的形式要详细具体，切合学生的实际。老师的赞美用语越详细具体，说明老师对学生越了解，对他的长处和成绩越看重。比如"某某同学的表现最近很不错"这种缺乏具体内容的赞美，很难有影响力，不妨改成"某某同学在写作方面取得很大进步"，这样就会让学生感到老师的真挚、亲切与可信。我们有时会看到有些老师对学生的回答不作具体分析，动辄就用"你很棒"之类的表扬。好在什么地方，根本不知道。久而久之，学生会变得麻木。其他学生根本不知道被表扬的学生哪些方面值得学习。如管老师班的季力雨的书写有进步，管老师把他的"每日素材"本做成PPT放给学生看，从以前的潦草变成现在的工整，学生看了一目了然，真实可信。这种看得见的进步，所有学生心悦诚服，受表扬的学生也能感到老师背后的用心。

读《一线表扬学》不仅可以丰富表扬的方法，更重要的是可以转变我们的心态。正如书中所说：过多的批评指责，会给学生塞满"生理不安全，心理不自由"，老师也在激烈的情绪中智慧打折，幸福打折。

这本书让我领略了一种与众不同的教育艺术：赞美我们的孩子，让他们既能发扬自己的优点，又能正视自己的缺点。但如何赞美学生的优点，要有一个尺度。如果老师的赞美太随意，没有原则，就会显得很虚伪，如何夸在点子上，使激励取得理想的效果？我一遍又一遍地品味着，每读一遍都有新的收获和体会。

欣赏管老师的做法，他不被学生的缺点牵制，能从平凡琐碎中提取真善美，对学生的优点、进步保持高度的敏感。这是一种修行，用表扬来修炼自己的处世方式，这样的修行对于教育、对于自己都是一种幸福。

《一线表扬学》是赏识教育，却无耀眼、神圣之感。是接地气，有方法，有原则的教育方法，值得学习借鉴。就像序言中写的："当老师不是每个人都要成为'管建刚'，但至少可以从他身上得到启发。"读《一线表扬学》，不是每个人都把"表扬十八法"全用上，但至少可以试试适用于自己学生的方法。

表扬不是万能的，没有表扬是万万不能的。表扬是教育的一种手段，但不是唯一，关键在于你是否用心去研究，去感悟，去发现。表扬，说一万遍也不过时！

写完这些，眼前又浮现出管老师神秘的微笑——今天，你表扬了没有？

新教育实验报告

装满昆虫的衣袋

2014年5月18日，星期六，培新小学的阶梯教室座无虚席，江南中心校辖区14所学校的教师参加了这次以《生长，课堂应有的姿态》为题的教研活动。他们和培新小学全体教师共同领略了江苏省常州市武进区星韵学校和局前街小学教师的教学风采，聆听了江苏省常州市教研室教研员朱洁如的评课指导。

上午，我们有幸观摩了万银洁老师的精彩课堂，令人有一种耳目一新的感觉。她和善的表情，轻柔的音质，让人感觉置身于这种课堂就是一种享受。我真正感受到一种"生长，课堂应有的姿态"的真实质感。

她教授的《装满昆虫的衣袋》一课，创新设计，匠心独运。万老师创新的教学设计让人眼前一亮，用当下收视率最高的电视节目《最强大脑》作为引子，巧妙地将学生吸引到认识昆虫上来。

她让学生通读全文，边朗读边找出文中提到"装满昆虫的衣袋"的语句。学生仔细读书，很快画出了这样几个句子："他还捡了好多的贝壳和彩色的石子，把两个衣袋塞得鼓鼓囊囊的。""背着大人把衣袋装得鼓鼓的，躲起来偷偷地玩。""后人为了纪念法布尔，在为他建造的雕像上，把两个衣袋做得高高地鼓起，好像里面塞满了许许多多昆虫。"

她循循善诱，引导学生认真思考，自由讨论课文应该怎样分段。由于学生对课文已有整体的把握，因此讨论很快有了结果。她充分肯定学生爱思考、勤动脑，对于他们的不同观点都予以赞同。在她看来，此时重要的不是问题的答案，而是学生寻求答案的过程，他们积极动脑，勇于发表自己独特的见解，这是多么可贵的学习品质！

扣词悟情，感人至深。文章的开始就提到了法布尔从小就对小虫子非常着迷，正因为着迷，才能够潜心研究，才使法布尔最终成为著名的昆虫学家。"着迷"是文章的核心，只有抓住核心问题进行教学，才能有的放矢，线索分明。学习第三段时，她让学生朗读并讨论文中哪些语句表现了法布尔对昆虫的着迷。学生答案丰富多彩，他们不仅找到有关语句，还说出了合情合理的原因。大多数学生找到了"敏捷""高兴极了""小宝贝""欣赏""鼓鼓囊囊""甜滋滋"等词语。

有的同学更加细心认真，从父母对法布尔的责备中看出法布尔对昆虫的痴迷，如"只顾自己玩，捡这些没用的玩意儿！""老是捉小虫子，不叫你的小手中毒才怪呢！""法布尔难过极了，眼泪刷刷地往下掉，很不情愿地把心爱的小宝贝放进了垃圾堆。"找到有关语句后，她针对这些重点句子指导朗读，读出法布尔对虫子的喜爱之情，读出父母责备的语气，读出法布尔不情愿地扔掉小虫子的难过心情。学生受到强烈的感染，入情入境。

贴近童心，慢慢生长。课文学习完毕后，万老师让学生自由讨论文中哪儿写得好，为什么。只略作点拨，并不明说文章的写作方法，只是让学生自己领悟、理解。比如引导学生朗读父母责骂法布尔的话，启发学生思考："从责骂中你能看出什么？"有的学生说看出父母亲很严厉，有的说父母亲很爱儿子，有的则看出法布尔对昆虫的痴迷，从中学生感悟到直接描写与间接描写的不同。

而最后，万老师一改往日直接布置作业方法，让学生自己为自己留作业。她为学生推荐法国电影《蝴蝶》，也着实让人惊叹，要求学生在看完电影后跟她进行交流。这样的老师，谁不喜欢？

万老师的语文课堂，融入很多课外的学习素材，教学更灵活多变，让学生更自由、更灵动、更主动、更活泼地参与到课堂教学中，真正成为学习的主人。而教师注重启发学生思维，开阔学生视野，促进学生全面地提高素质，增强能力，将学生带入一个全新的语文天地——这就是我对"生长，课堂应有的状态"的真实感触。

窗外声音

新的刻度

　　2014年5月19日上午，我认真聆听了江苏省常州市武进区星韵学校韩玉宇校长关于班主任工作的主题讲座。韩校长温婉的江南才情，细腻的情感，动人的微笑，给我留下了深刻的印象。

　　她的讲座《星新心》，非常有特色，既表达了星韵、培新之间，心心相通，两地之间的教育情谊永世长存，又表达了星韵学校和培新小学在教育的星空中熠熠生辉。同在教育的天地中，虽然两地相隔千里，但二者之间有很多异曲同工之处！原本的素不相识，到现在的常来常往，相互挂念，共同欣赏，共同进步，共同发展，共同提高，多么让人振奋！

　　韩校长在讲座中，均运用星韵学校教师自己的语言表达对新班级、星娃、四心教育中的观点，看似平平常常的话语却蕴含着较深的教育哲学。赵树建老师，主持人的风范，淡淡的话语蕴含着对新班级不一样的诠释。邵培培老师，一位年轻的班主任，对班主任工作有着特殊的情感。整场讲座中，星韵学校的风采，教师的风采，学生的风采是那样迷人，撼动人心。

　　看似简单的讲座，其间蕴含着韩校长许多心血。她从不特意地宣扬自己学校的老师，更不特意褒扬自己学校的学生，但是从这些老师自信的眼神中，可以看出他们在校园中愉快地工作，辛勤地耕耘。从每一位学生阳光的笑容中看出，星韵学校就是他们快乐成长的乐园。

　　如今，星韵学校"生命教育"已然到达了一个新的高度。从探索到推进，学校自上而下形成了一股合力。

韩校长从四个方面介绍了星韵学校的德育工作。一是"星"，即星节日、星之约、星家园、星舞台；二是"新"，即新班级建设；三是"心"，即"四心"教育；四是星娃在行动。星韵学校在德育工作中的具体做法是我们学习的榜样。在诸多的班级活动中，他们以学生为主体，把班级还给学生，给学生一个多元评价的舞台，在"小岗位、大舞台"的班级建设中，让班级充满成长的气息。

不难看出，星韵学校德育工作在特色的班级活动中落实目标，开设生命教育课程，开展"十好"和"四心"教育，通过星节日、星之约、星家园、星舞台这些平台，培养出有阳光心态、有善良之心、有探究之心、有良好习惯的学生。听了这个讲座，我的心中烙下了"生命教育"四个字的分量。做教育应有"不为彼岸只为海"的胸襟，生命教育尤甚，只有如海般地蔓延、渗透、融入，才是最终极的目标。

提倡生命教育是为了唤醒、为了改善，生命教育应该成为一种习惯，融入每个教育工作者的头脑和血液中，由此共同创造更适合人终身发展的教育。

我们期待着通过生命教育，使学校变得更有吸引力；通过生命教育，使个性变得丰富而舒展；通过生命教育，使人格变得正直而强健；星韵和培新之间教育之心惺惺相惜，幸福的教育从此芬芳馥郁，溢满心房。

两天时间，星韵学校校长蒋惠琴一行给我们带来教学盛宴，这个五月更加缤纷多彩，培新小学和星韵学校之间的情谊更加深笃。

信 念

2014年12月24日，冬至将至，将冬的维度拉宽，万物的呼吸越来越舒畅，我手中的笔饱蘸冬韵，在文字的原野中诗意纵横。

这天，我们学校阶梯教室座无虚席，全国教育系统劳动模范呼秀珍老师应邀为安康城区小学第二大学区的教师作师德报告，她的话语如春风拂面，温润入心。这是一位七旬老人，脸色红润，精神矍铄，步态平稳，很难看出她已年逾古稀。

从来没有人的报告会如此打动我的心，从来没有人的报告会能像她这样不使用任何辅助手段却感人至深，她始终坚持站立做报告，全程脱稿，可见其底蕴深厚。

她深情地讲述着教育故事，无私地为我们奉献教育心得，我时而为呼老师的《班主任之歌》欢欣鼓舞，时而为呼老师的育人成果鼓掌，时而为呼老师的教育大爱热泪盈眶。

呼老师以《加强师德修养，做人民满意的教师》为题，通过对自己48年从教经历的回顾、从教感受的梳理、从教经验得失的反思和总结，道出了"教书育人德为本，德的核心是'爱'字"的教育真谛。她提出的"爱课堂，认真上好每一节课就是师德；爱学生，一个都不放弃就是师德；爱班主任工作，探究教育艺术就是师德"的师德理念，深刻地体现了一个热爱党、热爱教育事业、热爱学生的共产党员教师高尚的道德情操，这难道不是践行社会主义核心价值观的具体体现吗？

不能忘记她为了加入中国共产党，苦苦追求二十三年，她在政治学习笔记本上工工整整地写下了自己的奋斗誓言："人将共产党比太阳，我就是太阳的一缕光，我要用自己的行动，把太阳的温暖送到每一个人心上。人将共产党比太阳，我就是太阳的一缕光，千万个共产党员就是千万缕阳光，定能让人们感受到太阳的灿烂辉煌。"就是这发自肺腑之言，成了她理想的信念，支撑着她勇往直前。

成大事者皆有志，成大事者亦具恒。理想和信念是不可分割的，当我们在困难面前想要退却的时候，却有不畏劳苦沿着陡峭山路攀登的人，到达光辉的顶点。呼老师是一位平凡的老师，但是她那种持之以恒的精神，使她的人生卓尔不凡。

她还用一首悼念父亲的诗词表达对父亲的深深思念和永远跟党走的决心："十年生死两茫茫，痛断肠，永难忘，日思夜想，何处诉凄凉，鬼蜮横行遭毒手，冤如海，丧忠良。寒风凛冽降严霜，天苍苍，野茫茫，千里孤坟，含冤死他乡，世间多少不平事，真可恨，'四人帮'！灯前月下细思量，好父亲，恩义长，言传身教，培育小儿郎，音容笑貌宛然在，情无限，胜汪洋。缓步走进烈士堂，花丛中，见遗像，相对无言，唯有泪千行，悲痛化作凌云志，重整装，上战场。继承遗志莫彷徨，育桃李、培栋梁，千辛万苦，心红志如钢，教育战线献终身，慰忠魂，永向党！"她在讲述中抑扬顿挫，声音哽咽，将悲壮之情淋漓尽致地表现出来，让人感动涕零。

呼老师在学校除教学工作之外还承担了四项工作：青年教师的培养工作、父母学校讲课工作、中学生的心理指导工作、学校的宣传报道工作，每一项工作都做得井井有条，每项工作都做得很出色。她将这些工作称之为磨炼自己的一种机会，学会工作，学会生活，最后形成了一种可贵的品质。若我们和她一样每天怀着无比感恩、无比虔诚的心，认认真真地做好每一项工作，天长日久，就会培养出守时、认真、严谨、高效的工作作风。

呼老师保持着一颗时时学习、日日上进的进取之心,她以自己八年来25本字迹工整的教案为傲,以精心培育学生为荣,深情讲述了令人动容的教学案例。

不难看出,呼老师始终保持先进性,做一名合格的共产党员、做一名人民满意的教师是她不变的信念、一生的追求。信念的支撑,心和爱一起走,让我们感受到一种平凡之中的伟大,于是,我的心也不由得和爱一起走。

爱学生,不放弃每一个孩子,因为每一个孩子都是重要的。我们要用爱育爱,让每一个孩子在这个世界上确立自己,培育美德。孩子的生命是充满灵性的,让他觉得他出生到这个世界上,给这个世界带来了活力,让他们明白"天生我材必有用"。

爱班主任工作,舍得下功夫。以德为本,德的核心是爱;以爱为桥,倾心教育;以爱为源,润泽心田。爱学生,不放弃任何一个学生,善待每一个学生,就是班主任工作的原则,班主任用爱心工作,真爱每一位学生,学生才会受益一生。

我的班主任工作信念——"决不能放弃每一个学生"。这不仅仅是一句口号,更应该是教育的一种理念。"让每一只小鸟唱歌,让每一朵花儿都开放,这是教育的使命。"要完成这个使命,每个教师各有自己的教育方法。这就要求教育必须对学生公正,决不能因学生家庭的出身、父母职业偏爱或歧视学生。

"让每一只小鸟唱歌",意味着对学习困难的学生要倾注更多的耐心和关爱。"让每一朵花儿都开放",意味着在素质教育的原野上老师要用全面发展的理念演绎"成功教育"。让每一粒种子都能破土发芽,每一株幼苗都能茁壮成长,每一朵鲜花都能自由开放,每一个果实都能散发芬芳。"决不能放弃每一个学生",必须是实实在在的教育行动,带着爱心进行教育的每一个细节无不闪烁着人性的伟大光辉!

老师们,珍惜我们的岗位,热爱我们所从事的职业吧!选择一种职业,意味着选择一种人生。而从职业转变为事业，直至成为志业，则是一种人生境界。将无限的爱与创造力投向平凡的岗位，内化为生命的一部分，这也许就是我们崇尚和追求的美好人生。

　　生命只有在不断的成长与创造中，才有意义。懂得珍惜生命的人，可以使短促的生命得到延长。珍惜岗位，为生命留痕；信念支撑，让心和爱一起走。

窗外声音

学校里没有讲的教育

  2015年7月，我有幸聆听了一场题为"做一个幸福的优秀教师"的精彩报告。报告人高万祥老师是苏州大学附属中学的校长，全国年度读书人获奖者，全国优秀教师，首届苏州市名校长。在那天聆听他的讲座之前，我已经阅读了他的作品《优秀教师的九堂必修课》《我的教育苦旅》《优秀教师的30本案头书》和《学校里没有讲的教育》。高老师是一位大家，他为人很谦逊，讲课如行云流水，是不做课件，不写文字稿，不用电脑的"三不教师"，站着讲课的教育专家，在这一点上很像魏书生老师，他们都是执教多年的语文教师，让人敬佩。

  高老师的讲座精彩、深邃、诙谐、诗意、大气。高老师以自己专业成长的经历告诉我们一个教师若要让自己专业成长快，就必须学习，搞教育科研，必须寻访名师。他们学校人人有课题，人人有导师，人人搞教改，通过名师的传帮带可以迅速进步。他说，一个人想成为什么样的人就和什么样的人交往。他说现在教师通过赛课可以成名成家。但是机会太少，课改实验研究是一个途径，搞好日常教学，撰写教育日志可以成长，可以让人飞得更高，走得更远。

  高老师结合自己的读书经历，谈了自己读书的快乐与感悟，同时给我们开出了很多经典书目如《论语》《给教师的100条建议》《马寅初传》《张伯苓传》《夏丏尊传》《特蕾莎修女传》等。

193

爱因斯坦曾说过这样一句话："什么是教育？当你把受过的教育都忘记了，剩下的就是教育。"什么东西容易忘记掉？就是那些学习了之后没有机会运用于生活实践之中的知识，就是那些无助于学生养成良好习惯的教育内容。而今天的教育，有些老师在传授那些容易忘掉的知识以应付考试方面花费了太多的精力和时间，而对学生成长起着重要作用的真正的教育，却很不受重视。高万祥的《学校里没有讲的教育》一书，看似在讲他自己的经历，其实是在为此大声呐喊。

培养阅读习惯，是学校教育最应该做的事情。如果你留意那些在科学、思想、哲学等方面人才辈出的国家，你就会发现一个共同的现象，就是这些国家国民阅读率很高。在这个月的月初，我曾在博客中推荐了《德国式阅读的力量》一文，他们的读书文化、阅读氛围和阅读设施的建设，直让我们这个具有五千年文明史的国民们感到汗颜！

阅读在提升整个国家的国民素质，在促进科技创新、民主进程以及社会和谐等方面所发挥的作用，无论怎样强调都不过分。阿根廷著名作家博尔赫斯说："如果有天堂，天堂应该是图书馆的模样。"看来如果不在人世间养成良好的读书习惯，要想在天堂里找到自己的位置也不容易呢！

培养学生的阅读习惯，是学校教育的首要任务。高万祥老师说："没有真正的阅读就没有教育。教育的所有问题都可以归结为阅读的问题，教育的竞争从根本上来说就是阅读的竞争。"如果以学校是否培养了学生的阅读习惯来衡量学校教育的成效，很显然，有相当多的学校教育是失败的。虽然这些学校拥有宽敞的图书馆，也有符合国家标准的图书配置，但学生在图书馆里逗留的时间很短，每周借阅图书的次数更是少得可怜。一个连学生阅读习惯都不重视培养的学校，很难说是一所具有社会责任和关心国家发展的学校。我所庆幸的是我们培新小学是一个很重视学生阅读习惯养成的学校，是一所为学生终身发展长远规划的学校。

苏霍姆林斯基说："要天天看书，终生与书籍为友。这是一天也不断流的潺潺小溪，它充实着思想的江河。"这里所说的书，不是指那些为了应付考试而不得已去读的教辅资料，而是那些在闲暇的时间内自主选择、自由阅读的经典著作。梁启超当年送梁思成去美国读建筑学，临行之际对儿子谆谆教诲："我很支持你去美国学习建筑学，但是在学好功课的同时，你一定要多读哲学和文学。"在梁启超看来，专业是用来工作的，而哲学和文学是可以滋润生活与人生的。

高老师总结了真正的读书人具备以下特征：第一，爱读书，爱经典阅读。第二，把读书作为生活方式，而且因为爱读书改变了生活方式。第三，具有圣贤精神、家国情怀和社会责任。高万祥将阅读划分为四个不同的层次：一是功利阅读，这是一种为了生存的需要而进行的阅读；二是休闲阅读；三是低度阅读，即人们常说的"浅阅读"，如读一些短小精悍的小文章等；四是经典阅读，针对千百年来积淀下来的经典作品的深度阅读，这是一种影响我们心灵和精神的阅读。在艾德勒等人撰写的《如何阅读一本书》中，针对经典阅读，又划分了四个不同的阅读层次，分别是基础阅读、检视阅读、分析阅读和主题阅读，并给出了具体的阅读指导，这样的指导对提升经典阅读的水平有着极大的帮助。

高万祥认为，没有阅读，特别是没有积极参与经典阅读的语文老师，就没有真正的语文底气。阅读对教师为什么重要？第一，阅读能让教师拥有思想，而知识分子的全部社会尊严和社会价值就在于拥有思想；第二，阅读能让教师获得更多的爱心、良心和责任心；第三，阅读能让教师收获诗意和创造情怀。

高老师还认为，不会写作的语文教师，其职业竞争力就弱了一半。能不能写作，也许是一个教育家和一个教书匠的根本区别。他倡导教师，特别是语文教师，要进行以下三种写作：一是像写情书那样写日记随笔，无论是苏霍姆林斯基，还是当今的很多教育名家，都是在坚持不懈地撰写教育随笔的过程中，不断提升自己对教育的认识，并逐渐成为教育名家的；

二是原创教案,这是教师每天都在进行的创作,也是教师专业成长的真实记录;三是文学和学术写作,为自己在教学实践和教育理论之间架设一座桥梁。

台湾著名学者高希均说:"生活再累也要读书,工作再难也要谈书,收入再少也要买书,住处再挤也要藏书,交情再浅也要送书……最庸俗的人是不读书的人,最吝啬的人是不买书的人,最可怜的人是与书无缘的人。"希望我们都不要做这样的可怜人!

满腔热忱,让教育生活充满活力。爱默生说:"有史以来,任何一项伟大的事业,没有不是因为热忱而成功的。"热忱是一切成功的基石,也是我们追求幸福必备的核心精神。朱永新教授倡导的新教育实验,能够持之以恒地坚持十多年,参与实验的地区和学校日渐增多;朱永新教授坚持不懈地推广阅读,在全国两会上屡屡提交将阅读立法的提案,让全社会越来越重视阅读,这都源自他对教育事业的满腔热忱,以及对教育优先发展的清晰认识。我所欣慰的是,我们的培新小学也行走在新教育的路上,让教师过上一种幸福完整的教育生活,以生为本,逐步形成了自己的办学特色。

高万祥老师能写作并出版《语文的诗意》《相约星期一》《我的教育苦旅》《高万祥与人文教育》《优秀教师的九堂必修课》《优秀教师的30本案头书》《学校里没有讲的教育》等一系列教育著作,被《中国教育报》评为2004年全国首届十大读书人物,也是因为他对教育的满腔热忱,对阅读的一往情深。

美国著名励志书籍作家拿破仑·希尔说得好:"要想获得这个世界上最大的奖赏,你必须拥有过去最伟大的开拓者将梦想转化为全部价值的献身精神,去发展和施展自己的才能。"

人文关怀,让教育充满人性的光辉。教育是关乎"人"的事业,教育是创造人生幸福的事业,教育的根本使命是人文关怀和人文传承。

高老师说人文就是人心,人文关怀就是人心关怀,人的善良心、同情心、羞耻心、责任心、爱国心……这些都应该是第一位的教育内容和教育目的！中国当代教育乃至中国当代社会的一切弊端，都源于人文关怀、人文教育的失落。中国当代教育患上了可怕的群体短视症，遇上了一个最大的天敌——急功近利！

怎样让学校充满人文关怀呢？高老师建议学校可以从以下几个方面做出努力：一是建设书香校园，让阅读去滋养每个人的心田。二是让学校成为大爱的天堂。教育就是爱，爱就是教育，理想的校园应该是充满真爱的天堂。教师要了解每一个学生，信任每一个学生，尊重每一个学生，学习每一个学生。美国年度教师雷夫的教育实践之所以能够引发众多教师的共鸣，一个很重要的原因就是他是真心地热爱教育，真心地爱着每一个学生。三是将道德关怀和人格培养作为教育的基础。人格教育是教育的伟大工程和根本追求，但具体过程却是细小的甚至是简单的，高万祥特别关注在吃饭、行走等一系列日常生活琐事中培养学生的人格，在这方面做出了许多有价值的教育实践。四是教师对教育的热情和信仰。斯普朗格说："教育的最终目的不是传授已有的东西，而是要把人的创造力量诱导出来，将生命感、价值感唤醒。"教师的热情和信仰，正是学生创造力量的助推器。

德国著名哲学家费尔巴哈说："人的第一责任是使自己幸福，一个能使自己幸福的人也能使别人幸福。"高万祥就是这样一个幸福的人。每天和母亲打上一个电话，在嘘寒问暖之中感受家庭的幸福和温暖；坚持向专家学者、向身边的每一个教师和学生学习，将他人点点滴滴的成果和经验汇聚成自己行走的力量；始终不渝地推进经典阅读，让书香充盈校园的每一个角落，丰富师生的精神世界；跑遍了祖国大地，向热爱教育的人们传递自己的教育信念，分享教育实践的智慧……幸福是什么？幸福是快乐和意义的结合。一个幸福的老师，一定有一个明确的可以给人给己带来快乐和意义的目标，然后努力去追求。

"学校里没有讲的教育"，这才是教育最应该做的事情，这才是我们应该拥有的教育视野！

那是一种被确认的眼神

虽是隆冬时节，这里却暖意融融。2018年12月16日，成都大学师范学院的陈大伟教授前来我校讲学，他报告的主题是《观课议课的理念和实践》。诙谐幽默的语言，并且不时地用影像资料中的一些经典片段调动每位听众的感官神经，会场上笑声不断，掌声不绝。通过学习，我感受颇多。改善师生关系，走进学生的内心世界，坐在学生中间，友好地看着每一位学生，那是师生彼此之间一种被确认的眼神。

会后，我深深地感受到，如果说评课是把教师看成等待帮助的个体的话，议课则把教师培养成具有批判精神的思想者和行动者，帮助教师实现自身的解放。我认为，观课议课与传统的听课评课最大的不同是——传统听课评课是站在审视、裁判的角度对课堂教学中教师的教学功夫下主观的评价结论，观课议课则更侧重于以一个平等的视角去考量分析课堂上师生互动、学生自学、生生互动的质量和效果。

回到原点看学生，研究学生的心理和性格特点，有助于我们更好地看待每一个学生的差异，从而激发学生不断努力，最大可能地获得发展，这就是对学生正确的爱。

一、"观"

"观课议课"致力于改变教师的生活态度和工作方式。这种态度是积极主动的参与态度，从接受到参与，从被动到主动，从天天如此到不断发现问题、研究问题，并致力改变。在同事关系改善方面，"观课议课"强调开放，促进互助，致力于建构教学中互助、生活中彼此关照的人际氛围。

"观课"时需要观察课堂上发生了什么，不仅应该观察教师教得怎么样，也应观察学生学得怎么样。我们需要推断执教老师的教学行为背后的想法：他为什么这样教呢？需要判断执教老师的教学行为是否收到了预期的效果：这样教的优点是什么？为什么出现了如此结果？还有更好的方法吗？观课者不是旁观者，不能"事不关己，高高挂起"，需要思考效果与行为之间的联系。我们要思考，假如我来执教，该怎么处理：我的构思与他的构思相比有哪些异同？预期效果会如何？慢慢地教，细细地想，善意地理解授课教师对每一个环节的处理。

以人为本是观课议课的核心理念。人是根本，这一理念落在观课议课中，首先体现在要关心人、尊重人、依靠人、发展人、满足人。以人为本不仅需要心中有人，而且要看到眼前的人，通过对眼前人的关怀，使以人为本中的"人"具体化和现实化。观课议课要致力于引导教师追求和享受幸福的教师生活。幸福的教师生活来源于创造性的劳动和对创造性劳动的审美性体验。大创造，大突破，大快乐；小创造，小突破，小快乐；无创造，无突破，无快乐。

二、"议"

"观课议课"要建立一种平等民主的教学研究文化，这种文化需要解放教师，需要教师意识到自身的权利以及自身实践经验的意义和价值。它立足于改变传统教研文化中教师单纯接受专家、教研员的观点和意见，只是被动的执行者的角色。

"议课"是对课堂教学的某些问题和现象"议"，是教学经验的交流与反思，是以懂得教学规律并且已经认真观课为前提的。首先，选择和确定"议"的主题就是一个需要研究的问题。是课前预先确定主题更好，还是在观课中发现和生成问题更优？其实，这需要兼顾。它与过去评课的主要区别在于不是就授课教师的这节课做出结论性的评价，而是就课程中的某个或多个环节做出发展性的建议。

观课议课是教师改善生活，提升生命质量的过程。课堂教学是教师生命流淌的过程。作为教师，课堂教学是其职业生活最基本的构成部分，它的质量直接影响教师对职业的感受、态度和专业水平的发展以及生命价值的体现。因此课堂教学对他们而言，不只是为学生成长付出，不只是别人交付任务的完成，它同时也是自身生命价值和自身发展的体现。

三、"义"

"观课"中更要重视捕捉与生成有研究价值的问题，也就是"意义"。一般来说，发现问题比解决问题更加困难，所以生成有价值的问题对教师的"观课议课"能力是一个考验。要解决这个问题，根本上需要提高综合素养，需要在长期的"观课议课"实践中"修炼一双看课的火眼金睛"。应鼓励教师用自己的眼睛观察课堂，研究课堂，捕捉各种信息，确定议的问题，并把自己对课堂教学的理解与看法，通过对话交流的方式与大家进行商榷。

"以学论教"需要"到同学身边去"。了解学生的学习活动、学习状态和学习效果，提前进教室与学生沟通。观课是用心灵感悟课堂，有效观课需要主动思考，要为议课做准备，实践观课议课是建设一种新的学校和教师文化。学生会对教师的观察行为做出能动的反应，为了避免"到同学身边去"给学生学习带来负担，观课者最好提前进教室，通过与座位周围的同学寒暄和聊天，了解和关心他们的学习和生活方式，舒缓学生的紧张情绪。在建立彼此合作、接纳的相互关系之后，学生在教学活动中就可能以更自然的方式参与学习，观课者观课中收集的信息也就可能更加真实和有价值。

　　观课议课是促进教师思想进步、实现专业成长的捷径。"以学论教"是观课议课的重要思想。智慧超群的陈大伟教授在聚焦课堂教学中，走出了一条适合教师专业成长的途径——观课议课的模式，并用"以学论教"指导我们的思想。"把学生的学习活动和状态作为观课议课的焦点，以学的状态讨论教的状态，通过学生的学来映射和观察教师的教。"

　　观课议课让我深刻理解了观课的真正意义。有效的观课议课，使我们从活动中收获经验，得到成长。我想：尊重、平等、交流，以学论教，把学生的学习活动和学习状态作为观课议课的重点，以学的方式和效果来思考教学方式的合理性，这样才能更有效地促进教学方式的转变，达到真正意义上的有效教学。

　　感谢陈大伟教授，关照教师的真实生活状态，拓宽了教师生命的宽度。观课议课是以教师的发展为本，促进教师专业成长的一种研修活动，通过开展观课议课活动，有助于增强教师间的合作，促进教师开展反思性教学，从而实现有效教学的目的。台湾作家杏林子说过："一粒貌不惊人的种子，往往隐藏着一个花季的灿烂。"相信观课议课这粒种子，正悄悄地绽放，一个灿烂的花季已经悄无声息地来到我们身边……

家校共育

新教育实验认为,
学校、家庭和社区不是相互孤立的教育"孤岛",
而是彼此联系、互相补充的"群岛"。
家校合作共育,通过建立和发展家庭、
学校和社区多方教育主体之间的新型合作伙伴关系,
完善家校社共育机制,
拓展和改善学校教育教学资源和条件,
影响并改善家庭、家教和家风,
加强促进现代学校制度建设,
促进强化社区和谐共生家校社共育机制,
实现家庭、学校和社区的协调发展,
父母、孩子与教师等相关人员的共同成长。

新父母开放日

教室门口温婉的月季花，静静地开，最初，是一点一点，宛若含蓄的东方女孩两腮的绯红；而后，是一片一片的红。晨曦中有轻雾，朦胧中那片红红的微云轻柔得会软化所谓的坚硬。月季花，没有热烈奔放的玫瑰红，也没有雍容华贵的牡丹红，她那种清而淡的粉红，如同宣纸上轻染的淡墨，不做作，也不张扬，一点一点地渗透到人们心里。阳光下，月季花似乎更加娇羞了。满树的月季花，笑吟吟地迎着春阳。细看月季花，粉色的瓣，黄色的蕊，分外美丽。站在月季花下，凝神看了很久，思绪就在那清清爽爽的花香里，一点一点地变暖。

2015年4月，学校举行本学期的新父母开放日活动，每一个班都需要邀请5名父母来校参加活动。按照班级规定，我在班上选了五位同学的父母，孩子们兴致盎然，特别希望自己的父母到校参加。

第一轮，按照班级纪律之最选出了杨博丞的父母；第二轮，按照班级的写作之最选出了陈奕铭的父母；第三轮，按照班级进步新星选出了黄博雯的父母；第四轮，按照班级的贡献之最，选出了朱含月的父母；第五轮，按照班级新秀之最，选出了骆韵巧的父母。

上午，这些父母们怀着激动的心情来到我们的班级"月季朵朵红"，每一位家长都很高兴，注视着自己的孩子，注视着自己孩子的一举一动，眼中流露着期盼。

第一节课是晨诵课。我们在班得瑞那首美妙的钢琴曲《清晨》中开启了晨诵。清脆的鸟叫,优美的乐曲,让我们陶醉其中,我们一起吟诵关于"慈善与爱同行"的诗歌。孩子们那一个个晃动的小脑袋,就像是一朵朵盛开的花朵,花瓣微张,一开一合,绽放出美丽的色彩。我们徜徉在诗意的天地中,感受着诗意的情怀。孩子们都变成了小诗人,行走在诗意的天空中,心灵得到了洗礼。不需要太多的言语,不需要太多的表白,我们的心中盛满着慈善与爱的灵魂。

数学课和语文课后,是阅读交流会。其中,最让我难忘的是《时代广场的蟋蟀之阅读交流会》。主持人杨博丞和余周子墨十分老练,站在讲台上神气十足,阅读交流会开始之前,校长来到我们班,微笑着看着他们,等到开始时,他轻轻地关上了门,神情欣慰地和我坐在台下,成为一名观众。两位主持人有板有眼,按照每次阅读交流的情形进行交流,任评审员的五位小评审也很神气,时刻准备着评审。

比赛过程中每一小组竞争很激烈,孩子们在每一个环节上都想表现出自己过人的一面。在"阅读积累本"环节中孩子们交流积累这本书的优美词句,通过骆韵巧和陈奕铭的导读,我们一起感受到友谊的美好,他们入情入境地表演诵读,孩子们欣赏着其中的韵味。

这时,主持人灵机一动,希望家长也参与其中。杨博丞拿着话筒走向家长:"各位叔叔阿姨,请说说自己在和孩子阅读《时代广场的蟋蟀》时,发生了什么有趣的事情?或者谈一谈你的感受?"陈奕铭的妈妈侃侃而谈,说出了自己读这本书的感受,既符合实际,也很让人感动。杨博丞说:"可是有的父母很害羞,不能和我们一起分享读书的快乐,希望下一次能主动交流。"其实,他说的是他的妈妈,自然且幽默。

最感人的情景是我们的"社团授牌仪式",我们的新月作家社、花蕊童话社、骏驰科幻社、飞天航模社、文璟诗社、柯卡漫画社、晨露小说社分别由这五位父母授牌,孩子们兴致高涨。几位父母精神焕发地走上讲台,将牌子授给社团的社长。这些孩子很自豪，真如置身颁奖典礼现场。看着这感人的情景，我发现此时此刻教室就像是一条金光闪闪的大道，父母牵着孩子迈入星光大道，开启自己的智慧人生——有的同学热泪盈眶，有的同学欢呼雀跃，还有同学激动万分……

下课了，一大群孩子围着我说："老师，我要加入漫画社！""老师，我们还可以再增加几个社！""老师，我们诗社都有好几篇作品了，我又收集了几篇！"面对此场景，我也高兴万分！

朱永新教授说："与孩子一起成长，是好父母共同的特征。孩童时代所受的教育影响着人的一生，父母就是儿童最初的世界。家庭教育对人的影响刻骨铭心。"

今年倒春寒，月季花的曼妙倩影姗姗来迟。而我一样用诗意的静心，怀想着月季花的情韵，心还和从前一样的温软！静静伫立在月季花开的花园里，遗忘了喧嚣，也遗忘了自己……

新教育实验报告

新班主任

　　心中常存希望，身边鲜花烂漫。这就是我对幸福的诠释，我的幸福可以这样简单、明晰。种下一株月季可以辛勤培育，可以期待花开，可以对她说："嗯，我很喜欢！"这样，我的幸福可以是一株月季。我会将它放在阳光充足的阳台，会保持最适宜的温度，会剪掉多余的干枯的花蕾，会给它自由的空间，让它自由地飞翔，让它快乐地成长。如果说花开是幸福的极致，那么等待花开的过程，就是我享受幸福的过程。只是，无论我怎么去想象，也想不出你蓝色的丽影。在我的眼里，你有着兰花的幽雅，芍药花一样的妖娆，牡丹花那样的华贵，玫瑰花那般的鲜艳——在这月季花盛开的季节，我的幸福真的注定就是那朵朵月季。

　　聪明伶俐的博丞，那朵蓝色的月季可不就是你吗？

　　这周，我们班的数学老师——周长安老师到江苏省学习去了，临时的数学代课老师任务艰巨而重大，不但要将陌生的学生管好，还要将数学学科教学任务帮忙抓好。

　　为了能够充分地发挥学生的自主管理能力，我准备放手让学生去管理，从整队、课前、跑操、课间安全都让学生负责。观察班级的学生，发现博丞很胜任这个职位，于是我就让他担任新班主任。我告诉他，让他大胆地工作，他只要站在讲台上就代表着班级的班主任，我是培养"新班主任"

的班主任。大家听完都笑了。同时，我的班级成立了"新父母爱心团队"，在关键的时间节点，父母走进校园，参与学校的常规管理，轮流进行，不断跟进，对班级良好的秩序，学生良好习惯的养成起到很大的作用，他们的力量不敢轻视。

没有想到，这个办法真的很好。大个子朱含月和陈奕铭领队，而博丞像我平时当班主任时的样子，站在队伍的侧面，由两个领队的同学整理好班级的队伍。只见他环顾四周，对每一排的同学进行检查，很快就知道班上同学站队的情况，他昂首挺胸，围着队伍走了一圈，神气十足，班上的同学投来了羡慕的眼神，班级的队伍一下整齐了很多，排长、列长一下子就提高了警惕，比平时的队伍要整齐、要迅速得多。

新班主任的人选我慎重考虑过了，要选一个在班上道德品质好、威信高的学生担任。博丞比较合适，他是一位对班级非常热爱的学生。上课时，目不转睛地望着我，眼中满是对知识的渴求。旺盛的精力，使他对班级的事情都很感兴趣。他到校时间比较早，对班级的事务总是充满了热情，学习成绩也很不错。他的上进心极强，作文前十强、考试成绩、班级争星、美德少年、主持人竞选等，他都要奋力拼搏，都想排在第一名。

这次，在竞选"新班主任"的职位上，博丞就以绝对的优势获得班上同学的赞誉，走上了班主任的岗位。

上操时，博丞会很快地将本班带到六楼楼顶，队伍齐刷刷的，等我上六楼时，大家已经在认真做操了，他就回到队伍中成了学生中的一员。

上课前，博丞站在讲台上，检查每一位同学课本摆放的情况，炯炯有神的眼睛，满是一种威严，大多数学生已经保持良好的坐姿，期待着美丽的语文课堂。

放学时，更是让人喜欢的场面。在办公室里，我依然在专注地批改孩子们的作文，因为每一次的批改丝毫不敢马虎，许多孩子们都很拼，暗地里较劲，这次你得到了前十强的第一名，下一次我也不想得第二名，这样，你争我夺，孩子们的写作进步很快。教室外面，队伍已经整好，他们准备下楼。隔着玻璃窗台，我看见了孩子们的队伍一排排地行进着，有的孩子边走着偷偷地望着我，想知道我是否在关注他们。

这群可爱的孩子们，越来越让我安心了，这就是一个新班主任带来的变化。我们一般不相信孩子们的能力，不敢放手，不敢给他们锻炼的机会，看来，这不过是我们的过分担忧。只要给他们机会，他们总会绽放光彩。谁说孩子们总要老师不停地强调纪律，才会遵守纪律，管住自己？只要大胆地放手，合理地管理，孩子们也会得到成长，班级的管理又是另一种感觉，这种感觉就是幸福！

其实，幸福需静静地以平和之心相待。因为它多半只是悄悄地扑面而来，一不小心会悄悄逃走。不到该来的时候，急也不来；到了该走的时候，留也留不住。幸福的过程，有起点就有终点，正如有花开必有花谢。不是每一幕都是高潮，一出好戏有起有落，有平有伏，更有转承和回折。所以，无数次的花开花谢，再次花开的过程，都是幸福无限延伸的过程。

朱永新教授说："每个人都有自己不想被别人知道的世界，都有自己需要保守的秘密。这个空间不应该轻易被别人占领。许多孩子其实没有什么秘密，他就是需要保持自己的这样一方神秘世界而已。最好的办法是成为孩子的朋友，作为朋友，他会向你敞开他的世界。"

若我的幸福注定就是月季，我希望她成为春天里漫山遍野的映山红，既热闹又活泼，一点阳光、一点雨露、一点泥土，她就成了挥洒自如的泼墨大师；希望她也是多姿多彩的栀子花，这儿一丛，那儿一束，无拘无束，自在地装点着世界的绚丽；还希望我的幸福有着沙漠胡杨的品质：不仅拥有让人震撼的顽强，在茫茫大漠的落日余晖中，还有非比寻常的美丽和壮观……

若我的幸福注定是月季，我会加倍付出，用心珍惜，用爱经营，我相信它不会只是一株，而是会有很多，红色系、粉色系、白色系……那时，我的幸福的月季会开满整个生命的花园,会四季鲜艳花开,会时时清香常在,会绽放在我的红尘流年里。

有个孩子叫小威

花儿的绽放,虽只有一瞬,但它是在用生命盛开出最美的时光。我从十岁起,就很怕光消逝的那一刻,就像花儿的生命到了终点,飘落时分。虽说每个季节都有不同的花儿开放,但它们终不是相同的。就好比月季,它到了凌冬时节,留枝无芽,娇蕾无存,但根须茁壮,只为积蓄能量。

我班有个男生叫小威,个头不高,性格活泼,每天乐呵呵,比较顽皮。小威的成绩不好,上课不专心,不交作业,经常迟到,属于那种问题学生。各科老师反复教育他,老师们的苦口婆心很难换来小威的转变,老师们都很头疼,作为班主任的我也很头疼。

一次,在科学课堂上,小威和后面的学生说话,科学老师发现了,让小威站起来,小威很不服气:"为什么让我站起来?"老师说:"你和同学说话不该站起来吗?"小威嘴硬道:"我没说话。"老师生气地拉小威出了教室,正好我从教室旁边路过。为了让老师继续讲课,我把小威带到办公室,询问事情经过,小威并不服气,坚持自己没有说话。虽然我对小威进行了长时间的教育,小威也没有认识到自己的错误。小威对批评已经产生了免疫,这件事过后,小威依然我行我素。这是一次失败的教育过程,我没有走进小威心中,批评只会增加小威的反感。

小威又一次迟到,小威又一次没有完成作业,每天小威都会犯一些小错误。任课老师无法改变小威，只希望小威在教室里老老实实待着不影响别的同学就行，我也接受几个老师的建议，把小威调到一个墙角边，让他一个人坐。

小威真的没救了吗？小威不爱学习，但人缘不错，有很多朋友，小威还很热心，每次见到老师都主动打招呼，经常帮老师做些小事。小威每天没有事可做自然无事生非。何不安排一些事让他做呢，换种方式会不会改变小威呢？

一次，我在《中国新教育》上看到：对学生要多赏识，让学生实现自己的价值，让学生有事做。何不让小威当班干部？我又在教育杂志上看到：打造诗意的班级，班主任在教室里养花，对学生进行生命教育。我何不让学生也养花？

阳春三月，万物复萌，外面一片淡绿，一些小草破土出芽，出现勃勃生机。如果在教室里放几盆花，春天就会走进教室里。随着气温的回暖，我家的一个大蒜瓣也出芽了，我把发芽的蒜瓣栽种在废弃的方便面桶里，几天后，绿绿的蒜苗出来了。受此启发，我让学生养蒜苗。

我在班里启发同学们：春天到了，我们可以在班里养花。"养花？"学生惊讶道，"怎么养？养在什么地方。"我说："咱们同学回家后把自己家的花移过来，花盆可以用方便面桶、一次性饭盒等。我们要节俭，不花钱买花，自己移植花朵，自己寻找栽花的器皿，要变废为宝。"

第二天，有的学生用一次性水杯养了几根草，有的学生用方便面桶养了一棵菊花。一些废弃的方便面桶、饭盒、学生奶盒出现在教室里，一些花草也出现在教室里。我又宣布：我们要比一比，看谁养的花多，看谁养的花茂盛，有奖励。一听有奖励，学生的兴奋劲更高。我还把自己那桶蒜苗搬进教室说："这是我养的，我想你们会养得更好。现在我把这蒜苗交给一个学生看护，小威愿意看护吗？"小威大声道："愿意！"

过了一周，班里又出现一些花草，教室里春色遍地，都是学生亲手栽培的。这样做，锻炼了学生的动手能力，还美化了班级，好处很多。小威看护的蒜苗也长得非常茂盛。于是我专门举行一次表彰大会，让小威上台发言，小威提前准备好发言稿，上台讲话声音响亮清晰，我夸他具有领导的潜质。我又奖励了小威一个练习本，第一页我写道："只要坚持，一切困难都能克服，学习也是一样。"

经过这次特殊的表彰和发言，小威有了改变。接下来的一周，小威犯错少了。我又趁热打铁，让小威担任值周长，每天让他帮我检查教室卫生，小威干得很认真，每天交来很详细的学生名单。小威上课认真了，作业也按时交了，迟到也很少了。小威就这样一步步改变，成绩也提高很多。

教育和养花一样，需要耐心和毅力，要坚持到底。我借助养花让学生明白：做任何事情都要坚持，要用心，成长是不容易的。只要坚持就能克服困难。在这次养花事件中，小威做了一件力所能及的工作，他的自信心得到了增强。加上老师的鼓励表扬，他的转变就开始了。学生需要夸奖，赏识比批评更有效，班主任要多表扬少批评。让学生在做中体验成功，成功才能改变问题生。让学生像花儿一样经历风雨后茁壮成长！

朱永新教授说："教师不仅仅是园丁，花无法影响园丁，只能给园丁带来感官的愉悦和工作的成就感。而学生对于教师的影响是巨大的。教育过程是教师与学生互相作用的过程。教师自己本身应该是一朵美丽的花。"美丽的花儿其实和人一样，有愿意为他人奉献的精神。它那默默奉献的精神并没有多少人了解，但倘若世间没了花儿，那原本美好的世界，会变得有多么空洞？花开，花落，总是在反反复复地循环，但花从未埋怨过，因为心中有种奉献的精神。

我静静地蹲在启智楼下的花坛边，慨叹：花到花期花自落，平凡一生，只为他人，不求回报，不求关注，不求改变。不同季节，不同花，谱成一支不同旋律的优雅舞韵……

家校共育

家校联系本

  我无数次发现，每次在课堂上提出问题时，她总是回避着我的目光；每次我在讲练习时，她总是低低地埋着脑袋。这就是我们班的静文同学。她基础差、胆小、自卑，不爱与同学交流，更别说在老师面前表达什么了，甚至远远地见到老师都会绕道走。有时我在讲评日记，只要说到"某些同学首先应该学会将每个句子写通顺"这句话时，她必定是羞愧地低着头，看着桌子。我对学生说："语文是一个积累性的学科，多阅读不仅可以提高我们的写作水平，还可以提升我们的语文素养。"一段时间过去了，她却没有任何改变，次次作业照样是语句不通顺。我没有办法，只能将她喊到面前，单独与她做交流，遗憾的是她还是一成不变。我见到她这个样子也只能低声叹息。

  但是，有一次上课时，我发现她变了：她的眼里闪烁着光芒，在注视着我！整节课都是！这是多么大的变化啊！我又发觉，她几乎每节课都是这样。我欣喜着，疑惑着，思考着。为什么她会有如此大的变化呢？答案终于在一次日记中揭晓了。她在日记中说："今天我送《写字书》给老师批改时，'身'字的一横写出头了，老师特意在旁边范写了一遍，告诉我这一横不要出头，接着，还亲切地说，当'身'做部首时最后两笔应该连成一笔变为横撇。我觉得老师很关心我，我一定要加油，不让老师失望！"

我很高兴，这次她居然将这段话表达得很清楚！我又很意外，她的转变竟来自我一次不经意的指导，我这么简单的一个举动在孩子的眼中就是对她的关爱！我豁然开朗，是爱，温暖了她幼小的心灵；是爱，激发了她原始的动力；是爱，给予了她学习的目标。原来，爱是这么简单！

朱永新教授说："家庭与学校应该成为教育的共同体，共同承担起教育孩子的责任。父母要注意采用适当的方式克服两种倾向，即过多责备老师，偏向孩子；或偏向老师，过多责备孩子。父母应实事求是，鼓励、帮助孩子正确对待不公正待遇；应努力成为学校、老师的好帮手，帮助孩子健康成长。"接下来的日子里，我时刻关注着她。在课堂上对她的专注给予赞许，在《家校联系本》上给予她鼓励，有时不经意间找她说两句，告诉她，书是我们一辈子的朋友，读一本好书就是在和高尚的人谈话……慢慢地，我发现她书不离手了，做完作业在看书，课间十分钟在看书，中午休息时在看书……于是，她的语言表达能力有了很大的提高，课堂上也能自信而流利地发言了，日记更是有了质的飞跃。渐渐地，她变得更加开朗。

苏霍姆林斯基的教育箴言中写道："在每一个年轻的心灵里，都存放着求知好学、渴望知识的火药，只有教师的思想才有可能去点燃它。"我们用爱照样可以点燃学生的心灵，激发学生的求知欲。一个暗含期待的眼神可以让学生感受到真诚，一次轻声细语的呵护可以让学生感受到温暖，一次语重心长的谈话可能让学生重获自信……因此，每次听到黄小琥唱起《爱没那么简单》时，我总想说："爱，就这么简单！"

班务日志

春天忽然降临，又匆匆退场，短暂而美好，春夏之交的日子，清新而又热情。

我们学校的校花——月季花就在这个季节开得更加绚丽多姿。在我看来她有一种简约之美，在她开花的时候，身上不带一片树叶，使出全身力气在这诱人的春天得到尽美的绽放。一份善良，一点清丽，一丝暗香，一缕爱意在心中淡淡地流淌着。

那天，记载教室事件的班务日志被我随意丢在了讲台上。没想到，班务日志在午休时间几乎吸引了全班学生，他们津津有味地争相传阅着、议论着、猜测着（其实，那只不过是班级每天考勤，新父母爱心团地对班级的建议，里面最吸引人的是父母的话）。下午第一节课铃声响起，班务日志被一位调皮的学生匆忙中又压在了讲台上，而那几个在班级事件中提及的学生，也一反常态地端正了坐姿，表现出了浮躁和不安，他们在等待着老师的发话，不知道接下来是受表扬还是受批评，其他同学则不同程度地流露出了"探秘"后的兴奋表情。这一切，让我看在眼里，乐在心里，我突发奇想：既然学生对老师的东西如此感兴趣，能产生如此的神奇功效，那为什么不如法炮制，及时地、"无意"地丢一些东西在讲台上，以此来作为向学生传递某种信息的手段和方法呢？于是"父母的话"和"老师的话"

被运用于此后的尝试,我也收到了许多喜人的甘甜果实。

有一段时间,班里部分学生做大课间跑操时纪律有所松懈,而在即将到来的体育节上,学校要进行跑操比赛。每一个班都铆足了劲,加紧锻炼。但我发现我们班,班主任在与不在两个样,值周老师检查时经常扣分。于是,我在班务日志上大大地写着:"唉,纪律,大课间跑操纪律!!!"其中"纪律"二字还重重地圈着许多圈儿。第二天早上,我刚进教室,就感到了早读气氛与以往不同,不但书声琅琅,而且学生的坐姿与拿书姿势都很标准到位。中队长杨博丞跑过来对我说:"老师,从今天开始,我们全班同学一定遵守纪律,尤其是大课间跑操一定不再被扣分。"当然,最后的检查结果的确得了满分,这一良好班风至今仍保持着。这样,我没费一句口舌,不用伤脑筋,只用短短几个字就将班里的纪律难题解决了。那段时间,流动红旗一直在班级墙壁高高悬挂着。

用同样的方法,我让之前成绩优秀却迷上了网络游戏的一飞同学重又振作精神,认真学习,还被同学们推选为班干部;我让平时作业拖拉的畅想同学变得愿意交作业了,而且书写得干净、整洁,当上了"学习进步星",这些在他身上都是前所未有的变化;还让经常爱迟到的文晔,每天按时到校,并兴致勃勃地帮班级打扫卫生……

朱永新教授说:"教师与学生是一枚硬币的两面,是两位一体:没有教师,学生的学习无从谈起;没有学生,教师的存在失去意义。教育中所有遭遇的问题,既是学生的生命难题,也是教师面临的生命难题。"

被我"无意"中丢在讲台上的东西有时是一张纸片,有时是一本作业本,但上面所写内容力求做到简短醒目,这些被丢下的东西有学生学习上的问题,也有班风建设上的问题,所幸的是这些被丢的问题都及时地、准确地向学生传达了我的意图,既满足了学生的好奇心和"探秘"的要求,又能使自己的某些工作变得更简便、快捷、顺利,取得了意想不到的收获。

12月22日

  依旧记得那个曼妙的秋天，有绚丽的秋阳，有凉爽的秋风，更有年轻的生命，青春烂漫。一缕清幽的香，如同一朵月季花开在了我的眼前。你浅笑着伸出双手，上面静静地躺着一支粉面的月季花。油亮的褐色枝条上缀着三朵含苞待放的花蕾，一如晴空中那几朵缥缈的云，幽深而轻柔。它就那样默默无语，纤吐着曼妙芳华。而你，黑亮的眼眸中闪动着点点期望的光，拉着我的手，笑靥如花。

  这是一位让人一看就喜欢的孩子，懂事、乖巧的她总是在班级中得到学生的信任和认可。学习成绩优异、班务管理能力强，在班级中有很高的威信。可是命运之神为何不去眷顾这样一个出色的女孩？

  2015年9月2日，我去安康市中心医院探视一位病人，乘坐电梯的时候一位泪眼蒙眬的孩子和我打了个招呼，她告诉我她的妈妈也在这个医院住院，她就是我的这位出色的学生。后来得知，就是在那一天，她的妈妈因病医治无效，永远离开了这个美丽的世界。当我看见她的亲戚给我发来的短信时，我真的无法接受这样一个现实，她的妈妈和我一样大的年纪，她和我的女儿差不多的年龄。记得在今年四月份，她妈妈来到学校和我见了一面，那是一位端庄秀丽的母亲。现实为何这样残酷，为何如此残酷地对待这样一个优秀的孩子，让她失去母爱？

9月5日，孩子到校上课了，当我看见她走进教室的时候，鼻子都酸了。她坐在自己的座位上，表情是那样平静，那样坚毅。不像我想象中悲伤的表情，她甚至比以前更坚强，更坚定了，回答问题时流利、精彩的语言让同学们刮目相看。多好的孩子，一个让人心动的女孩，是她的坚强感染了我。在班级管理上，她也是亲力亲为，大胆管理。如此的努力，如此的坚持，同学们对她心悦诚服。看着她那坚强的目光，看着她那坚强的身影，我发现最坚强的孩子原来就在我的身边。我感觉她和我的默契，除了师生情，更多的是亲情……

每想到此事，我总是为自己生在这样幸运的时代，有这样良好的工作环境，有这样优秀的学生而庆幸。于是，我分外珍惜生命，珍惜和身边的每一个人在一起生活和工作的日子。为身边的人带来快乐，是我最大的快乐！

于是，每到孩子生日这天——12月22日，我第一个会给她打去祝福电话。

席慕蓉说："青春是一本太过仓促的书。我沉默着只道无言，它一如桃花，短暂地演绎了绚烂……"那是说一位年轻的母亲。我也是一位年轻的母亲，都是青春，都为孩子的明天奋斗的青春。于是，我决定做一位在乎学生身心健康的教师，做一位阳光教师，让自己的教育生活有滋有味。

阳光下，那一支绚丽的月季花闪动着静寂的光环，娇弱而清新，就如同一个个年轻的笑脸。在一个个春阳暖照的日子里，年轻的我们，抹去了那青涩而温热的泪，和着脉脉的春风，挥洒曼妙芳华。童年应该放飞孩子的心灵，让孩子拥有足够的时间和空间，去想象、追问、思考、探索、游戏，不断帮助孩子发现自己、成就自己。

家校共育

让我靠近你

　　办公桌上一盆月季花，总是那样，任岁月流转，绽放着同一抹芳华。我想，是不是因为没有奢求，才会那样的素雅，是不是厌倦虚荣，才这样朴实无华。绿的叶，红的花，却用清馨的芬芳，记录了一生，简洁无瑕。总是那样的安静，享受着阳光，领略着四季的风雨，开心时轻摇枝头，烦恼时抖落枯黄。你的从容，在你旺盛的生命中闪耀，不屑于色彩的装点，在繁杂与浮世中，尽展洁净的风华。是的，你总是那样从晨曦初露到晚霞映天，用你的快乐，展示着美好年华。

　　这是一个让人看着就喜爱的男生，他叫龙龙，胖乎乎的，目光狡黠，让人难忘。

　　10月的一天，我刚接任新班不久，那天早上，我正在上课，他的家长说要提前带他回家。第二天，他对我说："老师，昨天我爸爸患肺结核去世了……"说着，头沉了下去。从此，这个孩子没有了笑声，似乎在他的世界里没有了阳光。他的妈妈原来在安运司有个摊位，自从丈夫去世后，嗜赌成性，再也找不到她的人影，电话总是无法接通。这个孩子一直在六十岁的外婆家中生活。

　　学校要召开秋运会，没有他的项目，他下楼梯时，不小心摔跤骨折。我和班上的同学一起把他送到学校最近的县医院，打好石膏，把他送回家。

他的外婆在安康人武部家属区，不在家，于是只好把他寄放在邻居家。听邻居王爷爷说，他的外公去世多年，外婆把他妈妈含辛茹苦地抚养大，现在到老了还要抚养外孙……

有一天，龙龙跟我说："老师，我妈妈竟然偷走外婆的存折和金项链给人还赌债……"随后，他的外婆在电话中哭诉了这个事情，一说就是一个小时，我只是劝说。世界上哪有这样的事，女儿偷母亲钱还赌债？再后来，有人竟然在校门口堵住龙龙不让他回家。可怜的孩子被陌生人围困了两个小时，直到我班的学生给我打电话，我才发现事情竟如此严重。在我的帮助下，总算平息此事。几件接连发生的事情，让我的心难以平静：多好的孩子，却只能面对家庭破碎、父母缺位，真让人揪心。

他说，他最喜欢学校，最喜欢我，最喜欢我的课。他说，只有在学校，他才有安全感。这个孩子因为有老师们的爱护和学校的庇护，才感到世界的美好。如此情形，我不假思索地告诉他："龙龙，你是我的孩子，从今天开始，我不仅是你的老师，还是你的妈妈。"自从我给他说过这句话后，他变了，变得快乐起来，发言积极，学习充满了动力。看着他的表现，我在他成绩进步时，就给他零花钱作为奖励。

朱永新教授说："道德的教育是润物细无声的过程，尤其需要宽松、宽容和温馨的环境。"现在，这个孩子依然良性地发展，他因我的爱心而变化，我将持续关注他。原来，老师多给学生一点点爱，学生就发生了这么大的变化！

嗅着办公桌上月季花，在记忆里寻寻觅觅，想找回被遗忘在角落里的美好，在记忆里犹犹豫豫，恋着那海一般的蔚蓝，不是花儿芬芳的季节，暗香却翩然浮动，总想一天溢出这世俗的围栏！

双减之后

　　他就那么乖巧地站在你面前，以一种对老师虔诚的敬意，聆听我的话语，时而给我帮忙倒水，时而擦桌子，时而整理书桌，动作麻利、熟练，一看就是一个经常干家务的男孩，小大人。

　　伟伟在班上年龄最大，是同学心中的老大。别看他才十来岁，在家中可是顶梁柱。他上课的时间经常打盹，家庭作业有时候只是做了一半，或者忘记带来，学习成绩不稳定，让人感觉他在学习上有困难，很让我担忧。

　　他小小年纪就承担起家庭的重担，在他两岁时，父亲在一次建筑工地干活摔倒后再也没有醒来；他的母亲是一位家庭妇女，含辛茹苦抚养着一双儿女，当他刚懂事就开始帮妈妈干活。他们一天天长大，花钱的地方越来越多，母亲在外摆夜市，孩子每日也要帮助母亲出摊和收摊。

　　在班上，他总是显得成熟，显得老练，什么事交给他都很放心。有时我会让他当小老师，他也是像模像样的，很潇洒，很有组织管理能力，总是默默地为班级做贡献，从来不求回报什么。我曾经找他谈话，让他当班干部，但是他婉言谢绝，说自己学习成绩还不够突出。他表现得那么沉稳，那么谦虚，似乎不像是这个年龄的孩子。每当我不在班上的时候，他总是一个人"力挽狂澜"，班上将近一年没有打架骂人的现象。团结、上进、乐观、自信、勤奋的班级风貌，和他参与班级管理是分不开的。

一天放学，天降大雨，我不准备回家，想在校把测试卷批改完，他问我："老师，你不回家？"我随声附和。不一会儿，他给我买来了饭，当我还没明白怎么回事时，他已经不见了。后来他还邀请我到他的家中，给我看了他生父的照片，讲了他小时候的故事……

多懂事的孩子啊，他对我充满了信任和热爱。在这个班集体中，似乎一天都不能没有他。我感觉这个孩子以后会有大出息的，因为他身上有着非一般的坚毅，小小年纪，在他的世界中，没有泪水，只有奋斗，只有责任！这个孩子可能是我当了十几年教师所遇到的最懂事的学生，家庭的重担落在一个十来岁孩子的身上，是怎样的滋味，我们都不清楚，我们只知道那是沉甸甸的感觉。

双减之后，伟伟在学校完全能独立完成家庭作业，并能管理班级事务，他一放学飞奔回家，和妈妈一起推着餐车出摊，他时而帮妈妈收拾餐桌，时而打扫卫生，时而在角落背诵英语单词……着实让人爱怜，让人感动！

伟伟——我会永远记住你，记住你在我们生命中邂逅的那段缘分的天空，一生一世，我会把你的事迹传颂，让这个时代更多的孩子都知道，在他们身边有这样一个孩子，他比你们都坚强！

苏霍姆林斯基在《怎样对待学习有困难的儿童》一书中说："在我们这些教师人当中，不是也有一些人，每一天都让学生感觉到，甚至直接说，他是一个毫无希望的人吗？这是不容许的。"教师应该深思熟虑地仔细研究儿童的智力发展、情感发展和道德发展的情况，找准儿童学习困难的实际情况，帮助他们战胜困难，走向成功。事实上，每一个人的身上都蕴藏着巨大的能量，如果这些能量得不到合理的开发，就会永远沉睡在心底。反之，我们给予关怀、爱护、唤醒、理解，激发的能量是常人难以想象的，我们让他们不再流泪，让他们沐浴在教育的阳光下，快乐成长！

办公室门口的月季花香沁人心脾，但再沁心的花香终究要飘散的，风儿将它带走。欣喜着，感觉到它的来临，感受它带来的宁静和愉快，最后，微笑着看它离开，虽然带着一丝留恋和不舍，但愿这阵花香能给另一个幸福的人以同样的快乐。

我要和你回家

我班里有一名女同学叫浩淼,五年级时从唐山转学回安康,父母离异。这个女孩子平日里总是沉默寡言,很少与人交谈沟通,就像离群的孤雁,在日记中多次流露出丧失生活的信心,内心感到十分悲伤和孤独。我找她谈心,问她:"最近怎么不开心?有什么事可以和老师说啊!"她欲言又止,甚至流泪。此时,我认识到浩淼已经背上沉重的精神包袱,有必要及时进行家访。

当浩淼带着我来到她家时,我恍然大悟这个孩子为什么每天家庭作业上的字都是歪歪扭扭的,而且作业本上满是油渍。原来,这间租来的十余平米的小屋里不仅住着浩淼和妈妈,同屋而居的还有浩淼的大姨、大姨父和大姨家的姐姐。不用说给孩子营造学习环境,就是最基本的住宿都勉强维持。

浩淼每天都趴在床上或灶台上写作业,浩淼的妈妈在一家小饭店做勤杂工,早出晚归,经常几天都和孩子说不上一句话。浩淼的大姨和大姨父的生活也并不富裕,经常吵架,浩淼的姐姐就经常领着她,出去躲避家庭的争吵。一段时间,浩淼的学习成绩大幅度下降。难道学习成绩下降是浩淼悲观沉默的原因?我觉得事情远没有那么简单。所以尽管浩淼的妈妈不在家,我来到浩淼家,站在厨房里,和正在炒菜的浩淼大姨攀谈起来。

"浩淼妈妈每天早出晚归,这孩子都由你来照顾,你自己孩子上中学了吧?每天真辛苦!"我试探着说道。"辛苦有什么办法?谁让自己妹妹离婚了呢?浩淼这孩子命不好,她爸妈离婚以后,浩淼爸爸一直不承担抚养责任,我妹妹天天出去打工维持她们娘俩生活也很不易。这个学期开学交学费的时候,我妹妹急得直上火,可浩淼爸爸就是不给交学费。有时候浩淼的妈妈让她给爸爸打电话要学费,可每次孩子还没说上几句电话就挂断了。有时候晚上睡觉,浩淼就在被窝里哭,我妹妹也躺床上掉眼泪……屋漏偏逢连夜雨,学费问题还没解决呢,我爸在唐山出车祸了。我想把自己孩子放到奶奶家,和爱人去唐山看我爸,可浩淼没地方放,到现在,我俩也没走成呢。浩淼爸爸就在安康,可他怎么也不把浩淼带回家,就是不接孩子。"

听了浩淼大姨的一番话我明白了,浩淼从小缺乏父爱。不幸的命运和生活的苦难使她常感悲伤,这是造成浩淼心事重重的主要原因。于是,我来到了浩淼妈妈打工的地点,开门见山地对浩淼妈妈说:"大姐,你相信我吗?把浩淼放我这吧,我帮你带,你安心处理事情!浩淼的学费你也不用操心了,我向学校详细汇报浩淼的情况以后,学校特别重视,不仅给浩淼免去了学费,还买了很多学习用品打算送给浩淼呢!"

浩淼的妈妈感动得泣不成声,晚上,浩淼便和我一起回了家,我做了浩淼最爱吃的菜。吃完饭,我陪着她一起写作业、背英语单词。浩淼说:"老师,我这么快就全背下来了,原来背单词是件这么容易的事啊!"我鼓励她说:"对啊,学习虽说不易,只要肯下功夫,就会越学越有意思呢!"她不相信地看着我:"真的吗?"为了帮她树立信心,我确定地对她说:"相信我,也相信你自己,我们一定会在学习上取得胜利,好不好?"浩淼的小脸上露出了久违的笑容。一个星期后的英语单元测试,浩淼得了满分。她眼睛瞪得大大的,脸上满是惊讶和喜悦,拿着卷子跑到我跟前说:"老师,我下个礼拜还住您家,行吗?那样我就次次都能考100!"她这样一说，全班同学都围了过来，"老师，我也去你家，我也想考100分！""我也要去"……在那一刻我的心里甜滋滋的，为人师者的幸福涌上心头。

浩淼的妈妈一周后回到安康，可由于误工时间太长，原来的雇主已经找了新的人手。浩淼的妈妈没有文化，找工作比较困难，没有工作，就等于没有生活来源，浩淼的脸上又浮现出了愁云。我也十分着急，托亲戚四处打听，终于找到了一份工作介绍给浩淼的妈妈，虽然每个月只有几百元钱，可浩淼和妈妈的生活终于有了着落。浩淼妈妈为了表达对我的感谢，送给了我一条围巾。我明白这是浩淼和她妈妈的一片心意，就欣然收下了这条围巾，对浩淼说："谢谢你的妈妈送给老师这么漂亮的围巾，老师会经常戴着它。那么，老师也要送你一件礼物，你也一定要收下！"我看见浩淼的小棉袄已经又小又旧了，早就盘算着给她买件新的。第二天，浩淼喜滋滋地穿上了新衣服，久违的笑容重新回到了她的脸上，在日记中她说："老师，我现在每天都很开心，我的学习成绩提高了，我妈妈也很高兴！老师，我想说：谢谢您！我会继续努力学习。"看了她的日记，我感到由衷的欣慰。给予孩子们一米阳光，而我也收获了整个蓝天。

朱永新教授说："教育就是成长。当教师体会到与学生一起成长的幸福，与学校一起成长的快乐，才会从琐屑教学生活中发现教育的价值，生命的意义。"我和学生在新教育生活中体味着成长的乐趣，发现教育的秘密，破译幸福的密码。

爷爷不会写字

季节进入五月份,我们迎来了一年中春光最明媚的时候,在兴安公园里、林荫道上已是花团锦簇。而这时,花儿还不那么多,但光看那广大的绿野青山,配以澄净的蓝天白云,心情也会为之一新,再听听那啾啾清脆的鸟鸣,沐浴着轻柔的晨风,顿时感觉到春天的无限美好。而在此时,却有一种花儿悄然开放,香气弥漫,色彩艳丽,在万绿丛中尽显妩媚,那就是月季。

萧萧住在一幢家属楼的五楼,楼层不是很理想,但让他感到愉快的是窗前有一排大柳树,从初春柳丝吐绿,到夏季枝繁叶茂,始终绿意盎然,爷爷教他用柳条编织花环。

这是一个让人爱怜的男生,刚一出生,父亲就在车祸中身亡。他的出生给这个家族带来的不是喜悦,而是灾祸,仿佛是他夺走了他生父的性命。他和他的母亲被逐出家门。母亲只能投奔娘家。等他稍大一点,母亲就出外打工,于是他由外婆抚养到8岁,才回到爷爷家,真的让人好心酸。

我在未接触他之时,他的名字已"享誉"全校,以不学习、爱打架而闻名。上课睡觉、不写作业,翻围墙的事情时有发生。身上总散发着一股气味,同学们都敬而远之,他总是躲在一个偏僻的角落。

2011年8月28日,我接到的这个班——五(6)班,当时是全校语、数老师换得最多的一个班级。学生的家庭状况各异，有 11 位学生属于单亲家庭，萧萧就是其中的一位。这样的班级，能不能顺利接管，我自己也说不准。带过这个班的老师都说，你要带这样的班级，就先把萧萧"拿下"。

这是一个黑瘦的男孩，一看就是营养不良。他的眼神落寞、无助、自卑。每一次试卷签字，他都万般无奈地说："老师，我爷爷不会写字"。看着他，我心生爱怜之情。我暗想，一定要让他感受到我对他和其他同学是一视同仁的。他第一次和我打招呼时，我就在班上热烈地表扬他非常有礼貌。

我给予了他充分的关注，他说的每一句话，我都从中找到可表扬的亮点。我还和政教处陈明康老师商量，在校会上专门表扬他的好事佳绩，回到班级对他的事迹专门开班会宣讲。

当他发现在这个班级能有自己的一席之地，也能发挥自己的作用时，他渐渐地发生了改变，现在的他，作业按时完成，成绩也是一次次地提高，校园中总会见到他在做好事的身影……

我的的确确感受到，老师所说的每一句话，都要慎重，因为，它将影响学生的一生！

用宽容、信赖对待学生，真爱孩子，就应该宽容孩子，有时宽容的影响，比处罚效果更好。对孩子的教育要触及心灵，让他们有一颗爱心，爱世界，爱生活，爱他人，爱自己；让他们有一颗纯净的心，会荡涤污垢，净化心灵……真爱是教育的最高境界。花朵是色彩斑斓的，学生性情各异，我们应该学会宽容、信赖和赞美。

真爱学生，应该让学生自主，而不该粗暴地限制他们的自由，肆意剥夺他们的正当权利，应该创设时空，让他们张扬个性，展示自我。要尊重差异，甚至允许学生与自己争辩，让学生展开翅膀，飞向想象与创新的天堂。

朱永新教授说："每个孩子都是失去翅膀、落入凡间的天使。阅读，将让书籍成为心灵的双翼，让孩子重新变成我们身边真正的天使。"无论我工作多么劳累，肩上有多大的压力，我始终是微笑着走进教室，微笑着面对我每一个可爱的孩子。我决定遵守我曾经的诺言,把快乐带给我的孩子们。

爱,是润物细无声的春雨,是普照大地的明媚阳光,爱是天地之间的永恒主题。真爱学生,是我教育生涯中永恒的主题。

月季花香色艳,更可贵的是花期长,能足足绽放几个月,且易于栽植成活。学校的花园草坪可以一睹它美丽的倩影,萧萧也常常在他家的院子里见到月季花娇艳的身姿,配着青砖红瓦,映着蓝天绿树。一边是饱经风霜的爷爷坐着小方凳,侍弄着月季花园,一边是奶奶勤快地操持家务;他和邻居家的孩子嬉戏玩耍,一派恬静和美。

真喜欢垂柳依依、月季盛开的日子。

又一年花季……

新教育实验报告

《庆余年》中影射的家庭教育观

要说 2020 年 12 月份最火的电视剧，那绝对非《庆余年》莫属。这部电视剧不仅有"权谋"，剧中影射的家庭教育观念也值得我们关注。

范府的正牌公子范思辙，对钱情有独钟，却不知道自己要钱干吗。他的父亲范建是户部侍郎，掌管天下钱财，因为崇拜父亲，所以范思辙下意识里希望自己能帮到父亲，也希望能得到父亲的欣赏。而范建对于这个儿子的评价却是："文也不行，武也不就，成天游手好闲，简直一无是处。"其实，剧中父亲对范思辙的种种态度，值得人思考。

观点一：父母的赞许是孩子的希望。剧中的父亲平日对范思辙非常冷漠，每当出现问题就想当然地认为是范思辙的问题，罚跪惩处更是家常便饭。其实，体罚是最没用的教育方法。如果孩子从小受到这种没有理由的打压和训斥，很容易就认可了父亲对自己的评价，自轻自贱，做事缺乏自信，久而久之，真如父亲所说，一事无成。

理想的父母永不对孩子失望，绝不吝啬表扬和鼓励。当孩子沮丧失望时，父母的一个微笑、一个赞许都会激起孩子强烈的情感，扬起他们自信的风帆。成长是个"试错"的过程，谁能保证一出生就不会犯错？儿童是面向未来的人，一个成长中的人，也是一个活在当下的人。

观点二：中国传统的亲子关系，存在一种巨大的缺憾——不陪伴、不沟通、不了解。剧中被父亲误会罚跪后，范思辙沮丧不已，当父亲让他起来时，范思辙先是一愣，不敢相信自己的耳朵，确定父亲的意思后，站起来给父亲深深地作了一个揖。儿童永远是教育最高的价值，孩子的幸福快乐，应该是教育的最高目标。蒙台梭利说："人类的第一个老师是儿童本人。"我们远远没有发现儿童成长的真正秘密。根据儿童意志，去帮助儿童，才是教育最正确的选择。

父母与孩子之间，父母的陪伴比"供养"更重要。那些衣食无忧、但与孩子根本没有精神交流的父母，在一定意义上说，他们是不负责任的父母。对于孩子，精神陪伴和物质满足同样重要，甚至更重要。亲子之间的交流，是任何人、任何事也无法替代的，而最好的陪伴就是走进孩子的内心，在童心的世界里同频共振，才能真正生活在一起。

观点三：平等的心灵沟通才会产生真正的教育。范建误会范思辙，罚他下跪，虽然破天荒地陪儿子推了牌九，但他自始至终没有对孩子说出那句"对不起"。面对长子范闲的质问，他回答："天下哪有父亲给自己的儿子致歉的道理？！"这就是典型的中国式"家长制"作风。"家长"这个概念在英文中是个贬义词，含有"家长制"、非民主的意思，我们常常居高临下地对待孩子，以家长自居，专制的结果只能是"畸形之果"。

正因为我们的社会缺少对家长的培训，家庭教育中存在着很多问题，其中一个非常重要的问题是家庭教育方向的不一致。父母越强权，越没有威信。教育是心灵的艺术，只有真正走进孩子的心灵，实现平等的心灵沟通，才会产生真正的教育，才能够引领孩子，影响孩子，改变孩子。父母和孩子相比总是强者，具有控制权、资源分配权、话语权等，但一味地压服并不能带来信服。如果家庭教育缺失了人格平等，缺少了精神交流，孩子怎能健康成长？

著名儿童文学作家童喜喜说："万物可等，只有孩子不能等。孩子的自我教育，只需父母的一念之变。"于是，她不停地编写故事，将新教育的探索深入浅出地蕴含童书之中。精心预设的教育意义，让我们幻化为"新孩子"，走进孩子的内心世界。同时，也让孩子走进自己的世界，让他们实现自我教育，唤醒生命中的美好和神奇。

孩子有所成就，家庭才会幸福。培养好一个孩子，就会影响到父亲、母亲，影响到亲人，甚至整个家族。家庭就是社会的细胞，家庭的幸福是整个社会幸福的基础，没有家庭的幸福就谈不上社会的幸福和谐。每一个家庭幸福了，整个社会就会美好文明。

孩子尚小，需要我们帮助，而能让孩子学会自我教育，灵性地表达，充沛地成长，世界也会更加美好。

因为，孩子的模样，就是未来的模样。

萤火闪亮

天边的星辰固然璀璨,
但身边萤火也自有动人之处。
新教育萤火虫项目,
以亲子共读为突破口,
以融洽家校关系为切入点,
以教育反哺社会,以个体汇聚群体。
坚信人性之善"心为火种",
坚持知与行合一"生生不息",
以智慧"点亮自己",
以爱"照亮他人",
——用生命,用行动,诠释着这些文字。

幸福之光

2018年3月，汉滨区萤火虫亲子共读预备站正式成立，我担任工作站站长，我们根据各个分站的资源开发线上和线下活动。

我们秉承"点亮自己，照亮他人"的公益理念，面向全区招募了100多名萤火虫义工，吸引了新父母2000余人，建立了10个新父母微信群。我们迅速组建工作架构，成立"四部一处"，各部门分工明确，各司其职。我们创编了《萤火虫之歌》，一群萤火虫，守望新教育，一起绽放生命的光芒。每周一次的线上课程已经成为常态。一本经典在手，一位名师引领，一群书童追随，一段悦读时光。

线下课程更是丰富多彩，我们带领新父母走进书本，以读书研讨、打卡交流等形式，引领新父母审视自己在家庭教育方面的得失，聆听孩子的心声，正视孩子的需求，尊重孩子的感受，做有智慧的新父母。

一年时间，我们成功在瀛湖小学分站、果园小学分站、坝河九年制分站、培新小学分站、汉滨小学分站、劳动小学分站、红旗小学分站、东关民族幼儿园、汉滨区少儿图书馆、安康市图书馆等地方开展线下活动。通过线上线下活动，推动亲子共读，践行家校共育，推动孩子与新父母前行。

近年来，我奔走在安康城市乡村各个学校，为全区50所学校2500名教师开展了30场新教育培训。有些学校山高路远，需要跋山涉水；有些学校基础薄弱，需要悉心指导；有些学校势单力薄，需要联手合作。遇到这种情况，我坚定地给予他们最大的支持，有时进行驻校指导。我们在一起，真真切切地感受到"点亮自己，照亮他人"的幸福之光。

在一所所农村小学，我深深地感受到新教育实验教师执着的信念。我多次到汉滨区双龙小学做新教育实验的培训报告，这所学校的老师大多是年轻的特岗教师，部分教师来自外省，每天都住在学校。给他们培训时，我鼓励他们，要利用下班时间和同事一起交流读书心得，坚持举行读书沙龙活动，坚持开展新教育实验，这样做，一定会有意想不到的收获。我帮他们因校制宜地策划新教育生活，举办"亲子共读乡村行""小书童联盟""新父母研学坊""新孩子成长营""花之蕊讲坛"等一系列联谊活动。

2017年5月，我带病到他们学校开展活动，但连续暴雨，道路泥泞，阻挡了我们前行的道路，加之当时颈椎病胃病齐发，团队里的老师劝说我放弃这次活动，可我坚持步行到校。在大家的共同努力下，活动开展得非常成功，给人留下美好深刻的印象。

后来，当阿里巴巴"马云首批乡村校长计划"工作组到双龙小学考察时，我也受邀到双龙小学做新教育方面的报告，作为学习汇报展示的一部分。最后，双龙小学的校长陈受选光荣入选"马云首批乡村校长计划"，获得50万元的奖金。

新父母共读班，让我们看见了前方开阔的明亮，更明确了自己的愿景与使命。

我们制定了新父母成长积分制度，让新父母根据积分成为相应的"星级新父母"，激励新父母多参与活动，主动成长。

因为自己"新教育种子教师"的身份，我有幸结识了一批有影响力的种子教师。招募公益讲师令，我主动邀约山东、甘肃、四川、江苏等地的榜样教师，让这些优秀的榜样教师通过网络，走进萤火虫团队。

小书童联盟，在集体的智慧中传递书香，让更多的孩子浸润在书香的世界里。

家庭教育课程，是父母与孩子共同生长的土壤，我们用更专注、更科学的家庭教育，唤醒家庭的求知的渴望，让更多的家庭受益。

在安康新闻广播中，我将新教育萤火虫的故事讲给更多的听众，让他们了解萤火虫团队的魅力。

电子阅览课程，让父母义工不断成长，最终促使我们孩子不断成长。

2018年8月11日，汉滨萤火虫亲子共读预备站被萤火虫总部评为"全国十佳萤火虫工作站"，让人欢欣鼓舞。10月8日，新教育萤火虫总部批准我们正式晋级，更名为新教育萤火虫亲子共读站汉滨分站。

培养新父母，孕育新孩子。我们的萤火虫工作站是一块没有围墙的生态场，在这里终将遍洒阳光，盛开鲜花。这里有更专注、更科学的家庭教育，是父母与孩子共同生长的土壤，其间的每一个点点滴滴，都在缓慢而深刻地改变整个教育生态。

新教育同仁都知道，只有上路，才有风景；只有坚持，才有奇迹。

点亮自己，照亮他人。我们怀着"人是同心圆"之念，推崇推己及人式的自我超越。不管未来有多远，我愿用萤火虫的力量照亮远方。爱新教育，爱之初心，灿若夏花。我相信，萤火虫之光，会幻化成无限的力量，照亮远方！

核心义工何媛媛——我们在场

"过一种幸福完整的教育生活",这是朱永新教授提出的新教育核心理念。对于一个孩子来说,幸福是什么?我认为是陪伴。只有父母的陪伴,才能帮助孩子形成更为健全的人格,因此,父母的陪伴关乎着孩子的未来。

陪孩子游戏、陪孩子郊游、陪孩子运动、陪孩子阅读,陪孩子做任何一件她感兴趣的事情。看着她从一个呱呱坠地的婴儿逐步成长为一个乖巧懂事的大姑娘,这就是萤火虫核心义工何媛媛与女儿李沁臻之间关于陪伴与幸福成长的故事。

李沁臻从小就不安分,还在妈妈的肚子里时就格外活跃,于是还没出生妈妈就给她起了个小名叫"淘淘"。淘淘从小就热衷于各种活动,无论是跑步、跳远,还是画画、跳舞,她都喜欢。但淘淘妈妈当时工作忙,经常加班,所以淘淘小学之前基本都是她爷爷奶奶带。不过只要何媛媛有时间,就一定会多陪她,陪她游戏,陪她读书。淘淘有了小妹妹之后,为了能安心照顾这个家,照顾她们姐妹俩,何媛媛就辞掉了工作,当起了全职妈妈。

我们在场，只为深度陪伴

淘淘刚上幼儿园时，她姥爷生了一场大病，与病魔斗争了一年多才稳定下来，但是身体非常虚弱。有一次淘淘放学回家敲门，姥爷起身去开门，突然眼前一黑，摔倒在地，头重重地撞到了门上。淘淘进门后得知姥爷摔倒了，赶快扶姥爷坐在沙发上，并伸出两根手指在姥爷面前晃了晃问："姥爷，你看这是几？"姥爷顿时被她逗乐了，问她："是不是怕姥爷摔傻了呀？"淘淘很严肃地说："嗯，如果不舒服你可要告诉我妈妈呀。让她带你去医院！"这个时候妈妈发现小淘淘在慢慢长大。

时间过得飞快，转眼淘淘就从幼儿园步入了小学，学前班第一学期结束时老师给出了这样的评语："天真可爱，聪明大方，有责任心，不管什么事都能做得很好，但如果上课能专心听讲就更好了。"原来淘淘活泼过了头，上课不能集中注意力听讲。

淘淘从小就喜欢听妈妈讲故事，于是何媛媛买来了很多的童话故事书，睡前故事也成了每晚的必修课。为了提升她的专注力，何媛媛将每晚的睡前故事做了一些调整。以前都是她负责读书，淘淘负责听，缺少了互动环节。调整后何媛媛会在每次讲故事之前给淘淘选定一个词，要求她每次听到这个词的时候就举手答到，如果全部答对，当天可以多听一段故事；如果答错3次以上，不但没有奖励，还会缩减第二天的故事量。她发现淘淘的兴趣特别高，听得越来越认真，出错的概率也越来越小。每天的故事结束后妈妈都习惯问一些关于故事内容的小问题，时间久了淘淘不但改掉了上课不认真听讲的习惯，并且养成了积极回答问题的习惯。

何媛媛曾经也以为只要陪在孩子身边，就属于陪伴。孩子要求妈妈陪她一起玩积木，何媛媛就陪在她的身边，时不时地拿出手机刷一下朋友圈，或者是浏览一下淘宝，跟孩子之间却很少有互动。而孩子要么是跟妈妈抢手机，要么就是噘着嘴对妈妈说："妈妈，你不要玩手机了，陪我一会儿。"每到这个时候她就意识到，妈妈的陪伴并没有走心，所以对孩子来说，这并不属于真正的陪伴。

孩子是妈妈生命的延续，既然妈妈带她来到了这个世界，就该对她负责，用心去陪伴她，好好去爱她。所以后来孩子想要听故事的时候，妈妈就绘声绘色地给她讲故事；当孩子想要捏彩泥的时候，何媛媛就跟她一起动手捏出各种可爱的小动物、小植物；当孩子想要画画的时候，妈妈就跟她一起探讨怎么样上色才会使这幅画看起来更美；当孩子想要外出游玩时，妈妈就陪她一起走出家门，融入美丽的大自然。

我们在场，丰润生命底色

何媛媛是一个性格内向腼腆的人，非常不善于表达自己。她曾惶恐了很长一段时间，害怕孩子的性格会和自己一样。所以，在孩子很小的时候就尽量带她多接触外面的世界，以培养孩子的自信心和交际能力。

时光飞逝，转眼孩子就步入了小学一年级，妈妈在开心之余，也不禁担心孩子无法尽快适应这个新的环境。

一天，孩子放学回家对妈妈说，学校每周五要开展社团活动，老师希望有能力有时间的父母能够踊跃报名，给孩子们带来精彩的社团课。女儿很喜欢妈妈陪她做的那些小手工，希望妈妈能报名和全班同学一起分享这份喜悦。何媛媛当时内心非常纠结，对自己没有信心，害怕无法胜任这份工作。但是看到女儿期盼的眼神，她知道自己不能退缩，如果退缩了，又如何引导她变得更自信，更强大呢？她克服了内心的恐惧给自己报了名。为了能够给孩子们上好每一堂课，课前妈妈都会精心准备讲义，而每当看到孩子们完成作品后开心与自豪的笑容，她确定自己的选择是正确的。

后来班级布置班级文化墙报，我与淘淘妈妈商量有没有什么好的想法能把教室装饰得美丽又有特色。经过一番思考，她最后根据"月季朵朵红"这个班级名称设计了一款手工折纸月季文化墙，之后又设计了海洋系列和枫叶系列的折纸文化墙。折纸文化墙是一件繁琐的工程，为了能够尽快地完成这些作品，她每天只要有时间就会坐到桌前，连续一个多星期都工作至凌晨。她把折好的作品贴到班级文化墙上后，看着同学们和其他家长欣喜的目光，她觉得自己的辛苦都是值得的，相信女儿也一定会为自己感到骄傲。

我们在场，开启心灵之窗

莎士比亚说过："生活里没有书籍，就好像没有阳光；智慧里没有书籍，就好像鸟儿没有翅膀。"知识是人类进步的阶梯，阅读则是了解人生和获取知识的重要手段和最好途径。

九月开学季，培新小学为一年级新生准备的第一节课，并不是讲给孩子们的，而是准备给所有新父母们的一次家校共育课。

在这堂家校共育课上，何媛媛第一次听到了"共读共写共成长"这句话，感触颇深。她进一步了解了亲子共读对于孩子的重要性，而共读书籍的选择尤为重要。虽然在孩子上学之前，她也曾给女儿买过大量的书籍，读给女儿听，但在选择书籍的问题上，妈妈曾购买过许多并不适合她这个年龄段阅读的书籍，导致她对阅读的兴趣并不浓厚。在这次家校共育会上，每位新父母们都拿到了一份培新小学专门为孩子们定制的《汉滨区培新小学小学生阶梯阅读书目》小报。这份小报无疑是给父母们点亮了心中的明灯，能让他们更轻松地从浩瀚的书海中选择购买适合孩子这个年龄段阅读的书籍。

以前给孩子讲故事时，何媛媛总是要求孩子静静地躺下听，每当孩子提出想要看一看书中的插画时，她总会批评女儿听得不够专心。现在回想起来当时的做法，无形中扼杀了孩子想要和妈妈共同阅读的欲望。"亡羊补牢未为晚矣"，还好她在女儿一年级时了解了共读对于孩子的重要性，所以从家校共育后，何媛媛就改变了以往的阅读模式，和淘淘一起共读。

坚持共读让妈妈与淘淘在母女之情之外建立起深厚的友情，淘淘也更愿意与妈妈分享她的心事与小秘密。现在淘淘不但自己爱看书，还会读书给妹妹听。妹妹在她的影响下也是每天手不离书，彻底变成了一个"小书迷"，每晚睡前读书更是成了必修课，有时妈妈一口气给她读五六本绘本故事，她也还是听不够，看不够。

而读书带给淘淘的成长与改变更是让何媛媛感觉幸福满足。为了培养孩子日后的写作能力，从一年级起我就要求班上的孩子们每日写一句话。刚开始接触写话时，淘淘每次拿起笔就发愁，说没有什么可写的，何媛媛提醒淘淘可以写一写一天中让她记忆最深刻的一件事，但淘淘写出来的内容就像流水账一样，完全没有重点，而且语句也不通顺。二年级时，何媛媛发现淘淘在悄悄发生变化，写随笔语句通顺了，也能抓住重点了。淘淘先后两次在培新小学的微信公众号上发表了小短文。淘淘在班级中的表现也得到了我的肯定，她在班级中担任了班长和小队长等职务，多次获得"故事大王""读书之星""学习标兵"等荣誉，并且在班级开展的第二期和第四期"新时光之翼"活动中担任了小小主持人，得到了更全面的发展。

孩子通过一段时间的共读之后，她的阅读兴趣大大地提高了，识字量增多，思维也变得更加广阔。

我们在场，增强综合素养

党的二十大报告中提出："全面贯彻党的教育方针，落实立德树人根本任务，培养德智体美劳全面发展的社会主义建设者和接班人。"德智体美劳是对人的素质定位的基本准则，也是人类社会教育的趋向目标，人类社会的教育就离不开德智体美劳这个根本。而作为祖国的未来，孩子们更需要德智体美劳全面发展。

德智体美劳几个方面可以在生活中慢慢给淘淘渗透，但由于家离学校比较远，每次放学回到家吃饭做作业之后时间已经很晚了，所以，除了周末淘淘没有多余的时间出去锻炼。何媛媛很担心，这样下去女儿的身体素质会越来越差。于是她决定，每天早晨不再乘车上学而改为陪女儿步行上学。通过测算，从家走到学校需要50分钟。刚开始的几天是最难熬的，淘淘常常跟她抱怨，走得腿也酸脚也痛，实在坚持不下去了，想改为继续坐车。何媛媛就鼓励她："有志者事竟成，很多事情并不是我们做不到，而是我们缺少了一些毅力和坚持。"于是她咬咬牙，说自己再坚持试试。为了转移她的注意力，每天上学路上妈妈都和她一起诵读"新父母晨诵"，给她讲一些生活趣闻，以及交通安全方面的知识。她每次都是听得津津有味，渐渐地也不再喊腿酸脚痛了。后来她告诉妈妈，自己已经感觉不到累了。在淘淘逐步适应了这种走路上学的方式之后，何媛媛慢慢地将每日讲趣闻的时间缩短，穿插着让她背诵一些课文或者古诗，使她在锻炼的同时也巩固了课本知识。不知不觉，她们已经坚持了大半年，而她们还会一如既往地走下去。

我们在场，开启阅读新纪元

虽然从小听故事比较多，但缺少朗读的经验，所以淘淘每次朗读文章都很费劲并且没有感情。淘淘也总是为此而感到自卑，更加不愿意去朗读了。于是何媛媛决定换一种方式，让女儿来体验朗读的乐趣。

她在手机上下载了喜马拉雅app，让淘淘在里面挑选自己喜欢的故事或者诗歌来进行朗读录音。每次录音过后，她都会将淘淘的作品转发到朋友圈以资鼓励。淘淘的朗读水平在不知不觉中有了很大的进步。我在朋友圈听到何媛媛转发的录音后，觉得这种锻炼朗读的方式不错，就将这种方法推广到班级群里。现在全班的孩子都在使用这种方式进行朗读训练，开启了班级阅读新篇章。

我们在场，萤火照亮远方

2017年12月，何媛媛加入了"汉滨萤火虫预备站"QQ群，每天坚持阅读我转发的晨诵和诗歌等，优美的内容深深吸引着她与淘淘，她忍不住想要分享给更多的父母与孩子。经我推荐，她光荣地成为萤火虫核心义工，并跟随萤火虫工作团队到瀛湖一小、坝河九年制学校、汉滨小学、劳动小学、红旗小学、鼓楼小学等学校参加线下活动。

这期间她聆听了很多父母分享的关于她们子女的成长故事及育儿经验，每次活动都有新的收获。能带动更多的新父母加入到亲子阅读的行列中，使她感到由衷的自豪。刚开始参加这个活动，她是抱着给女儿做榜样的初衷去的，但现在已经成为她的一种使命，她将一直坚持下去，让更多的父母与孩子受益。

2018年8月"汉滨萤火虫亲子共读预备站"被萤火虫总部评为"全国十佳萤火虫工作站"，10月汉滨萤火虫亲子共读预备站正式晋级为"汉滨萤火虫亲子共读工作站"。接二连三的喜讯让她激动不已。"点亮自己，照亮他人"不单单是一个口号，她要继续通过自己的实际行动，带动更多的父母参与共读，为更多的孩子带去幸福之光。

我们在集体的智慧中传递书香，让更多孩子浸润在书香的世界里。父母是孩子的第一任老师，参与了孩子成长的全部阶段，不管工作多忙，都应该多抽时间来陪伴孩子，与孩子沟通，与孩子交流，每天应至少抽出半个小时的时间陪伴孩子读书，鼓励并支持孩子多参加学校及班级活动，让孩子得到更全面的锻炼与发展。一书在手，乐以忘忧，爱阅读的孩子才能够自得其乐。亲子阅读更是一种温暖的爱的互动。试想：你拥着自己的宝贝入怀，用温暖的声音，或抑扬顿挫，或温润如水地去读一本适合的书，每天如此、每月如此、每年如此……随着孩子慢慢长大，这份陪伴也渐渐融入她的成长中，融入彼此的爱里。

萤火闪亮

核心义工曹安明——从共读开始

"对人类,阅读是一种与生命本体的互相映照。对教育,阅读是一种最为基础的教学手段。对社会,阅读是一种消弭不公的改良工具。对个体,阅读是一种弥补差距的向上之力。"每次回想我们与新教育之间的故事,就会想起朱永新教授的这句话。

萤火虫核心义工曹安明的孩子是一位非常调皮的小男孩。

一年又一年,周而复始,直到遇见新教育,孩子发生了巨变。

那年,曾为孩子伤透了心

相信各位父母都有过和她类似的经历,孩子总是会出其不意地惹出一些事情,我们常常为此感到烦恼,有时候我们刚刚把房间打扫干净,可不到一会儿,就见屋子里都是他的玩具和他的小脚印,父母无可奈何,只能默默地打扫一遍;当我们叫孩子吃饭时,孩子却紧盯着电视机,眼睛眨也不眨……

都说孩子的第一任老师是父母。父母的言行举止都会影响着孩子。儿子是去年上的一年级,短短一年多的时间里发生在他身上的事情却数不胜数,不是人家把他弄伤,就是他把人家给打了,经常在学校惹是生非。

对于曹安明而言，这些事情至今都历历在目，每次接到老师的电话，她真的是苦不堪言，甚至很害怕手机上的来电显示是老师。就在她迷茫无助的时候，朋友说托管很管用，不但能帮助孩子完成作业，还能和其他的孩子一起，增强他的学习兴趣和团结精神。于是她决定把儿子放到托管辅导班。

事实上这样确实轻松了很多，但教育孩子，父母不能逃避，不能托付给别人。于是我建议她陪孩子多参加一些亲子活动，多共读一些书籍，才会让孩子不断健康成长。

改变，从共读开始

听了我的建议，她开始关注班级的每一次活动，停止了孩子的托管辅导，每天自己辅导孩子学习，作业完成后就与孩子亲子共读。最初，妈妈读给他听，渐渐地孩子也参与进来读，这个过程是漫长的。

孩子小的时候识字有限，还不能够独立阅读，很多时候，他会一个人静静地看那些恐龙插图。当然，他最喜欢的，还是缠着妈妈给他讲故事，孩子每晚都是伴着童话故事入睡的。难忘那无数个夜晚，妈妈手拿《童话世界》，孩子则依偎在妈妈的怀里，津津有味地听妈妈讲着童话故事。

自从学会拼音后，孩子开始看有拼音的书，不认识的字就拼着读，但儿子有时会偷懒，不去看拼音只读字的半边。这样的场景也让妈妈想起小时候的自己，读书时碰到不认识的字也偷懒只读半边。所以这个时候，她会给孩子讲这样读书的坏处，并给他一些指导。其实，陪着孩子读书并回忆自己儿时的读书时光也是一件很美好的事。

随着孩子认识的字越来越多，看的书也发生了变化，读书的内容也慢慢变深了。从注音读本，到童话、寓言、神话，直到儿童小说、古典名著。她于是购买老师推荐的一些书籍给儿子看。例如《西游记》《水浒传》等中国古典名著，《爱的教育》《木偶奇遇记》《汤姆索亚历险记》等外国经典名著，还有《窗边的小豆豆》《草房子》《稻草人》等著名的当代儿童文学著作。儿子走进了书中，书中的情感流进了他的心田，书中的人物烙在他的心上，他幼小的心灵被一次次打动，他的眼界更加开阔了。儿子从一个个精彩生动、富有哲理的故事中，感受到读书的乐趣，也从中领悟和懂得很多的道理。

她努力给儿子营造良好的读书环境。在儿子房间里布置了书橱，里面的书应有尽有。在儿子的床头、书桌、房间的各个角落上也都摆放了书籍，以便他随时随地都能接触到书，让他生活在书的怀抱里，受到书的熏陶，从而爱上书。

有一次，曹安明正在和孩子共读一本成语故事，内容有些枯燥，尽管她绘声绘色地朗读着，但儿子还是找各种借口想溜走。她拒绝了儿子的各种理由后，儿子才极不情愿地坐到她的身边，心不在焉地听着他不愿意听的故事。

后来，她慢慢发现孩子对绘本特别地感兴趣。于是把和儿子读的书换成了绘本，果然他的兴趣提高了很多，能积极参与进来，甚至还可以给她讲一段。她暗自高兴，也看到了孩子的明显变化。儿子的学习成绩有了较大提高。借此机会她鼓励和表扬了儿子，并告诉他，这都是认真读书换来的结果，以后应当继续坚持读书。

坚持，与共读相伴

孩子的阅读兴趣，因为成绩的提高和父母的肯定而更高涨。到了周末，他自己要求去新华书店看书，其实曹安明保持怀疑的态度，于是偷偷地跟着孩子。让她惊喜的是，儿子是真的拿着书在认真地阅读。那一刻，她有一种说不出的欣慰，这段时间的努力初见成效，她十分开心。

我对孩子的进步及变化也及时提出了表扬。我们发现，原来共读真能改变一个孩子。

接下来的公开课,或者是家校共育会,大家都看到了这孩子明显的变化。可是有一天孩子放学回家,看见爸爸跷着二郎腿放在茶几上,他也把书包一扔,学起了爸爸的样子。当时曹安明就问他:"怎么能这样,跟谁学的?"儿子说:"爸爸不是这样吗?"

晚上,曹安明和丈夫就这件事情谈了很久,父母的言行举止影响着孩子的点滴。回忆过去,他们总是说孩子这个不能做那个是不对的,可是自己却做着同样的事情。

随着每晚亲子共读的进行,曹安明和儿子之间的语言沟通,也多了起来。有时候儿子还会告诉妈妈一些他的小秘密,或者学校发生的一些有趣的事情。只要有机会,她都会和儿子一起参加亲子活动,儿子脸上的笑容就像太阳一样温暖着她的心。

在和孩子亲子共读的过程中,曹安明深刻地体会到,最好的亲子关系不仅仅是父母与孩子的血缘关系,更应该是建立在一种好朋友基础上的知心关系。

共读共写,实现可能

转眼间,孩子即将上二年级了。一年级快结束的时候,我再次找曹安明谈话。当时她条件反射似的以为儿子又闯祸了,然而我却说孩子这学期的表现很好,上课能坐得久不再乱动,也爱帮助同学,考试成绩十分优异。

对此,曹安明特别激动,她看到了孩子的进步和成长,她认为,班级开展新时光之翼亲子共读活动才有孩子的现在。老师们不仅给予了孩子关爱,更为父母教育孩子搭建了平台,让家长和孩子一起沉醉于书的世界里,享受读书带给彼此的快乐。

朱永新教授说:"家校携手,教育不愁。"读万卷书行万里路。希望孩子们能努力完成学业，更希望他能从此爱上共读，感受共读带给他的无穷乐趣。

我们都知道读书有助于孩子知识的增长，但孩子同时也需要经历身体和心灵上的各种磨炼。为此，暑假曹安明给孩子报了六天五夜的夏令营。

六天五夜的夏令营结束后，曹安明来到营地接儿子回家，看到儿子的第一眼，发现儿子黑了，也瘦了。除了样貌的变化，回到家中几天，儿子的举动让妈妈意想不到。有一天，曹安明的心情不是很好，情绪很低落，儿子似乎感觉到了，跑到妈妈身边，一边安慰妈妈，一边给妈妈讲笑话，逗妈妈开心。看到他的小脸蛋，妈妈瞬间什么烦恼都没有了。有时候儿子也会主动帮妈妈干点力所能及的家务活，这点也让妈妈十分欣慰。看来在夏令营里孩子已经形成了自己动手的习惯，除此之外，回家后他还主动给自己制作了一张作息表，每天严格按照自己规定的时间做事情。这也是一个不小的收获，也许是他真正认识到了时间的重要性。

所以共读让孩子受益匪浅，让孩子从一个调皮的小男孩，转变成为一个文明好学的学生，在共读共写中成长。看着他一点点进步，还有什么比这更让人欣喜呢？改变，从共读开始，让妈妈们一起努力，放飞美丽的梦想，让孩子健康快乐地成长。

现在，曹安明已成为萤火虫团队的一名义工，无论走到哪里，她都要告诉父母们和孩子一起共读，让更多的人从中受益，在共读中改变自己，改变家庭的教育模式，让书香萦绕在妈妈们周围，教育的生态因此而改变。坚定信念，书籍永远是人类最好的朋友，共读启迪我们的智慧，开拓妈妈们的视野，净化我们的心灵。我们所要做到的就是引领孩子正确地去阅读，让他们发现共读是一种有趣的、愉快的经历，激发孩子共读的欲望，巩固共读的习惯，直到永远！

新教育实验报告

核心义工欧梦晗——爱在共写情正浓

　　培新小学是萤火虫核心义工欧梦晗的母校，也是她的儿子王舒和现在就读的学校，她和儿子因母校而自豪，因为母校是陕南地区唯一一所新教育实验挂牌校。她六年的小学幸福时光是在这所温暖的校园里度过的，这里有太多的回忆和熟悉的老师。如今她的儿子也能在自己当年上学的校园里读书，这何尝不是一种岁月轮回流转间的幸福！

　　初闻"新教育"，是在2017年9月孩子成为我班的一年级新生时……

　　初见"过一种幸福完整的教育生活"，是在这所底蕴深厚的校园里……

　　初想"新教育"，到底能够给妈妈们带来什么……

　　这一切，都感恩于培新小学。

　　2010年国庆节的前一天，孩子迫不及待地来到这个充满未知且好奇的世界。作为妈妈，欧梦晗的内心充满了喜悦和憧憬。孩子从出生的那一刻起，她就明白自己必须承担教育的责任。都说父母是孩子的第一任老师，家庭教育在孩子的成长中起着举足轻重的作用，和绝大多数父母一样，她也深深感到：教育孩子是一门艺术，就像是创作一幅绘画作品，要用心地为他添加每一笔，丰富每一种色彩，留下最少的遗憾。

爱，在幸福共读时

学校开展亲子共读，是让父母更加重视家庭阅读，营造书香家庭。要培养孩子良好的阅读兴趣和习惯，和谐的家庭氛围是最好的孵化器。孩子与父母、长辈朝夕相处，大人们的言谈举止对孩子时时刻刻都起着潜移默化的作用，阅读亦是如此。

舒和的奶奶是一位光荣的人民教师，退休之后在家还坚持不断地为自己充电，她很喜欢诗词歌赋和国学，至今还在老年大学孜孜不倦地学习英语。舒和3岁的时候，她就喜欢给孙子讲讲古诗词、念念《三字经》等，也不管孩子是否听得懂。在上小学之前，舒和已经能够随口诵读唐诗绝句、《三字经》等等。舒和的妈妈会制作或采购识字卡片、挂图贴在家里的墙上、冰箱上，空闲时间就会和孩子一起看、一起读，在玩的过程中进行互动学习。上学前班以后，她给孩子买了很多绘本，为的是吸引孩子的注意力、激发孩子的想象力、培养孩子的观察力。从字少图大的绘本看起，到后来读一些字多的绘本，再后来孩子慢慢地就能自己阅读绘本了。

2017年9月，孩子正式踏入小学校门来到我们的新班级——"月季朵朵红"中队，它象征着一种坚强、代表着一种不屈不挠、顽强拼搏的精神，更希望孩子们能像一朵朵美丽的月季花，在培新这块沃土的滋养下茁壮成长！培新小学倡导的"共读共写共成长"，让阅读成为师生、父母日常必要的生活方式，让写作成为自我发现的过程，让师生共同成为真正的读书人，为彼此的未来发展打好基础。

在这一理念的指引下，一年级的寒暑假中，舒和妈妈和孩子一起阅读了《妈妈买绿豆》《大卫，不可以》《郑渊洁童话故事》《格林童话》等书籍。每读完一本书之后，她都会问一些与故事有关的问题来训练孩子的说话技巧，通过问答让孩子对故事有更深的理解和记忆、注意力更加集中。

对于孩子的回答，她都会作出一定的评价，有时候还会联系日常生活来激发孩子多表达自己的想法，让孩子边读边讨论、边看边表演。久而久之，舒和就会把书中看到的有趣内容主动讲给妈妈听，还时不时恰到好处说出一些让人忍俊不禁的词语。

她和孩子的爸爸一起给孩子营造了和睦宽松的家庭氛围，让孩子时时处处感受浓浓的亲情和爱意。在家里的墙壁挂上孩子的奖状以激励孩子、挂上地图让孩子了解外面的世界。同时她尽量抽出时间带孩子外出旅游，不仅到著名景点感受自然风光与人文地理，还到博物馆、科技馆参观，开阔视野和认知，让他感受世界的辽阔，在游历间领略知识的异彩。所谓"知行合一"，孩子渐渐增强了对文字和阅读的亲切感，现在做完作业以后孩子愿意扎进书堆里静静地看书，每每让妈妈暗生欢喜，让妈妈也时不时拿起书本，沉浸于一篇篇美文中。阅读，真的可以让生活更舒心！

爱，在幸福共写时

学校开展"共读共写共成长"活动，目的是引导父母在日常教育中坚持用心地陪伴孩子。写作是阅读的延伸与思想的汇聚，只有"读书破万卷"方能"下笔如有神"，只有"日日不辍"才能"水滴石穿"。

在入学的家校共育会上，我提倡"亲子共读"一定要坚持"三个一工程"，即：读一篇故事，积累一句名言，写一段话。舒和从最初由妈妈给他安排题材，到仿写课文内容，再到可以独立完成一篇习作，都离不开每天坚持的练习。上学期舒和学习了《我多想去看看》这篇课文，放学回来说："妈妈，今天任老师让我们学说《我多想去看看》，我的回答得到老师的表扬呢！""那你是怎么说的呢？"孩子模仿起上课时的样子，认真地说："妈妈告诉我，遥远的法国有埃菲尔铁塔。妈妈对我说，我多想去看看，我多想去看看！"听完孩子的口述，欧梦晗表扬了儿子，并鼓励他上课要积极发言。虽然孩子的言语略显简单，但是叙述却很完整。她又提示儿子，在法国不仅仅有埃菲尔铁塔，还有塞纳河、卢浮宫、巴黎圣母院、凯旋门呢。在妈妈的提示和引导下，舒和认真地思考起来，终于形成了一篇新的仿写："我告诉妈妈，坐着大大的飞机，就会走出国门。遥远的法国，有塞纳河、卢浮宫、巴黎圣母院、凯旋门，还有高高的埃菲尔铁塔。我对妈妈说，我多想去看看，我多想去看看！"

以前舒和读书只是朗诵，不做笔记。在参与"共读共写共成长"活动之后，欧梦晗就有意识地坚持一边陪读，一边把好词佳句画出来，让孩子养成共读习惯。暑假里，她和孩子一起坐下来讨论每天发生的有趣事情，并将它们记录下来，现场给予简短的评论。通过坚持亲子之间的互动写作，一个假期里满满两本软皮抄的日记使孩子写话有了明显的进步。舒和升入二年级以来，他们更是将写话当成课余生活的一大乐事！在假期游玩、周末出游、学完课文之后，她都引导孩子将平时积累的字词句和生活学习经历结合起来，形成一篇篇习作。而她也拾起纸笔，与孩子一起开始写作：一家人出游后有感而发的心得、孩子研学期间的担心与欢喜……落笔时，生活里种种的繁杂琐碎渐行渐远、对于理想生活的思考探究越发清晰坚定。这点滴的积累，让她越发感受到母校书香气息的氛围与孩子、家庭的成长变化。写作，真的可以让生活更精彩！

爱，在幸福成长时

伟大的教育家苏霍姆林斯基说过："教育的重点不在于教会了孩子科学知识，而是在于教会孩子如何做人！"是的，做最好的父母，就是给孩子树立最好的榜样！

阳春三月，我盛情邀请欧梦晗加入了汉滨区新教育萤火虫义工团队，成为一名萤火虫义工。她放下初为义工的忐忑，跟随着我的脚步投身"新教育"活动实践推广的大潮，以培新小学为基点，将"共读共写共成长"的阳光播洒在汉滨大地。在萤火虫亲子共读线下活动中，她以自己参与培新小学"新教育"活动以来的经历感受现身说法，时而与大家分享自己和孩子在亲子共读共写方面的点滴过往，让大家现场感受亲子共读在孩子成长过程中所发挥的作用，时而扮演一位故事妈妈，和孩子一起与大家分享绘本故事，让大家直观理解"爱是人类最美的语言"，以此激发父母及孩子们阅读绘本的兴趣。每到一所学校，我都能看到团队里的"萤火虫"们不辞辛苦、激情澎湃地传播新教育思想，也能从受众的欢欣鼓舞中感觉到新教育"共读共写共成长"的抽象理念，其实就是眼前一个个活泼好学、快乐成长的小朋友，一位位以身作则、奉献担当的父母亲和一户户氤氲书香、安宁幸福的小家庭。这也是萤火虫亲子共读工作站"点亮自己，照亮他人"一片初心的集中映现！她能带着儿子参与其中，不仅增加了孩子更多的阅历，也增强了自己做一个合格新教育父母的信心勇气。成长，真的可以让生活更美好！

2018年11月23日，汉滨实验区新教育年会在培新小学隆重举行，她作为新父母代表参加了此次教育盛会，这既是培新小学近五年来新教育之路成果的总结与展示，也是进一步激发广大父母投身"共读共写共成长"的响亮号角！在会上，她获得了新教育实验"2018年度榜样父母"称号，时隔二十年再次收到来自母校的鼓励与肯定让她分外开心，这也将更加激励她坚持探索、不断前行！

从新教育的理念出发，我们与孩子一起共读共写，不仅是分享快乐，同时也是我们身为父母对自我的新一轮塑造和完善。当我们每个人都养成了阅读写作的习惯，成长的每一个日子里也就会遇见更好的自己！她庆幸自己遇见了新教育，庆幸自己能够陪伴孩子一起成长！作为萤火虫工作站核心义工，我们力争成为孩子人生路上的优秀引路人，为孩子健康成长创设更广阔的蓝天！

核心义工杨晓亮——种子的力量

面对世界，人总是很渺小。当善良、正直、爱心充盈着我们的心房，我们总是想把它传播下去。就像一只只萤火虫，看起来微弱且不值一提，但是当夜幕降临，萤火虫们群聚而出，那点点萤火，能照亮每个人温柔的内心。

新教育萤火虫汉滨工作站就有这么一群富有爱心的义工，不辞辛苦地把亲子共读等包罗万象的阅读方式一点点传播，让更多家庭，更多孩子得到阅读的快乐，从书中去找寻他们寻求已久的答案。

初识萤火虫

萤火虫义工杨晓亮，繁忙之余热爱看书，遇见好书也愿意与朋友分享。但是把阅读这件事作为一项工作，是她不曾触及的领域。因为工作繁忙，开始她并没有参加义工，但是出于对阅读的热爱，一直默默地在关注这件事情。

工作站很快成立，也有了核心义工。杨晓亮跟随工作站从线上到线下，从培新到其他小学，从城市到乡村，短短的时间，我们的足迹遍布了汉滨区大大小小各个学校。不知从什么时候开始，聪颖伶俐的女儿黄玥僮也会问妈妈，萤火虫是个什么样的组织？怎么会有那么多人热心参与，那么多单位热心提供场地，开展活动？

这个时候，她才意识到，萤火虫已经不是那个弱小的孩子，它正在逐渐成长，慢慢散发属于自己的光芒！于是，她提出申请希望能成为萤火虫团队的义工。

一次次的活动，我们也慢慢看见了前方开阔的明亮，更明确了自己的愿景与使命，通过线上线下活动，推动亲子共读，践行家校共育，推动孩子与新父母前行。

种子的力量

不知道从什么时候开始，朋友圈开始流行分享孩子每天的朗诵。

孩子妈妈是萤火虫团队核心义工何媛媛。每天她都在朋友圈分享她和孩子在"喜马拉雅"上的录音。有时候是一首诗，有时候是一篇散文，有时候就是孩子正在学习的课文。

杨晓亮这才发现喜马拉雅的另一个功能，以前她大部分时候用这个app给孩子听听故事或者英语，从来没有想过还可以录上自己的声音，对外传播。在咨询何媛媛相关操作后，杨晓亮也开始了自己的喜马拉雅阅读之旅。

很快，她也开始和孩子每天朗诵一首诗，一篇故事，等等。有时候孩子录完了，她还意犹未尽地找一篇散文出来朗读。虽然她们都不是专业的"朗读者"，但是听见自己的声音，伴着轻柔的背景音乐传播出来，那种感觉真的很奇妙，很美好。

在义工的带领下，她开始鼓励孩子每天在班级群朗诵打卡，内容不限，符合孩子年龄特征就行。从此，每天微信群此起彼伏的嘀嘀声没停过，她也很喜欢没事听听同学的录音，听听其他人是怎么朗读的。

她把这个习惯分享给了好朋友,鼓励他们也开始每天让孩子坚持朗读。

今天,当她敲下这些文字,是不是意识到这就是萤火虫的力量?用弱小的翅膀,传播着每一个美好的行为,传播着文字的精妙。正如《朗读者》第二季说的初心,我们更愿意把它理解为传递。开始的时候,它简单、朴素,但是会慢慢长大,就像一颗种子,能够长成参天大树,又仿佛站在零的起点慢慢绵延成很长很长的道路。所以,当朋友夸奖她女儿朗诵得越来越好时,她的内心总是有着那么一丝丝感谢。感谢萤火虫的力量,让家长和孩子可以用声音去感受文字的魅力。

一位义工就是一粒种子,而萤火虫团队中的每一位义工,通过活动将父母、孩子、学校打造成教育共同体。亲子共读是成为教育共同体的一个很好的契合点,因为妈妈们有一个共同的朝向——孩子的生命成长。我们的新父母既是建设者、更是见证者,是帮助者、更是引领者。父母、学生、老师共同行动、共同成长,这是多么美好的事情啊!

2020年2月,她也正式成为了工作站的一名核心义工。

寻找闪亮的你

萤火虫亲子共读工作汉滨站每周一次的线下活动已经成为常态,我们邀请本地名师带领新父母们和孩子们在绘本和经典文学的共读中,完成一场场诗意的朗诵或父母的教育漫溯。父母们与优秀的阅读推广人共同探讨孩子阅读中遇到的各种问题,获得指导孩子阅读的经验,在活动中得到成长,成为孩子最好的榜样。在一次次亲子共读课程的穿越中,父母和孩子拥有了共同的语言密码。父母在孩子成长的过程中,也留下了深深的足迹。那些亲子共读的美好瞬间,成为萤火虫团队里最生动的回忆。

暑假里,萤火虫团队除了继续推动亲子课程落地,还与名师工作室合作,邀请了一批在家庭教育方面有专长的国家心理咨询师,开设专业的家庭教育系列讲座，为新父母的家庭教育提供科学指导。团队还邀约了一些家庭教育成功的父母，走进新父母学校来做家庭教育故事的分享，谈谈自己培养孩子的秘诀，聊聊孩子成长中的故事。杨晓亮也参与其中，乐此不疲。

如今，新教育萤火虫汉滨站已经形成了以亲子共读课程为主体，以感统训练、家庭教育等课程为特色的完整的课程体系。过去的这一年，我们一共组织了近50次线上线下课程，一路同行，我们遇见了教育路上美丽的风景，我们也见证了新孩子、新父母和教师义工共同成长的足迹。

义工何媛媛在她的成长叙事中说，她既是新父母学校的学员，又是萤火虫义工，这两个新身份给她的人生带来不一样的快乐新体验。她逐渐懂得了如何陪伴孩子，也学会了制作海报、PPT等她从来没接触过的技能。她认为可以用自己的付出来感染、带动身边的其他家庭，这是一种别样的幸福。

培新小学的一批新父母，加入了家庭教育课程团队，他们阳光开朗的性格，改变了周围的世界。新父母委员会主任陈俊，拥有过硬的文字基本功，曾多次到边远的乡村学校讲学，如今他已经成为萤火虫团队里的骨干力量。

在成就新父母、新孩子和教师成长的过程中，杨晓亮和培新小学新父母的影响力也在不断扩大，成为亲子共读的实践者和推广者。

熠熠萤火，照亮行动的力量。点点萤火，点亮新校园。此时此刻，她深切地感谢我们萤火虫工作站的传播者，正是我们每天一点一点地传播，为人父母的他们才可以借鉴更多优秀的教育方式，更多的学习方法。

萤火虽微，却是生命之光。点亮自己，照亮他人，让每一个生命都绽放出美丽的荣光！愿萤火虫团队，将阅读的魅力传播下去，为了我们的孩子，为了他们灿烂的明天！

萤火闪亮

核心义工刘得群——释放父亲潜能

刘得群是一名萤火虫义工，怀揣教育的赤诚之心，肩负教改的希望之任，他发现，不向前走，脚下便没有了路。他坚持"行动力，智慧爱"的家庭教育理念，培育自己和亲戚共6个孩子，在教育生活中一路收获幸福的阳光。

2020年3月3日，《环球时报》英文版报道CBBY"新阅读 喜说写"抗疫联合公益课，文中别讲述了摩托家电维修工刘得群的事迹。6月1日，他被安康市评为"安康优秀青年"，与援鄂医护人员、脱贫攻坚干部同台宣讲自己的故事，在社会上引起强烈反响。这一切不是偶然，而是多少年来心向远方，素履以往的收获。

一个摩托家电维修工，钟爱阅读，专心家庭教育，专情萤火虫义工，他的事迹被安康日报、安康电视台、陕西信息网、搜狐网、西部网等媒体报道。

刘得群，因阅读而成就新人生，因家庭教育走向新世界。

以身作则，汲取能量

一年来，刘得群坚持参加"共读共写共成长"活动，倡导新父母和孩子共读童书，共写随笔，和孩子一起成长。他深知，家庭教育最重要的一个方法就是父母要给孩子做榜样，以身示范，这是最好的教育。父母要在孩子成长中彰显榜样的力量，要以自身的修养、良好的行为举止，不断给予孩子思想，通过反复示范促进孩子习惯养成，从而汇聚成长的力量。

强烈的学习意识，促使他开始大量阅读。《朱永新说教育》《大师教你做父母》《喜阅读出好孩子》《家校之间有个娃》《让孩子创造自己》《我的阅读观》《致教师》《中国人阅读书目》《麦田里的守望者》《鲁迅全集》《哈姆雷特》《向着新教育的更深处漫溯》《书写教师生命传奇》《新父母孕育新世界》等等以及"四书五经"，都是他最喜欢的书籍。

他经常关注童喜喜微信公众号，公众号每一天都会发布一些非常动人的文章，推动他不断进步。伴随着培新小学新教育实验不断开展外出研学、新父母开放日、新父母征文大赛等活动，他也有了一次又一次自我展示平台和机会。一年一度的新父母征文大赛，激发了他的写作热情，提高了他的写作能力，2020年培新小学新父母征文大赛，他又荣获一等奖，这是他不断前行的动力。

这一切激励、唤醒了他，无论开展任何活动，他都会号召父母积极参加和协助。每一次活动开展都能得到学校领导高度肯定和认可。凡是需要父母参加和配合的事情他几乎都没有落下，因为表现突出，他荣获2020年度"书香家庭""书香父母"称号。

他不但精心培育自己的孩子，还帮助培养亲戚的孩子，成为培新小学远近闻名的"榜样新父母"。

坚持领读，凝聚力量

家庭教育的最好境界就是"不教而教"。父母的一言一行，都是孩子的教科书。要想孩子成为优秀的孩子，我们必须先学习做优秀的父母，就必须先从阅读入手,提高自己的家教理念。没有阅读,就没有真正的教育。领读者真正依靠自己的理想、热情和坚韧,凭着自己的决心和创造精神,也同样能创造奇迹。

2019年,刘得群两次购买了适合小学生年龄阶段阅读的优质童书200本,送给自己侄儿侄女所在的班级,还给孩子就读的培新小学赠送了一批图书。他说:"虽然我不懂教学,但我可以研究教育……"

曾担任刘子琦班主任的张小琴老师说:"刘得群常自费购买钢笔、书本奖励热爱阅读的学生。"刘子琦现在的班主任郭老师认为,刘子琦从小学养成的爱读书、肯吃亏、心胸宽的好品质,得益于他的父亲的言传身教。她说:"从孩子的身上能看到父母的影子。"

2019年9月,刘得群侄儿高显超在汉滨区培新小学上六年级。为鼓励侄子和他的同学热爱阅读,培养兴趣,刘得群自费购买300多本《影之翼》赠送给侄儿所在的班级。他说:"我想通过捐书培养学生的阅读兴趣,给他们带来收获。"

他又为侄女高显慧的班级赠送55本《读写之间说为桥》。童喜喜的说写课程实施战略,让父母深受启发,让孩子受益。他又为培新小学分站站长曾丽赠送20本《父母的书架决定孩子的未来》。他相信说写课程一定会在各个年级蓬勃开展,一定会慢慢传播,发扬光大。

刘得群自费捐赠书籍培养学生阅读兴趣,带头读书并奖励他人,热爱阅读的无私奉献精神让人感动,为共建书香校园、培养学生阅读习惯发挥了示范引领作用,成为名副其实的民间"领读者"。

如今,在刘得群影响和带动下,他的妻子、儿子、徒弟、外甥等30余人都喜欢读书,最大限度挖掘自身和孩子的潜力,激发出各自的正能量,彼此促进,共同成长。刘得群说:"只要生命不息,我就读书不止。"

疫情防控期间,他坚持收听云伴读,共收听53节课,他还准备将《父母的书架决定孩子的未来》《读书,教师的第一修炼》送给一些老师和义工。

投身公益，为爱担当

在参与萤火虫工作站的每一项活动时，刘得群希望通过投身萤火虫公益事业，用热力与灿烂温暖并鼓荡每个孩子的内心，让他们看见希望，看见未来。他在积极参与公益事业的同时，传播公益理念，传递慈善正能量，呼吁社会上更多人士共同关注弱势群体，提倡公益精神，将爱心传递给中华大地每一个处于困境中的孩子，让他们能够健康快乐地成长。

作为新教育萤火虫汉滨分站的一名核心义工，刘得群追寻童喜喜喜阅会，不断汲取能量。他积极参加线上线下活动，并为工作站提出一些创造性的建议，活动有声有色地开展，在区域内影响力越来越大，其中刘得群作出了突出的贡献。

他加入新教育萤火虫工作站，因为经常外出开展线下活动，就要关闭店铺，很多人不理解，问他为什么加入萤火虫工作站呢？失去了赚钱的机会，不可惜吗？他笑着回答："虽然我会少赚一些钱，但是我今天的行动，哪怕唤醒一个孩子、一对父母、一个家庭的阅读热情，就会改变一个家庭的教育模式，我就知足了。"

2019年12月，天气寒冷，萤火虫工作站在东坝小学和培新分校开展线下活动，当时他的腿受伤了，但是他拄着双拐坚持参加线下活动，当有人问他为何坚持到现场时，他说："因为我是义工，我是共产党员。" 他还登台叙事《请允许我跟着你们后面走》，现身说法，表达一个萤火虫核心义工矢志不渝的信念。

因为《十八年新生》，他喜欢上《喜阅读出好孩子》，认为这本书就是一本很有益的工具书。在乡村学校开展线下活动时，他还将100本《喜阅读出好孩子》送给现场的父母，希望帮助他们解决阅读难题，享受阅读的乐趣。

加入萤火虫团队，他发生了很大的蜕变。他认为，童喜喜的喜阅会是萤火虫义工追寻和传播的目标，阅读是新教育生命和主旋律，也就是新教育的信仰，可以抽出大量时间做自己想做的事情——萤火虫义工。

2019年11月26日，著名儿童文学作家童喜喜到培新小学讲学，中午休息时间临时到维修店采访刘得群，当时他正在阅读《读写之间说为桥》。他的微型图书馆里陈列的书籍引起童喜喜老师的极大兴趣，当得知他是萤火虫核心团队的义工时，童喜喜老师非常感动，对他做的工作给予肯定和鼓励。

新教育专业阅读，让他的思想领地不断开阔。为了给孩子树立榜样，他不间断地自主学习，考取国家级建造师证书、陕西广播电视大学汉语言文学本科专业。在他潜移默化的影响下，孩子形成了乐学善问、诚实守信、知恩感恩、勇于担当的良好品质。

倾情付出，为说写领跑

喜阅说写，成就人人。我们相信，为说写领跑，孩子是那么充满灵性，向前奔跑不断成长。孩子有所成就，意味未来的世界更加美好。为此，刘得群下决心认真学习，自己先成为说写导师，希望用一种奋斗精神，一种精神力量感染孩子。

2019年12月，培新小学开始全面实施"喜阅说写"课程，培新小学校长陈大安和刘得群进行深入交流，鼓励他勤奋阅读，深耕说写，示范引领，并聘请他为"培新小学线上说写课程导师"。他开始积极加入说写大军之中。他对家族中六个孩子进行说写训练，从小学一年级到高中一年级，从引导孩子们走入说写课堂，再到让他们以轻松的心态迅速融入说写群的学习氛围里，他和孩子们一起努力，一起说写，效果立竿见影。

他深入学习"喜阅说写课程"，个人总结说写课程10个益处，分享以不同形式创造性开展说写课程的心得体会。他积极宣传说写课程在塑造儿童人格、经营现代家庭、提升教师幸福感上显示出的非凡效果。他的倾情付出，吸引了越来越多的儿童、学校和家庭参与到学习和实践"喜阅说写课程"中来。

2020年，新冠肺炎暴发后，他的商店暂时关闭。他一直在"在线阅读项目"做志愿者，他帮助管理70个微信群，每一天按时转发晨诵、共读、说写课，以一己之力带动本区域80个班级，25所学校参加公益说写课，让这项公益课惠及3万个家庭，成为这个区域最受人尊敬和欢迎的义工。为了更好地指导说写课程，他还举办"说写课程线上交流"，讲述自己对说写课程独特的见解，通过自己和孩子的现身说法，尽最大力量推动说写课程在安康广泛开展。他说："这是我在流行病期间做得最好的工作，也是我最好的课程。"在这个特殊时期，他用公益的方式践行着爱国、敬业、诚信的价值观，践行着奉献友善的志愿精神。

由于表现突出，他成为童喜喜说写课程的点评导师。他家族的六个孩子多次荣获"全国说写小明星"和"全国说写进取奖"等荣誉。他还带动一大批老师和父母积极践行说写课程，取得良好的效果。

用爱育爱，照亮远方

好教育的大爱情怀是以教师、学生、父母相互信赖为基础的，这种信赖遵循教育规律、传承爱心文化、践行社会担当。

疫情期间，刘得群帮助培新小学小水滴班整理79名学生说写的优秀文章，包括父母寄语、老师的教育随笔等，编印了一本新书——《我们这六年》。

他积极组织其他父母参与新书的编辑、设计、校对工作，他用大爱育真爱，很多人为之感动。他组织新父母委员会爱心资助3万元，促使《我们这六年》能够顺利编印成册。其中一位孩子的舅舅向小水滴中队捐资一万元，资助书籍的刊印。在6月1日，他们为孩子们送上这份充满真情、珍贵而又富含意义的六一礼物。

在他的帮助下，小水滴班的邹宇轩、刘纨妘、宁康瑞、李柯昱等10位小作家也发布自己的新书。一年级雨铃铛班也发布四本好玩又好看的绘本故事书。小作家们思路敏捷，语言生动活泼，发布的新书设计新颖，别具一格。

安康市作家协会副主席、《汉江文艺》执行主编杨常军说："小水滴班本次新书发布具有突破性、创新性，承前启后，为汉滨教育开启了新的篇章，对全民阅读具有广泛的引领作用，为安康教育树立了一面旗帜。刘得群先生功不可没！"

"等以后孩子成家立业了我就卖掉店铺，把钱捐给公益机构，也算对社会做点贡献。我对书中的世界很是向往，有句话叫'世界这么大，我想去看看'，等我老了，我想出去逛逛，多多了解这个世界。"谈起未来，刘得群眼中充满了向往。

遇见新教育，刘得群成为一名榜样新父母、民间领读者、萤火虫核心义工、说写课程领跑者。一路行走，一路感动，一路遇见，一路收获。追随幸福完整的教育生活，从一个人到一群人，在这个共同磁场里，用一个个发生在平凡的日子里的真实故事去填充，使之不断充盈饱满。他将幸福的种子种植在祖国广袤的土地上，这些种子深深扎根，茁壮成长。

"智慧爱"行动，释放父亲潜能。刘得群在安康已经形成一定影响力，对促进书香安康形成起到了积极的推动作用。心向远方，素履以往。他的精神召唤着人们，让人人可以并肩抵达远方。那样的远方，就是我们所要创造的新未来。

新教育实验报告

萤火虫工作站手账

朱永新教授说："阅读资源的公平是教育公平的重要基础，也是社会公平的重要基础。对农村孩子来说，最重要的是怎么把好书送到他们手里，让他们能够读得到好书，如果这个问题解决了，中国教育的问题就好解决，社会公平的问题也就好解决多了。"我们萤火虫亲子共读汉滨工作站就是通过线下活动，把阅读的资源和阅读快乐推广到安康大地。

两个月时间，"萤火虫""飞"出去了7次。我和萤火虫亲子共读汉滨工作站负责人曾丽对这个成果很满意。

2017年，我俩都是汉滨区培新小学一年级的语文教师，也是公益组织"新教育实验汉滨区萤火虫亲子共读预备站（以下简称工作站）"的发起人。在工作站，同是义工，我是站长，曾丽是负责人之一。另一名负责人是汉滨区瀛湖镇第一小学党支部书记朱焕之，她是安康市的文化志愿组织"安康人周末读书会"的会长。

萤火虫亲子共读工作站成立于2018年1月25日，"出生地"便是我们培新小学。正是依托学校丰硕的新教育实验成果和浓厚的"共读共写共成长"氛围，得到领导的支持后，我便申请筹备这一工作站。3月16日，由汉滨区教体局组织的成立仪式在培新小学举行，标志着全汉滨区50所新教育实验学校（园）作为工作站的分站也随之成立。

工作站一直坚持线上线下"两条腿走路"。线上的QQ工作群"汉滨萤火虫亲子共读预备站"有158名成员，全区50个分站的负责人和老师都包括在内。群里每天有专门的工作人员负责转发全国总站的"新父母晨诵"及其他分站的优秀亲子阅读文章，并定期开展讨论。

相比线上的虚拟，工作站更看重的是"走"进各分站的线下活动，尤其是大山里的学校。目前，线下活动走得最远的是到离城区80公里的汉滨区坝河九年制学校，而近一些的瀛湖一小、恒大小学，城区的汉滨小学、红旗小学都留下了倡导开展"亲子共读"的活动足迹。工作站的初期目标是，争取以每周一次的频率，走完50个分站。

"萤火虫"亲子共读项目是新父母研究所发起的一个公益项目，是针对家庭、父母开展的新教育公益项目，旨在推动亲子共读、进行家校共育。2016年9月28日，我在北京参加领读者大会时遇见童喜喜老师，她作的《人是同心圆》的报告，深深地打动了我。我也是新网师的学员，在不断地学习中，我越发觉得亲子共读对一个家庭有多么重要。我所在的汉滨实验区是全国新教育实验区之一，我一直有一个梦想，就是尽自己的努力，将新教育的亲子阅读向校外推广，倡导和带动亲子共同阅读、共同生活、共同成长，惠及汉滨区更多的学生及家庭。而新教育新阅读研究所的"萤火虫亲子共读"项目和"点亮自己，照亮他人"的理念深深吸引了我。

2017年底，我便向新教育萤火虫总部提交了申请，没多久，就收到新教育新阅读研究所的批复：同意成立"汉滨区萤火虫亲子共读预备站"，预备期半年。此后，我便和曾丽着手组建义工团队，筹划开展活动。

"萤火虫工作站"是一个非常有意义的公益性组织，着力于推广全民阅读，加入门槛不低，全国才批准成立了60多家工作站，一个实验区只有一个。我和曾丽立足培新小学，牵头成立萤火虫工作站的行动，是对学校开展新教育实验价值认同的体现，对学校"共读共写共成长"活动也是一种延伸，是从校内到校外，最终推广到全社会的一种善举。学校对此全力支持。

工作站刚成立，成员已增加到10人，参加线下活动的核心义工队伍也在不断发展壮大。当时，线下活动一般由我和曾丽带领2—4名核心义工进行亲子共读的展示，内容包括"故事妈妈讲述"和"生命叙事"等环节。再加上各分站学校准备的节目，共同构成一次完整的线下活动。每次持续时间约1个小时。

线下活动一般是我和曾丽抽出时间组织开展，核心义工调配自己的时间参与。曾丽的孩子上一年级，因此她更能体会到尽早开展亲子共读的意义，也在班上做了很多探索，并将表现突出的家长吸纳为核心义工。如"故事妈妈"欧梦晗、何媛媛、曹安明都是一年级7班的学生母亲。在各个分站，她们通过讲述自己的真实故事，打动和引领更多父母积极参与亲子共读。讲述"生命叙事"的义工张艳由培新小学新父母委员会推荐，她是三年级2班学生刘钰梓的母亲，刘钰梓也曾经是留守儿童的一员，她一年级结束后，张艳放弃外面的工作，回来陪伴孩子成长，收获着母女俩最大的快乐。张艳的讲述更加质朴感人，她呼吁更多的父母在孩子的小学时光，尽可能多地陪伴孩子。刘得群，也是工作站的核心义工之一，他的儿子两年前已从培新小学毕业，但在校期间接受的新教育实验，让父子俩受益至今，也让刘得群愿意为推广新教育实验和亲子阅读出力。他自费购买了100本优秀童书送给侄儿所在的培新小学四年级8班学生。每一年培新小学举办的新父母征文大赛颁奖典礼之前，他都自费购买20本书作为奖品，提供给校方。

2018年3月26日，工作站线下活动在瀛湖镇第一小学开展，朱焕之是该校的党支部书记，也是瀛湖一小分站的负责人。她所在的读书会从2015年10月至今坚持每周六组织读书日活动，推广全民阅读。朱焕之每天都在工作站QQ群转发"新父母晨诵"等优秀文章。瀛湖一小较早就在周二晨诵、午读时间，以及通过每周两次的"经典诵读社团"活动，向学生及父母积极推广亲子共读，具备一定的经验。工作站到校开展线下活动以来，对分站的共读工作指导更有针对性了，学校领导更加重视这项工作，学生和父母参与的积极性也更高了。

我们每一个承办线下活动的分站，都精心准备了亲子阅读节目展示，向工作站和参加活动的家长父母展现阅读的魅力。5月17日，我们在红旗小学开展线下活动，红旗小学五年级学生表演了毛泽东诗词朗诵，中间穿插了舞蹈。这一展现形式，放大了经典诗词的魅力。孙标双老师交流的生命叙事《红旗下的书香》，生动形象地展示了她在打造班级阅读活动中的做法和成果。5月22日下午我们到汉滨区民族幼儿园开展线下活动。幼儿园的许玲老师和大家分享了通过活动引领老师、孩子、父母爱上阅读、享受阅读的成果。当天参与活动的80多名幼儿父母和老师，齐声朗诵被称为"新教育宣言"的《一路书香 一生阳光》，一起表达坚持开展亲子共读的信心。

2018年3月至2019年8月，我们分别在培新小学、汉滨小学、劳动小学、红旗小学、东关民族幼儿园、汉滨区少儿图书馆、果园小学、培新小学分校、鼓楼小学、坝河九年制学校等20所学校开展线下活动32次。

2018年8月11日，新教育萤火虫亲子共读工作站汉滨分站荣获"全国十佳萤火虫工作站"称号。

2019年9月，我负责汉滨区新教育实验行动项目的推动工作，亲子共读推广工作得以更好地开展。

2019年9月至2020年9月，因疫情原因，很多活动在线上举行。疫情稍有好转，我们就走进东方岭小学、培新小学、恒大小学、东关小学、东关民族幼儿园、南门小学、培新小学分校、石堤小学等12所学校开展线下活动18次。

2020年3月3日，《环球时报》英文版报道CBBY"新阅读 喜说写"抗疫联合公益课，文中特别讲述了核心义工刘得群的事迹。同年，刘得群被新家庭教育研究授予"全国新父母年度人物提名奖"。

2020年9月至2021年9月,我们分别在西关小学、培新小学、东关民族幼儿园、五星小学、培新小学分校、江南小学等16所学校开展线下活动22次。

2020年9月,工作站负责人朱焕之因身体原因退出,"新父母晨诵"转发工作由核心义工何媛媛负责。

2021年9月至2022年9月,我们到双龙小学、培新小学、城东小学、恒大小学、县河九年制学校、南门小学、江南小学、江北小学等25所学校开展线下活动34次。

2022年4月23日,由于萤火虫亲子共读推广工作突出,成效显著,我荣获《教师报》首届"推动陕西阅读十大教育人物"称号,同时,先进事迹被《人民日报》《教师报》《陕西教育》等各家媒体相继报道。

截至目前,我们工作站有核心义工20人,已经举行了120次线上活动,106次线下活动,汇聚3万多位父母开展萤火虫亲子共读。

在一次次的线下活动中,我发现,孩子的教育成果七分在家庭、三分在学校。如今农村学校多以留守儿童为主,家庭教育严重缺失,在倡导阅读方面,就得因材施教。我们以"师生共读"为主,通过学校开展书香校园建设,为农村孩子营造一种爱读书的氛围,再由老师通过读书组织、活动展示及评价,激发孩子阅读兴趣,以此带动亲子共读,最终实现"让阅读成为儿童成长必需品"这一目的。每参加一次线下活动,我都要将这一观点讲给学校的负责人和老师。

每一次线下活动,都是各分站一个展示的舞台,也供我们从中汲取营养,从而发现和吸纳更多的义工。我们努力让工作站成为一块没有围墙的生态场。其间的每一个点点滴滴,都在缓慢而深刻地改变整个教育生态。

2021年9月,"双减"落地,给当代教育带来改变和挑战。"双减"是对家庭教育水平的真正考验。新时代不仅赋予父母们神圣的责任,也对父母们的教育素养提出了前所未有的高标准和高要求,因为新时代需要用心的父母，父母们应该帮助孩子真正迈进家庭生活、社会生活之门，充分融入其中，感受日常生活烟火气息。有质量的家庭教育，需要在育人目标上回归生活本位。

2022年10月16日，习近平总书记在党的第二十次全国代表大会上的报告中指出："我们要办好人民满意的教育……全面贯彻党的教育方针，落实立德树人根本任务，培养德智体美劳全面发展的社会主义建设者和接班人。坚持以人民为中心发展教育，加快建设高质量教育体系，发展素质教育，促进教育公平。"我们萤火虫亲子共读工作站就是通过一己之力，带动亲子共读，改变家庭教育模式，促进教育公平。在我们实验区，一些学校、一些老师、一些家庭的确因为我们的帮助和指导发生了改变，让我更是坚定信仰，信心百倍。我们以阅读促进教育公平的工作还在继续，萤火虫亲子共读推广之路还在脚下延伸。

凡人为善，不自誉而人誉之。以公益精神培育善心，擦亮精神底色，奏响时代强音。我们正用"萤火虫亲子共读"，涂抹开春日的画卷。我们坚信，真正多彩的春天，已在路上迎面扑来。

后 记

　　心之所向，素履以往。路途遥遥，需用生命丈量。在新教育行进之间，我遇见了璀璨如星的光，聆听过稚嫩且坚定的梦想……

　　新教育，就这样悄悄地走进我的生命，种下了爱之初心的种子。或者说，是新教育浇灌了那一颗潜藏在我体内的种子，让我的教育生活如夏花般灿烂，让每一天灿若朝阳。新教育生活就是一个节日，是一场盛大庆典。因为生活永远是，也仅仅是我们现在经历的时刻——一种幸福完整的教育生活。

　　《新教育实验报告》的缘起，是我的月季朵朵红班。因为我校的校花是月季花，所以在我看来每个孩子都是一朵月季，一朵不一样的月季。月季花花期不长，却月月开放。我的月季朵朵红，推行新教育实验，就像月季花开一样，每一天都会开出属于自己的绚烂，每个月都会收到令人意外的惊喜。花开四季，总会有一种鸟语花香的感觉，花儿漾着浅浅的香气，仿佛是直接化身为花仙子，让你连灵魂都充满香气。

　　接任新班级之前，为了能很快记住学生的姓名，我为孩子们准备了80份见面礼：用每一个孩子的姓名做了一首藏头诗。以四句七言诗的形式，将每个孩子的姓名嵌入其中，以激发孩子们对诗词的兴趣。

　　"王家多代出英才，舒心励志得自新。和美锦绣好前程，名盛族门耀光祖。"这是我送给学生王舒和的"美名片"。我希望这些独一无二的诗歌，能成就更多独一无二的学生。

　　名片上，月季花当然不可缺少，后面附有孩子们的座右铭。粉色的纸张、红色的花朵，很温馨、很亲切，教室里立即有了一种诗意芳菲的感觉。开学的第一天，这些美名片瞬间拉近了彼此的距离。我以心灵关照，用蛰

后记

伏在花蕊里的诗意和孩子们心心相印。

正如孩子们的班诗中写道:"我很高兴,我就是那一朵月季,月月开放,月月红。晨诵、午读、暮省,将我们的童年唱响。共读共写,让我们诗意地成长。我很高兴,我就是月季,一朵不一样的月季。"我们班的学生父母既是新教育的实践者,也是新教育的受益者。新孩子、新父母在教育的过程中由旁观者变为主动参与者,使家庭和学校成为真正意义上的合作伙伴,我们找到契合点——共读共写共成长。

一切动力和灵感的激发都源于那个美丽的春天。

2015年4月22日,朱永新教授来我们培新小学视察,他到校后,始终对周围的人和事充满着热情。他参观校园,观看展板,查看资料,听取程怀泉校长的汇报。他仔细地听着,每一个眼神中都包含着对学校的关切,每一句话语中都表达着对师生至真至爱的关怀。

我拿着《过上一种幸福完整的教育生活》这本书,来到他的身边,还没有等我开口,他就笑着对我说:"是不是想让我给签名?"拿过这本书,他认真地签上自己的名字,还写了一句话"改变,从阅读开始"。他说,在我们培新小报上看见我写的文章《爱上一种幸福完整的教育生活》,对我有些印象,于是在书中写上我的名字。蓦地,这本书变得厚重了许多,这本书一下子在我手中充满了力量,鼓励我在新教育的路上矢志不渝,奋勇向前。

通过与朱永新教授的短暂交流,我发现:新教育实验教师就要把根扎在教室里,营造美好的生命场,针对每一个独一无二的孩子,满足他们独一无二的精神世界,为每一位学生创造自主的发展空间,唤醒并发展他们的潜能,帮助他们成为最好的自己。一间教室,以"共读共写共成长"为抓手推进十大行动,行走读写间,让生命一路芬芳。

2016年,我和新父母建立"心信之旅"。为了我那些美丽的精灵,我将每一个孩子当成一朵月季,一朵不同色彩的月季,为每一个孩子写一篇

273

生命叙事，叙述他（她）在我的班级中的成长。写着写着，我的眼前就是一个月季花园，每一孩子就是那一朵朵含苞待放的月季花，月季花色不同，孩子们都有自己独特的生命特征。写着写着，就写出了80篇文章，80篇有关学生的生命叙事。

根据孩子的特点，写出不同色彩的月季花，如纯洁秀丽的白月季娄良怡，热情似火的红月季杨宜睿，文静深沉的紫月季王梓璇，善良勇敢的黄月季朱含月，等等。同时，与新父母进行友好的交流后，新父母们被深深打动，家校之间建立了深厚的情谊，传递着美好的情感，碰撞出心灵的火花。

有时我都不敢相信自己当时的意志，每次回想完成这80篇文章的经历，就会想起我与学生的共读书目——巴西作家保罗·戈埃罗《牧羊少年奇幻之旅》里的这句话："当我们努力使自己变得比现在更好的时候，我们周围的一切也会变得更好。当你全心全意梦想着什么的时候，整个宇宙都会协同起来，助你实现自己的心愿。"

共读共写共成长，让学生得到思想上的净化、知识的充实、情感上的陶冶和灵魂上的铸就，用有限的时间获得无限的发展。同时，父母和老师，在陪伴孩子成长的过程中，也在不断丰富自己，完善自己，最终成为更好的自己。改变教育，从教师开始；改变世界，从自己开始；改变自己，从现在开始。相信新教育，追随新教育，坚定信念，朝向最美的风景。

于是，我在新教育的行进间，相遇新教育，走进一段幸福的旅程，让生命诗意成长。新孩子、新父母在共读共写中产生的新合力，催生了一种奇妙的生命力量，演绎着新教育的精彩。

新教育，为孩子们架起了一个体验生活乐趣与激发生命潜能的支点。孩子们的视野丰富着，体验丰满着，个体生命人格也一步步走在朝向完整美好的路上，他们从谈吐到内心都渐渐浸润着宁静和优雅。我们月季朵朵红班的孩子成为我心中理想的学生。

最让人感到自豪的是，有的书香家庭受到上级部门的表彰，在社会上形成一定的影响力，有些家长成为共读的领读者，还有些家长著书立说，更有些家长成为某一个领域的专家，为社会做出突出的贡献。

而我也因新教育实验迅速成长。

2015年6月26日，《中国教育报》记者来到学校实地采访，同年9月，我的班级教育叙事刊登在中国教育报。

2016年4月23日上午，"全国新教育实验海门开放周暨推进每月一事研讨会"在江苏省海门市隆重举行，来自全国18个省市的833位新教育同仁参加了活动。我在大会作《魔法演说，让生命迸射异彩》主题叙事。

2016年11月，我的完美教室叙事《爱着你的全世界，生命特别的期许》被推荐发表在《新教育》报。

2017年5月，我在全国新教育实验海门开放周"家校合作共育"行动中作生命叙事《尽培塑之责，刷生命之新》，荣获特等奖。

2017年7月15日，江苏南京栖霞新教育年会上，当我的名字出现在"新教育榜样教师提名奖"中，我简直不敢相信自己的眼睛，我心中深深地懂得：这是新教育对我的奖赏，我的目标和梦想还在远方。

2018年7月14日，新教育年会颁奖盛典空前隆重。全国2000多名新教育同仁齐聚文化武侯，共同见证这一荣耀而神圣的时刻。我终于站在"全国新教育实验年会"的舞台上，捧回"全国新教育实验榜样教师"十佳奖项，成为目前陕西省唯一荣获此奖项的老师。

2019年，我成为汉滨区新教育实验年度人物。

2020年，我成为童喜喜说写课程的导师，疫情防控期间在线上为学生说写赋能。

2022年，我荣获《教师报》首届"推动陕西阅读十大教育人物"之一。

新教育的教师成长，有一个最显著的特点：教师不是独处"象牙之塔"闭门修炼，而是与学生一起在日常的教育生活中共同成长，与学生和父母一起参与教育生活。我的月季朵朵红，给我新生命，给我新收获，我们共同成长，彼此成就。在接下来的岁月里，我将继续努力，用自己真实的行动，唤醒更多的新教育同仁。因为觉醒燃烧着激情，孜孜以求地探索，向着明亮奋勇前行。

李镇西老师说：新教育其实就是教育本来有的样子。今天，我们在孩子心田辛勤耕耘，明天或后天，在我们不知道的远方，新教育的种子必将发芽开花，硕果累累。心有光芒，必抵远方；芳华如星，凝聚力量；无问西东，追逐梦想！

感谢朱永新教授，感谢新教育，像一盏明灯指引我前行的路，让我发生美丽的蜕变！感谢李镇西、童喜喜、林忠玲、许卫国等老师的悉心指导，感谢生命中每一个帮助和支持我的人。《新教育实验报告》是一部师生幸福欢歌，梦想走进现实的浅唱，是一线教师的心路历程。如今，以这样的形式与大家见面，再次向大家鞠躬，表达我真挚的敬意和谢意。

任毓萍
2022 年 9 月 1 日于安康